·光明文丛系列·
Guangming Wencong series

本研究得到湖北师范大学2016年人才引进科研启动基金项目和湖北省人文社会科学重点研究基地——湖北师范大学语言学研究中心的资助

中国刑事法庭审判叙事话语互动研究

向波阳 ◎著

光明日报出版社

图书在版编目（CIP）数据

中国刑事法庭审判叙事话语互动研究 / 向波阳著. -- 北京：光明日报出版社，2024.5
ISBN 978-7-5194-7932-9

Ⅰ.①中… Ⅱ.①向… Ⅲ.①刑事诉讼–审判–研究–中国 Ⅳ.①D925.218.4

中国国家版本馆CIP数据核字（2024）第087578号

中国刑事法庭审判叙事话语互动研究
ZHONGGUO XINGSHI FATING SHENPAN XUSHI HUAYU HUDONG YANJIU

著　　　者：向波阳	
责任编辑：王　娟	责任校对：许 怡 慧 眼
封面设计：李　阳	责任印制：曹　净

出版发行：光明日报出版社
地　　址：北京市西城区永安路106号，100050
电　　话：010-63169890（咨询），010-63131930（邮购）
传　　真：010-63131930
网　　址：http：// book. gmw. cn
E-mail：gmrbcbs@gmw. cn
法律顾问：北京兰台律师事务所龚柳方律师

印　　刷：北京科普瑞印刷有限责任公司
装　　订：北京科普瑞印刷有限责任公司
本书如有破损、缺页、装订错误，请与本社联系调换，电话：010-63131930

开　　本：170mm×240mm	印　　张：20.75
字　　数：360千字	
版　　次：2024年5月第1版	印　　次：2024年5月第1次印刷
书　　号：ISBN 978-7-5194-7932-9	

定　　价：88.00元

版权所有　翻印必究

序

波阳告诉我他的专著即将出版，我特别、特别高兴，欣然答应为他的书写几句话。

当年报考大学时是我把他招上来的，大学毕业时也是在我的任上留校任教的。他31岁攻读硕士学位，2013年42岁时攻读博士学位，都算是大龄阶段。难能可贵的是，他读博前已经是学校科研处副处长，为了读书，毅然辞去职务和工作，全日制非定向攻读学位，并且三年完成学业，以优异成绩顺利毕业。现在他在高校从事教学、科研以及管理工作，身兼数职，虽身患恶疾，却仍然坚持做学问，出专著。

《中国刑事法庭审判叙事话语互动研究》是向波阳在博士论文基础上修改完成的。我和我的博士大部分做司法话语研究，向波阳则主攻刑事庭审话语叙事研究，他的选题很有意义和价值，为此专门自建了180余万字的真实刑事法庭审判话语语料库，采用哲学、社会学、法学、语用学、话语分析等多学科相结合的方法，在自建的刑事庭审叙事话语互动框架下，对中国刑事庭审叙事话语进行互动研究，通过对语料的细致描写、扎实分析和深入的理论解释，总结出中国刑事庭审叙事话语的结构特征、互动规律和互动意义。

本书视角独特，语料充分、典型，论述清楚，分析准确到位，结论可信可靠，丰富和加深了我们对刑事法庭话语的认识，也对这一领域的研究做出了新的贡献。

作者将叙事话语和庭审话语结合起来，创造性地提出"庭审叙事话语"概念，并提出叙事话语层级系统思想；将刑事庭审叙事当作一种话语形式，扩展了话语分析，尤其是叙事话语研究的空间；聚焦于刑事法庭这种机构话语以及话语主体间的互动研究，揭示各叙事话语主体间的权力角色关系，这一研究模式和发现可以为机构话语互动研究提供理论启示。该研究倡导的话语系统观可以为话语类型学研究提供参考；提出来的庭审叙事话语层级观可为广义叙事话语结构分析开拓新的研究视角；构建的"理性互动论"也可以为中国刑事庭审叙事话语互动乃至广义叙事话语互动研究提供新的理论解释。

该书总结出的中国刑事庭审叙事话语互动规律对"司法体制改革"背景下推进以审判为中心的诉讼制度进一步深入改革，保障司法公平正义，在司法语言实践层面具有较大的应用价值。

当然，该研究构建的刑事庭审叙事话语互动框架还可以进一步完善，构建起一个更加简洁、解释力和可操作性更强的模式，从而为司法话语研究做出更大的贡献。

望波阳务必注意身体、注意休息！

唯愿天佑所有兢兢业业工作、虔诚静心读书和踏踏实实做学问的人健康平安！

是为序。

廖美珍
2022 年 11 月 7 日
抑扬斋

目　录
CONTENTS

第一章　绪　论 …………………………………………………………… 1
　　第一节　选题的缘起 ……………………………………………… 1
　　第二节　本研究的目标和主要内容 ……………………………… 4
　　　　一、研究目标 …………………………………………………… 4
　　　　二、研究内容 …………………………………………………… 5
　　第三节　本研究拟解决的关键问题 ……………………………… 6
　　第四节　研究方法及语料说明 …………………………………… 6
　　　　一、研究方法 …………………………………………………… 6
　　　　二、研究语料 …………………………………………………… 7
　　第五节　相关术语 ………………………………………………… 10
　　　　一、叙事（Narrative）………………………………………… 10
　　　　二、叙事话语（Narrative Discourse，缩写为 ND）………… 11
　　　　三、刑事庭审话语（Criminal Courtroom Discourse，缩写为 CCD）… 11
　　　　四、刑事庭审叙事话语
　　　　　　（Criminal Courtroom Narrative Discourse，缩写为 CCND）……… 12

  第六节 中国刑事庭审制度概述 ···················· 13
    一、中国刑事庭审的法律依据 ···················· 13
    二、中国刑事法庭审判程序 ······················ 15
  第七节 本研究的篇章结构 ························ 16

第二章 文献综述 ································ 18
  第一节 国外法律语言研究概述 ···················· 18
  第二节 国内法律语言研究概述 ···················· 22
  第三节 广义叙事话语研究 ························ 27
  第四节 庭审叙事话语研究 ························ 30
    一、国外相关研究 ···························· 30
    二、国内庭审叙事话语研究 ···················· 45

第三章 理论框架 ································ 53
  第一节 理论基础 ································ 53
    一、关于"理性" ······························ 53
    二、关于"互动" ······························ 56
    三、话语分析 ································ 57
  第二节 本书研究框架 ···························· 68
    一、理论观点 ································ 68
    二、分析框架 ································ 70

第四章 中国刑事庭审叙事话语的结构特征 ············ 74
  第一节 中国刑事庭审叙事话语的构成 ·············· 74
  第二节 起诉叙事话语的结构特征 ·················· 76
    一、主叙事话语的构成 ························ 76
    二、嵌入叙事话语的构成 ······················ 92
  第三节 辩护叙事话语的结构特征 ·················· 107
    一、主叙事话语的构成 ························ 107
    二、嵌入叙事话语的构成 ······················ 114

第四节　判决叙事话语的结构特征 …………………… 126
　　一、主叙事话语的构成 …………………………… 126
　　二、嵌入叙事话语的构成 ………………………… 136
第五节　本章小结 ……………………………………… 144

第五章　中国刑事庭审叙事话语的互动（上）：
　　　　两相互动——控、辩对抗 ………………………… 147

第一节　主体内互动：合作 …………………………… 148
　　一、起诉叙事话语主体内互动：
　　　　构建一个被告人有罪而且罪重的故事 ……… 148
　　二、辩护叙事话语主体内互动：
　　　　构建一个被告人无罪或者罪轻的故事 ……… 166
第二节　主体间互动：对抗 …………………………… 169
　　一、被告人嵌入叙事话语 ………………………… 170
　　二、辩护人主叙事话语 …………………………… 177
第三节　崔案中的控、辩叙事话语对抗互动 ………… 190
　　一、控方故事（起诉书节选） …………………… 190
　　二、辩方对抗 ……………………………………… 190
第四节　本章小结 ……………………………………… 205

第六章　中国刑事庭审叙事话语互动（下）：
　　　　三相互动——控、辩、审融合 …………………… 207

第一节　事实的概念 …………………………………… 207
　　一、哲学意义上的事实 …………………………… 207
　　二、法律事实 ……………………………………… 208
　　三、法律事实与客观事实的关系 ………………… 211
第二节　裁判事实的建构：
　　　　控、辩、审三大叙事话语的析取和融合 …… 212
　　一、争议事实的形成——控、辩双方叙事话语对抗的结果 …… 213

二、争议事实的消解
　　　　——判决叙事话语对控、辩双方叙事话语的析取 ………… 215
　　三、判决叙事话语对控、辩双方叙事话语的融合
　　　　——判决书叙事话语 ……………………………………… 222
第三节　庭审叙事话语互动的特点暨本章小结 ………………… 225

第七章　理性互动：中国刑事庭审叙事话语互动的理论解释………… 229
　第一节　理性互动目的 ……………………………………………… 229
　　一、互动目的表征 ………………………………………………… 229
　　二、互动目的评价 ………………………………………………… 236
　第二节　理性互动策略 ……………………………………………… 237
　　一、控方叙事话语策略 …………………………………………… 237
　　二、辩方叙事话语策略 …………………………………………… 245
　　三、叙事话语策略小结 …………………………………………… 251
　第三节　理性互动合作 ……………………………………………… 252
　第四节　理性互动决策 ……………………………………………… 254
　第五节　本章小结 …………………………………………………… 256

第八章　结　论…………………………………………………………… 257
　第一节　本研究的主要发现与结论 ………………………………… 257
　　一、主要发现 ……………………………………………………… 257
　　二、结论 …………………………………………………………… 259
　第二节　本研究的意义 ……………………………………………… 259
　　一、理论方面 ……………………………………………………… 259
　　二、实践方面 ……………………………………………………… 261
　第三节　本研究的特色与创新之处 ………………………………… 266
　第四节　本研究存在的不足和未来研究的展望 …………………… 267
　　一、不足 …………………………………………………………… 267
　　二、展望 …………………………………………………………… 268

主要参考文献……………………………………………………… 269

附录1　崔英杰故意杀人案一审转写语料（节选）………… 290

附录2　"崔英杰故意杀人案"一审判决书………………… 314

后　记……………………………………………………………… 322

第一章

绪 论

第一节 选题的缘起

20世纪初期发生的哲学的语言转向促成了法学的语言转向（廖美珍，2006：200），自此人们逐渐认识到法律和语言的关系是密不可分的：立法需要语言来组织和表达，司法需要语言来组织和实施，执法需要语言来组织和执行，法律宣传和法律教学更离不开语言，就连人民大众对法律的理解和遵守同样离不开语言的作用。可以说，法律就是语言，法学就是语言学（廖美珍，2006：201），因此法律语言（legal language）中就有了立法语言（legislative language）、司法语言（judicial language）、执法语言（enforcement language）、法律教学语言以及其他法律语言等内容。

关于法律与语言的密切关系、法学与语言学的关系，前人已有很多论述。英国哲学家大卫·休谟（David Hume）曾指出，"法与法律制度是一种纯粹的'语言形式'。法的世界肇始于语言，法律是通过词语订立和公布的。法律行为和法律规定也是涉及言辞思考和公开的表述与辩论。法律语言与概念的运用，法律文本与事实相关的描述和注释，立法者与司法者基于法律文书的相互沟通，法律语境的判断等都离不开语言的分析"（舒国滢，1995）。

美国法学教授大卫·梅林科夫[①]（David Mellinkoff）在其著作《法律的语言》（*The Language and the Law*）序言中开门见山地说，"法律是言语的职业"（Mellinkoff，1963）。美国法学教授彼得·蒂尔斯马（Peter Tiersma）在《法律语言》（*Legal Language*）一书第一页的第一句话就是，"我们的法律是词语的法律"，他认为"法律就是言语的法律"，"道德和习俗也许包含在人类的行为中，但是法律却是通过语言来形成的"（Tiersma，1999：1）。法律语言研究学者约翰·康利和威廉·欧巴尔（John Conley & William O'Barr）在《法律、语言与权力》一书中说，"在日常的和现实的意义上说，无论是在书面上还是在口头上，法律就是语言"（Conley and O'Barr，1998：6）。考夫曼和麦考密克指出：法学其实不过是一门法律语言学（廖美珍，2003a：1）。20世纪70年代，社会法学者将法律语言纳入他们的研究领域，而语言学家也开始关注法律领域的语言问题，这样"法律和语言作为一门学问就形成了"（Conley and O'Barr，1998：xi）。

  法律和语言的关系是众所周知的。作为法律活动的一部分，法庭审判是司法实践活动，它更离不开语言，包括口头语言和书面语言。从起诉书的撰写到公诉人在法庭上宣读，法庭上法官的程序组织，当事人的陈述，辩护律师或者诉讼代理人的辩护或者代理，直至最后法庭判决书的形成和宣判都离不开司法实践语言。

  法庭审判是司法诉讼活动最后的也是最关键的一个环节。在一般人眼里，那一定是一个摆事实、讲道理，很庄严、很神圣的场景：法官高高在上，俯视一切；被告人坐在被告席上低着头沉默不语，接受审判；公诉人理直气壮，语气咄咄逼人；辩护律师针锋相对，毫不示弱。但是如果有人告诉你在法庭上一定要会讲故事你会相信吗？你一定会说故事不是虚构的吗？法庭上允许虚构故事吗？我们都知道文学虚构世界里"灰姑娘"的故事，一千个人讲会有一千个不同的版本；历史上"屡败屡战"和"屡战屡败"的故事效果也大不一样。一开始我也不相信，于是我开始查阅资料了解法律，了解法庭，并同时走进法庭感受庭审中控辩双方激烈的辩论场面，才逐渐明白：法庭审判尤其是

[①] 本研究涉及的重要外文文献的作者姓名我们一律使用国内通用的中文译名，对于没有统一译名的，笔者采用的原则是权威、多数优先。第一次提及时，我们后附英文名称，以后则只用中文名。夹注引文标注中的作者名称保持与文后的参考文献一致。

刑事法庭审判最显著的特点就是讲故事，故事可以是书面的，比如，公诉方起诉书中对案件的陈述，辩护律师答辩词中对事实的陈述，判决书里的法律事实陈述；也可以是口头的，比如，法庭上受害人、被告人和证人对刑事案件事实的讲述，公诉人和辩护人对案件证据事实的举证和质证以及针对焦点问题而进行的法庭辩论，这些都是在讲故事，参与诉讼和法庭审判的各方对同一个刑事案件讲述着不同的故事。比如，有这样一个刑事案例[①]：

王××因涉嫌强奸罪于2007年6月26日被北京市昌平区公安分局刑事拘留，7月10日被逮捕。侦查终结后，2007年9月10日被移送昌平区人民检察院审查起诉。经审查，昌平区人民检察院2007年10月15日向昌平区人民法院提起公诉，指控被告人王××犯强奸罪。检察院起诉书中是这样讲述案件事实的："2007年4月16日11时许，被告人王××在北京市昌平区北七家镇南七家村李××的暂住地内，将李××按倒在床上后，强行与其发生性关系，后被抓获。"

昌平区人民法院审理后认为，被告人王××犯强奸罪的事实清楚，证据确实充分，罪名成立，判处有期徒刑3年6个月。判决书中对案件事实的讲述与起诉书中的完全一样。

一审判决后，被告人不服，委托辩护律师向北京市第一中级人民法院提起上诉，上诉理由：一是上诉人王××没有强奸被害人李××；二是现有证据充分表明，被害人李××与上诉人王××发生性关系是自愿的。

二审辩护律师在辩护意见中这样讲述案件事实："案发当天上午三个小时左右的时间里，被害人一直没有喊叫呼救，而被害人的暂住处就在马路边上，还不时有人路过；发生性关系后，被害人当着上诉人王××的面洗了自己的下身，随后还去王××的住处洗衣服；案发当天中午，被害人李××与上诉人王××一起吃的午饭；当天下午，被害人主动去王××的住处看电视。"

北京市第一中级人民法院经审理于2008年5月13日认定被告人王××犯强奸罪的主要事实不清、证据不足，并做出了二审裁定，撤销一审判决，发回昌平区人民法院重新审判，发回重审后，昌平区人民检察院很快撤诉，并于2008年5月23日释放了王××。

---

① 靳学孔.王××强奸案——强奸案件中的疑罪从无辩护 [M] // 北京市律师协会.北京刑辩律师典型案例选编.北京：北京大学出版社，2010：168-179.

同一个案件，控、辩双方讲述了完全不同的故事，导致的结果也完全相反，两个级别法院对于被告人王××罪与非罪的认定与控辩双方讲述的故事不无关系。

这里所说的讲故事从学术上讲就是叙事（narrative）[①]，法庭上讲故事的话语就是庭审叙事话语（courtroom narrative discourse）。叙事性是刑事法庭审判最大的特点，"叙事无处不在"[②]。但是我们不禁还是会问：法庭审判以事实为依据，以法律为准绳，其目的是辨明事实，依法判决，那么同一个刑事案件，为什么会有不同的故事版本（比如，"一个女子被强奸"这样一个案件可以被公诉方说成是违背女方意愿的精神和肉体的暴力侵犯，也可以被辩护方说成是两相情愿的性事）？庭审叙事话语有什么特点？庭审叙事话语是如何组织和运作的？公诉方的叙事话语、辩护律师的叙事话语和法官的叙事话语之间是什么关系？法庭审判中的事实又是如何认定和构建的（比如，上例是"强奸"还是"通奸"的事实）？本研究尝试回答这些问题，以解学术之困。

第二节　本研究的目标和主要内容

一、研究目标

本研究试图在自建的中国刑事法庭叙事话语互动框架下，结合哲学、社会学、法学、语用学、话语分析等学科的理论和方法，基于真实的法庭审判话语语料，对中国刑事法庭审判叙事话语（以下简称"中国刑事庭审叙事话语"）进行互动研究，运用社会学的语料转写分析方法对中国刑事庭审叙事语的结构特点和机构话语性质进行描述，从宏观、中观和微观三个层面对庭

[①] 关于"叙事"的中文表述，国内文学界有过"叙事"与"叙述"的学术争论，（赵毅衡."叙事"还是"叙述"？——一个不能再"权宜"下去的术语混乱 [J]. 外国文学评论，2009（1）：228-232.）因为不是文学领域里的叙事学理论意义上的概念，本书不纠缠于这些争论，"叙事"也好，"叙述"也罢，都是讲故事，但是从话语角度本书用"叙事话语"，不用"叙述话语"。

[②] Toolan, M. *Narrative: A Critical Linguistic Introduction*. London: Macmillan. 1988.

审叙事话语的建构和互动进行定性分析，利用"理性互动论"对中国刑事庭审叙事话语互动的目的、互动的策略、互动中的合作、互动的决策进行适当解释，以期挖掘隐藏在叙事话语表层下面的互动的深层意义。

本研究旨在通过对中国刑事庭审叙事话语语料的描写、分析和解释，试图回答下面四个核心问题：

（1）什么是中国刑事庭审叙事话语？

（2）中国刑事庭审叙事话语是如何构建的？

（3）中国刑事庭审叙事话语是如何互动的？

（4）中国刑事庭审叙事话语互动的意义是什么？

二、研究内容

刑事法庭审判话语本质上是一个叙事话语建构与解构的互动过程，是控辩双方在法庭语境叙事话语互动框架下的理性互动过程。在这一法律语言学理念关照下，本研究具体讨论分析以下内容：

（1）在中国法庭审判语境下定义叙事话语；

（2）基于真实的庭审语料，对中国刑事庭审叙事话语的结构、性质和特点进行定性描述，并在此基础上构建中国刑事法庭审判叙事话语的结构模型；

（3）对中国刑事庭审叙事话语的互动模式、互动规律进行归纳和分析，进而构建中国刑事庭审叙事话语互动框架；

（4）尝试建构适用于中国刑事庭审叙事话语互动研究的理论：理性互动论；

（5）对中国刑事庭审叙事话语的互动模式、互动规律进行理论解释；

（6）分析中国刑事庭审叙事话语互动的意义是如何实现的；

（7）揭示中国刑事庭审叙事话语互动主体间的角色关系，以及由此体现出的中国刑事法庭审判制度存在的不足，为中国刑事法庭审判这一司法实践提供有益启示。

第三节　本研究拟解决的关键问题

本研究试图通过对上述内容的讨论，重点解决以下几个关键问题：

（1）法庭审判活动宏观上就是一个叙事话语（macro-narrative），这一大叙事话语由中观层面的控辩双方相对抗的叙事话语和合议庭在这两个对立的叙事话语基础上形成的第三叙事话语构成，中观层面的三个主叙事话语（master-narrative）又分别由若干个微观层面的小叙事话语（micro-narrative）（比如，证人的陈述）构成，从宏观到中观到微观，庭审叙事话语结构错综复杂，却又层次分明。因此构建中国刑事庭审叙事话语的结构模型是本研究的第一个核心内容。

（2）中国刑事法庭审判中控、辩双方叙事话语方式的不同所映射出的叙事主体的不同目的以及所采取的不同的叙事策略，因此而形成的叙事话语的互动是本研究的第二个核心内容。

（3）控、辩双方不同叙事话语之间的互动对法官的第三故事版本的形成（判决书叙事）所产生的影响，涉及案件事实的认定以及其与法律框架的契合性并因此导致的定罪和量刑，这是本研究的另一个核心内容。

（4）主审法官是庭审的主持者，合议庭成员全程参与庭审叙事话语的互动，然而中国现行的混合式庭审制度（介乎英美法系当事人"控辩式"与大陆法系职权主义"纠问式"之间）对庭审法官、公诉人和辩护律师都提出了更高的要求：庭审叙事话语如何理性互动，从而保证司法程序正义和实体正义的实现，这是本研究最核心的内容，也是终极目标。

第四节　研究方法及语料说明

一、研究方法

盖尔·斯泰戈（Gail Stygall，1994：6-7）将法律语言研究路径分为三类：将语言作为目标的研究路径（language-as-object），将语言作为过程的研究路径（language-as-process）和将语言作为工具的研究路径（language-as-instrument）。本研究属于第二类"将语言作为过程的研究路径"，我们认为刑事庭审叙事话语不是目的，也不是工具，本研究关注的是叙事话语互动的过程以及互动产生的意义。

（1）本研究属于司法语言研究范畴，研究的对象和范围是中国刑事庭审话语，话语语料来源于真实的庭审现场记录、调查和整理的材料，因此研究首先采用的是以语料为基础的方法；

（2）采用多学科交叉的方法，研究涉及哲学、社会学、法学、语用学、会话分析等多学科；

（3）采用理论联系实际的方法，从语料搜集整理和描写分析着手，构建分析框架对语料描写分析出的现象进行理论解释；

（4）从宏观、中观、微观三个层面分析和解释中国刑事庭审叙事话语互动的意义。

总之，本研究兼顾刑事法庭审判语境下的司法语言的静态描述、动态分析和理论解释。

二、研究语料

本研究语料构成如下：（1）是口语语料；（2）（3）是书面语语料，共180余万字。

（1）刑事法庭审判现场语料记录转写：共22场，40万余字，其中按照时间来分2014年7场，2013年4场，2012年1场，2007年3场，2006年1场，2006年以前6场；按照地域来分，跨北京（9场）、上海（2场）、武汉（4场）、南京、郑州、哈尔滨、黄石、岳阳、常德、永州十地[①]。

（2）律师辩护词（《北京刑辩律师典型案例选编》）（40余万字）。

（3）法院判决书[《人民法院刑事指导案例裁判要旨通纂（上、下卷）》]（约100万字）。

需要说明的是：首先作为书面语语料的法院判决书并非与本人收集整理

---

① 根据研究需要，我们只转写刑事审判程序部分的内容，涉及附带民事诉讼的内容没有转写。

的22场刑事诉讼案件主题一一对应,原因是很多刑事案件审判结果并不是当庭宣布的,大多是择日宣判,尽管各级法院网站主页上都会公开判决书文本,但是时间会滞后很多,比如,我本人收集整理的庭审案件的判决书有些到本书完稿时还没有找到。本研究尽量坚持做到同步分析相同案件的检察院起诉书、律师辩护词和法院判决书,但是起诉书和辩护词法庭上可以收集到,而判决书却很难在庭上收集,原因上面已经讲了。《人民法院刑事指导案例裁判要旨通纂(上、下卷)》(陈兴良等,2013)是我国刑事诉讼新一轮改革后公开出版发行的最新、最全同时又可以用来做法庭话语分析的法院判决书集子,它是本研究案例分析语料缺损的很好补充,尤其是在"判决叙事话语"分析部分,它能提供较完整的语料支撑。至于律师辩护词,我们收集的庭审语料都已经包含这部分内容,但是在做三类叙事话语的话语结构特征对照分析的时候,《北京刑辩律师典型案例选编》能提供更多更好的语料来源,这本辩护词专辑都包含有相关案子的起诉书和判决书。但是遗憾的是我们没有找到公开出版发行的检察院的起诉书集子,只能退而求其次,在官网如中华人民共和国最高人民检察院官网上查看并下载部分起诉文书。

关于口语语料,大部分是笔者亲自在法庭现场记录并转写的;有一小部分来自最高人民法院网《现在开庭》的录像视频;"复旦大学宿舍投毒案"一审语料来自新民网网上视频,笔者反复认真观看并转写,该视频完整未经任何剪接,因为其内容和时长与新闻媒体报道一致,连贯性也非常好。更为重要的是这个案件审理过程的语料比较完整,公诉方的起诉书、辩护律师的辩护词、庭审过程、法院的判决书都包含在内,我们将重点分析这个语料。还有一小部分已经转写好的语料来自同学和朋友的共享。口语语料中刑事庭审的程序步骤都比较齐全,公诉人的起诉书、法庭辩论中控辩双方的焦点争论、被告的最后陈述都比较完整,因为大多数案子没有当庭宣判,所以当庭宣判的判决书语料比较少。

为研究需要,语料转写过程中笔者采用了如下一些标注符号[①]:

[①] 本研究所用语料均来自国内,所用语言都是汉语,因为话语性质和语言的差异,我们没有采用 Gail Jefferson 创立的会话录音语料转写标注系统。

▲	被打断
▼	打断
//××× //×××	重叠
（.s）	停顿时间，单位为秒
（…）	模糊或者声音很小没听清楚的话
↑	音调升高
【×××】	修正的话
（×××）	副语言或者相关情况说明
……	省略不重要的内容
×××	隐私信息屏蔽处理
___	下划线为转写者强调
——	语气延长
审长	审判长
审	审判员（多个审判员就在后面加上数字，比如，"审1，2……"）
书	书记员
诉	公诉人（多个公诉人就在后面加上数字，比如，"诉1，2……"）
害	被害人（多个被害人就在后面加上姓，同姓的再加上数字予以区别，比如，"害1，2……"）
被	被告人（多个被告人就在后面加上姓，同姓的再加上数字予以区别，比如，"被赵，被钱1，2……"）
上	上诉人（多个上诉人就在后面加上数字，比如，"上1，2……"）
辩	辩护人（多个辩护人就在后面加上数字，比如，"辩1，2……"）
代	诉讼代理人（多个诉讼代理人就在后面加上数字，比如，"代1，2……"）
鉴	鉴定人（多个鉴定人就在后面加上数字，比如，"鉴1，2……"）
证	证人（多个证人就在后面加上姓，同姓的再加上数字予以区别，比如，"证周，证吴1，2……"）

第五节　相关术语

研究从术语概念开始，这是任何研究路径所遵循的惯例。为了方便描述、分析和解释，我们有必要对本研究涉及的一些关键术语进行概念界定，其中有些术语在其他研究领域出现过，但在本研究中要么适用范围不同，要么使用性质有异。总之，概念厘清是第一步。

一、叙事（Narrative）

杰拉德·普林斯（Gerald Prince）给叙事的定义是"由一个、两个或数个（或多或少显性的）叙述者（narrators）通过交际向一个、两个或数个（或多或少显性的）受述者（narratees）传达一个或更多真实或虚构事件（events）（作为产品和过程、对象和行为、结构和结构化）的表述……包括故事（story）和话语（discourse）两部分"（Prince，1987：58）。"叙事"一词源自小说研究，40年前罗兰·巴特、克劳德·布雷蒙、热拉尔·热奈特、格雷马斯、托多罗夫等人创立的叙事学（narratology）属于结构主义研究领域的一个分支，为文学理论提供了叙事理论研究新视角。经典叙事学主要关注文学叙事，20世纪90年代以来的后经典叙事学扩大研究范围，它也被用来"解释一般的叙事"，即所谓的叙事的"普泛化现象"，因此就有了法律、医学、心理等领域文本里的叙事等（Bal，1999，转引自Fludernik，2005：46），彼得·布鲁克斯（Peter Brooks）曾公开呼吁"法庭非常需要一种叙事学"（Brooks，2005：426）。

本书赞同普林斯的定义，但庭审语境下只允许讲述真实事件。所以我们对"叙事"做如下定义：在特定语境（法庭审判）下，由一个、两个或数个（或多或少显性的）叙述者通过交际向一个、两个或数个（或多或少显性的）受述者传达一个或更多真实事件的表述。人类社会离不开交际，而叙事是交际的主要方式之一，正如杰罗姆·布鲁纳（Jerome Bruner，1996：129）所说，"人类通过叙事赋予世界以意义"。这一说法与图兰（Toolan，1988）的"叙事无处不在"以及马提斯和森格斯（Mateas and Sengers，1998）的"叙事是人类生存的基本方式"表达了同样的意思，如果用利奥塔的"泛叙事论"来解释则更为科学，更为合理。利奥塔在其《后现代状况：关于知识的报告》一书中将人类知识分为两种，一种是"科技知识"，另一种是"叙事知识"，也就是说人类所有的人文社会科学知识从本质上讲是叙事性的，是讲故事。而在利奥塔之前，萨特就非常直白地说，"人永远是在讲故事；人的生活包围在他自己的故事和别人的故事中，他通过故事看待周围发生的一切，他的生活内容似乎就是讲述周边所发生的事情"（赵毅衡，2013：1-2）。这种意义上的叙事概念更接近本研究的主旨，不过本书研究对象仅限于在法律司法实践活动中的刑事法庭审判语境里。

二、叙事话语（Narrative Discourse，缩写为 ND）

杰拉德·普林斯给叙事话语的定义是"一种用叙述者的语词来再现人物说话方式和言语思想的话语类型"（Prince，1987：64）。法国结构主义叙事学家托多罗夫于1966年提出了"故事"和"话语"两个概念以区分叙事作品的表达对象与表达形式。热奈特在其著作《叙事话语》中打破历史上的叙事两分局面，提出"故事"、"叙事话语"和"叙事行为"三分法（Genette，1980）。本书脱离文学叙事学理论研究路径，不纠缠于这些二分抑或三分的讨论，根据话语分析理论，笔者将叙事当作一种话语形式。在司法语言实践中，故事和叙事密切相关，多数情况下可以换用，但有一点需要澄清，那就是法律叙事（尤其是庭审叙事）是对涉案事件有目的有计划的再现，同一个案件事实可以有多个不同的故事版本。

三、刑事庭审话语（Criminal Courtroom Discourse，缩写为 CCD）

本研究对象和使用的语料限于中国刑事庭审场域。中国刑事庭审制度经过不断改革，目前的刑事法庭采用纠问制向抗辩制过渡的审判形式，属于综合审判方式。法庭上辩护律师有了更多的辩护机会和权力，控辩双方在法庭上的地位较之以前相对平衡了些，法官在庭审过程中也基本处于中立，主要负责法庭程序的组织，不再进行过多的实体调查。但是司法制度改革需要一个过程，中国目前的刑事庭审与英美国家还有很大的差异，没有陪审团，证人很少出庭，多数情况下证言证词是在法庭上宣读的，这样，对证人的询问和交叉询问就很少了。所以本研究中所说的中国刑事庭审话语（Chinese Criminal Courtroom Discourse，缩写为 CCCD）就是指：参与刑事庭审各方在法庭上围绕刑事案件审理所讲的话，包括口头的言语和宣读的书面话语，比如，证人证言、法律文书等。根据《中华人民共和国刑事诉讼法》，中国刑事庭审话语有非常严格的程序性，法庭审判活动由主审法官来组织，主审法官分配法庭话语权。

四、刑事庭审叙事话语（Criminal Courtroom Narrative Discourse，缩写为 CCND）

本研究对庭审叙事话语的定义是：在法庭审判语境下，诉讼参与各方自然发生的连贯的口头或书面话语，话语的内容涉及对案件事实的讲述。它包括刑事庭审叙事话语、民事庭审叙事话语和行政庭审叙事话语。

本书所讨论的刑事庭审叙事话语包括起诉叙事话语、辩护叙事话语和判决叙事话语三类。起诉叙事话语的叙事主体是代表国家对刑事案件依法行使检察权并向法院提起公诉的公诉人，辩护叙事话语的叙事主体是依法代表被告人并维护被告人合法权益的辩护人，判决叙事话语的叙事主体是代表国家依法行使审判权的合议庭（合议庭一般由 3~7 名审判员和人民陪审员组成）。起诉叙事话语和辩护叙事话语一般由叙事主体（公诉人和辩护人）发起的主叙事话语（master narrative）[①]与诉讼当事人和证人的嵌入叙事话语

---

① 关于"主叙事"，文献中有不同的表述，意思基本上都是"核心叙事"、"宏观叙事"或者"主叙事"：Snedaker（1991：134）用"kernel narrative"，Cotterill（2003）用"macro-narrative"，Heffer（2005）用"master narrative"，Gibbons（2003）用"core narrative"。本研究所说的"主叙事话语"意指叙事话语的发起人和主要叙述人所讲述的与案件事实相关的连贯的完整的话语。

（embedded narrative）[1]构成，对同一个刑事案件形成两个不同的故事版本。判决叙事话语则会综合考虑起诉叙事话语和辩护叙事话语，结合法官形成心证的法律事实，对刑事案件形成第三个故事版本，也是最终故事版本。刑事庭审叙事话语就是对刑事案件的事实进行建构的话语形式。叙事性和互动性是刑事庭审话语最显著的特点。

第六节　中国刑事庭审制度概述

一、中国刑事庭审的法律依据

中国刑事法庭审判活动的法律依据是《中华人民共和国刑事诉讼法》（以下简称《刑诉法》），中国的刑事庭审制度可以从《刑诉法》的制定和几次修正得到了解。《刑诉法》的首次制定和颁布于1979年7月1日第五届全国人民代表大会第二次会议通过，历经1996年3月17日第八届全国人民代表大会第四次会议《关于修改〈中华人民共和国刑事诉讼法〉的决定》第一次修正、2012年3月14日第十一届全国人民代表大会第五次会议《关于修改〈中华人民共和国刑事诉讼法〉的决定》第二次修正和2018年10月26日第十三届全国人民代表大会常务委员会第六次会议《关于修改〈中华人民共和国刑事诉讼法〉的决定》第三次修正。现行的《刑诉法》于2018年10月26日颁布执行。

1996年、2012年和2018年《刑诉法》三次修正推动我国刑事诉讼朝着

---

[1] "嵌入叙事"一般由诉讼当事人或者证人完成，法庭上公诉人或者辩护人一般都会就案件的一些情节策略性地询问当事人或者证人，当事人或者证人对被询问的问题如实作答，如果没有法官的准许他们是不能随便发言的，所以当事人或者证人的回答通常不是完整的叙事，但因其不可或缺，作为庭审叙事的有力补充，故名"嵌入叙事"。关于"嵌入叙事"，文献中也有不同的表述：O'Barr（1982：76）用"fragmented testimony"（片段式证言），Snedaker（1991：134）称其为"satellite narrative"（附属叙事），Cotterill（2003）用"micro-narrative"（微观叙事），Heffer（2005）用"witness narrative"（证人陈述），Gibbons（2003）用"sub-narrative"（从属叙事）。

"以庭审为中心"的目标努力迈进，改革 1979 年以来司法的行政化色彩和诉讼的职权主义特征，避免刑事审判"先定后审"和"庭审走过场"[①]等不正常现象，实行职权主义纠问制和当事人主义的控辩制相结合的刑事诉讼模式[②]。1996 年我国重新构建控审分离、审判中心、控辩对抗为基本框架的庭审方式，"在新的庭审模式下，法官虽然保留了一定的职权，但以控方负担举证责任、辩方行使防御权利、法官居中裁判为基本要素的诉讼结构被确立起来"（刘计划，2005：前言 6）。2012 年修正的《刑诉法》保留了原刑事诉讼法中有关职权主义的一些合理规定，如在侦查、起诉阶段由公安机关和人民检察院依职权单方面采取侦查、起诉行为；在审判阶段由法官讯问被告人、询问证人、鉴定人和在庭审中调查核实证据的权利等。同时借鉴当事人主义的有益经验，规定犯罪嫌疑人在侦查阶段可以聘请律师提供法律帮助，在起诉阶段便可委托辩护人为自己辩护，特别是在审判阶段，将法院的庭前审查由实体性审查改为程序性审查，从而有效地避免法官先入为主，从而客观审案；强化证人、鉴定人出庭作证，庭审中讯问被告人、询问证人、鉴定人，出示物证、书证首先和主要由控、辩双方进行，法官即使进行这些活动，也只是起到补充作用而已，而且法官只有在庭审过程中对证据有疑问时才可以对证据进行调查核实。此外，控、辩双方不仅可以在法庭辩论阶段进行互相辩论，而且在法庭调查阶段也可以对证据和案件情况发表意见并且互相辩论。

2018 年修正的《刑诉法》完善了与《监察法》的衔接机制；建立了刑事缺席审判制度，增设"缺席审判程序"一章，规定犯罪嫌疑人、被告人潜逃境外的缺席审判的具体程序，与国际上通行的司法准则接轨；充分保障被告人的诉讼权利，对委托辩护和提供法律援助最初规定，赋予被告人的近亲属上诉权；规定人民法院应当告知罪犯有权对判决、裁定提出异议，罪犯提出异议的，人民法院应当重新审理；增加对被告人患有严重疾病中止审理和被告人死亡案件可以缺席审判的规定；完善刑事案件认罪认罚从宽制度和程序规定，增加速裁程序，不受《刑诉法》规定的送达期限的限制，不进行法庭调查、法庭辩论，但应当听取辩护人的意见和被告人的最后陈述意见，应当当庭宣判，

[①] 刘静坤.法庭上的真相与正义[M].北京：法律出版社，2014：206-207.
[②] 世界上大多数国家的刑事诉讼模式基本上都是混合式的，很难说哪个国家执行完全的纠问制或者完全的控辩制，审判制度的差异只是这两种模式的侧重不同而已。

加强对当事人的权利保障。

二、中国刑事法庭审判程序

根据新《刑诉法》的规定，中国刑事法庭审判程序由审判长负责组织，通常包括以下五个阶段：

（一）审前序列

"审判长查明当事人是否到庭，宣布案由；宣布合议庭的组成人员、书记员、公诉人、辩护人、诉讼代理人、鉴定人和翻译人员的名单；告知当事人有权对合议庭组成人员、书记员、公诉人、鉴定人和翻译人员申请回避；告知被告人享有辩护权利。被告人认罪认罚的，审判长应当告知被告人享有的诉讼权利和认罪认罚的法律规定，审查认罪认罚的自愿性和认罪认罚具结书内容的真实性、合法性。"（《刑诉法》第一百九十条）

（二）法庭调查

在这一阶段首先是公诉人宣读起诉书，然后是举证和质证。

公诉人宣读起诉书："公诉人在法庭上宣读起诉书后，被告人、被害人可以就起诉书指控的犯罪进行陈述，公诉人可以讯问被告人。被害人、附带民事诉讼的原告人和辩护人、诉讼代理人，经审判长许可，可以向被告人发问。审判人员可以讯问被告人。"（《刑诉法》第一百九十一条）

举证质证：公诉人、辩护人分别进行举证和质证。审判人员可以询问证人、鉴定人。（《刑诉法》第一百九十二条至一百九十七条）

（三）法庭辩论

"经审判长许可，公诉人、当事人和辩护人、诉讼代理人可以对证据和案件情况发表意见并且可以互相辩论。"（《刑诉法》第一百九十八条）

（四）被告人做最后陈述

"审判长在宣布辩论终结后，被告人有最后陈述的权利。"（《刑诉法》第一百九十八条）

（五）合议庭评议并做出判决

"在被告人最后陈述后，审判长宣布休庭，合议庭进行评议，根据已经查明的事实、证据和有关的法律规定，分别做出以下判决……"（《刑诉法》第二百条）

第七节　本研究的篇章结构

本研究共分八章。

第一章是绪论，介绍选题的缘起、研究的目标和主要内容、研究方法和语料、相关术语的界定以及本研究的篇章结构安排。

第二章对国内外法律语言、庭审话语和庭审叙事话语的相关研究文献进行梳理，总结以往研究中存在的不足。

第三章理论框架部分基于前人的相关理论基础构建"中国刑事庭审叙事话语互动框架"和"理性互动论"，用于对中国刑事庭审叙事话语互动现象进行定性分析和理论解释。

第四章基于真实语料对庭审叙事话语进行静态描述和结构模型构建，包括中国刑事庭审叙事话语的总体特征和刑事法庭语境里起诉叙事话语、辩护叙事话语和判决叙事话语这三种类型叙事话语的结构特征描写。

第五章和第六章论述第四章所述三种叙事话语之间的互动。互动分为两种模式：第一种，也就是第五章讨论的内容，是起诉叙事话语和辩护叙事话语之间的互动，这种互动是对抗性互动，是辩护叙事话语对起诉叙事话语的解构和重构；第二种，即第六章讨论的内容，是起诉叙事话语与辩护叙事话语的汇聚与融合，这种汇聚与融合由合议庭完成，最终形成判决叙事话语。第二种互动比较复杂，形式上合议庭较少参与起诉叙事话语和辩护叙事话语之间的互动，但实质上判决叙事话语综合了法庭上所有的叙事话语内容，是对这些内容的判别、析取和融合。

第七章通过构建的"中国刑事庭审叙事话语理性互动框架"对刑事庭审的三种叙事话语之间的互动进行分析和理论解释。

第八章是研究的结论部分，总结本研究的发现、意义、特色和创新点，分析研究存在的不足，展望未来研究的方向。

研究结构主体部分第四至第七章是相互关联的，第四章属于刑事庭审叙事话语的静态描写和结构模型构建；第五、六两章基于第四章的描写和建构的叙事话语结构模型构建三种叙事话语之间的互动模式；第七章是定性分析和理论解释。

第二章

文献综述

第一节 国外法律语言研究概述

根据廖美珍教授（2003：4；2004），英美法律语言研究可以分为20世纪70年代前和70年代后两个阶段。20世纪70年代以前，法律语言是作为客体来研究的，不考虑话语生成和话语参与者的理解过程，当时的研究主要是对立法语言、法律文本的静态研究[①]，注重遣词造句、句法结构和文体特征，典型代表人物是美国著名的法学教授大卫·梅林科夫，他（Mellinkoff，1963）的鸿篇巨制《法律的语言》[②]系统全面深入地介绍了英美法律语言的特征和历史发展，对法律的"简明英语运动"起到了巨大的推动作用，是法律语言的奠基之作。20世纪70年代以后，来自社会学界、语言学界和法学界的学者们不再只是将法律语言作为对象来研究，而是"把法律语言作为过程来研究，强调话语在互动中的生成和理解"（廖美珍，2003：6），研究焦点转向法庭话语或法律活动的口头互动，将语言作为工具的应用研究，研究方法涉及多学科的融合，比如，人类学、文学、法学、语言学、政治学、心理学、社会学

[①] 斯泰戈（Gail Stygall，1994：6-7）将法律语言研究分为三个基本类型和发展阶段：语言作为对象的研究（language-as-object）、语言作为过程的研究（language-as-process）和语言作为工具的研究（language-as-instrument）。

[②] 梅林科夫将法律语言限定为"律师在以英语作为官方语言的普通法管辖区所使用的习惯语言"（译文见廖美珍翻译的该书中译本p3），英文原文是"The language of the law, as described in this book, is the customary language used by lawyers in those common law jurisdictions where English is the official language"（Mellinkoff. *The Language of the Law*. 1963: 3）.

等（廖美珍，2004：67）。

将法律语言作为过程的研究者亲自走入法庭，观察法律现场互动过程，偏重话语策略、话语风格和话语结构，代表人物和成果有：阿特金森和德鲁（Atkinson & Drew, 1979）的《法庭秩序：司法语境中的言语互动结构》（*Order in Court : The Organization of Verbal Interaction in Judicial Settings*），达内特（Danet, 1980a）的《法律过程中的语言》（*Language in the Legal Process*），班尼特和费尔德曼（Bennett & Feldman, 1981）的《重构法庭现实：美国文化中的公正与裁判》（*Reconstructing reality in the courtroom : Justice and judgment in American culture*），列维和沃克（Levi & Walker, 1990）的《司法过程中的语言》（*Language in the Judicial Process*），欧巴尔（O'Barr, 1982）的《语言证据：法庭中的语言、权力和策略》（*Linguistic Evidence : Language, Power, and Strategy in the Courtroom*），以及斯泰戈（Stygall, 1994）的《审判语言：差异性语篇理解和话语结构》（*Trial Language : Differential Discourse Processing and Discursive Formation*）等。

将法律语言作为工具的研究关注法律通过语言来运作的方式以及法律语言作为权力实现的手段，代表人物和成果有：彼得·古德里奇（Peter Goodrich, 1987）的《法律话语》（*Legal Discourse*）提出"法律话语"概念，将法律作为社会话语，作为交际，在法理学和法律实践的框架下从话语批评视角研究语言与法律的相互关系；劳伦斯·索兰（Lawrence M. Solan, 1993）的《法官的语言》（*The Language of Judges*）将语言学理论与法律解释有机结合，研究法官如何通过语言来断案以及如何处理法律中的语言问题；布赖恩·比克斯（Brian Bix, 1993）的《法律、语言与法律的确定性》（*Law, Language & Legal Determinacy*）研究三个相互重叠的主题："语言在法律中的地位，维特根斯坦的语言哲学和法律确定性问题"；[1] 约翰·吉本斯（John Gibbons, 1994）主编的《语言和法律》（*Language and the Law*）是一本论文集，共收录19篇文章，讨论的主题包括：语言构建法律、语言及在法律面前的不利地位和法律语言学等三辑。

如果说前面的研究比较笼统比较抽象的话，下面一些成果就非常具体

---

[1] 布赖恩·比克斯.法律、语言与法律的确定性[M].邱昭继，译.北京：法律出版社，2007：3.

地论述了法律面前的语言权力问题:较早的几位包括莱考夫(Lakoff,1975,1990),达内特(1980b)和欧巴尔(1982),他们的研究表明法庭上证人几乎没有什么权力,他们几乎没有机会向陪审团讲述案件,鲁欣布鲁尔斯(Luchjenbroers,1997)做了类似的研究,他认为证人在法庭上只是被动地配合律师,根据律师要求回答问题,他们对律师和陪审团的思维影响很小;马托辛(Matoesian,1993)的《再现强奸:法庭上通过谈话支配》(*Reproducing Rape*:*Domination through Talk in the Courtroom*)和康利和欧巴尔(John M. Conley & William M. O'Barr,1998/2005 2nd ed.)的《法律、语言与权力》[*Just Words*:*Law*,*Language and Power*(*second edition*)]主要研究司法语言中的权力和不平等现象,比如,强奸案受害者在法庭上受到的二次伤害,离婚案件中的性别不平等问题;拉波夫和哈里斯(Labov & Harris,1994)、沃尔什(Walsh,1994)和伊兹(Eades,1994)同时讨论了不同种族的人,尤其是黑人和土著居民因为受教育程度低、社会地位低以及使用不受主流社会欢迎的方言而在法律面前受到不公正的待遇等问题。

还有一部分学者研究语言证据在法律审判中的应用。[①]比如,罗杰·舒伊(Shuy,1987,1990)关于话语层面的研究,舒伊以语言学家身份作为专家证人分析录音证据中的话题的提起、话题的转换和结束及对话题的参与程度等,确定刑事案件中嫌疑人是否犯罪或犯罪轻重,为法庭判案提供依据;卡朋特(Carpenter,1990)关于语言心理和行为分析的研究;诺兰(Nolan,1994),琼斯(Jones,1994)关于语音证据的研究;伊格尔森(Eagleson,1994)关于书面拼写、用词、语法形态以及句法结构的证据研究,典型案例是澳大利亚一男子被指控杀害妻子,语言学家伊格尔森分析该案关键证据——妻子所留"遗书",通过文本特征对比找到真凶——丈夫。集中探讨语言证据的文献有里伯和斯图尔特(Rieber & Stewart,1990)合编的《在法律机构做专家证人的语言科学家:法律语言学诸问题》。

双语或者多语法庭审判离不开翻译,因此法庭翻译研究也成为法庭话语研究的一方面。这里所说的语言包括语言变体和方言。美国法律规定如果被告或者证人听不懂英语或者不会用英语表达,法庭应该为他们提供翻译,以体现法律面前人人平等。法庭翻译研究主要涉及翻译的作用与功能、翻译对

[①] 廖美珍.国外法律语言学综述[J].当代语言学,2004(1):71-73.

法庭审判的影响、法庭翻译的特征、法庭翻译的理论和技巧、法庭上译员的地位等。这些方面较有影响的有伯尔克—塞里格森（Berk-Seligson，1990）、冈萨雷斯等（Gonzalez et al., 1991）、拉斯特和泰勒（Laster & Taylor，1994）、爱德华兹（Edwards，1995）、黑尔和吉本斯（Hale & Gibbons，1999）以及黑尔和贝亚特丽斯（Hale & Beatriz，2004）。

相比较法律语言的热烈讨论而言，法律语言学的诞生比较晚，作为一门独立的学科法律语言学出现在20世纪90年代[①]，正是由于法律与语言的交叉研究加上20世纪六七十年代语言学学科的成熟和其他学科如社会学、人类学、心理学、民族志学的发展，法律语言学才有了形成的条件。"国际应用语言学协会法律语言学科学委员会"（AILA Scientific Commission on Forensic Linguistics）章程规定委员会的主要目标任务是：支持对语言与所有形式的法律之间的联系的研究，具体支持以下五方面的内容：（1）对法律语言的研究，包括法律文件中的语言、法庭语言、警察语言和监狱语言；（2）提供并改善专业法律口、笔译服务以及在这些领域里的研究；（3）消除法律过程中由语言所产生的不利因素；（4）提供基于最好的可获得的专业知识法律语言证据；（5）在法律起草和解释问题上，包括简明语言起草方面，提供语言学专业知识。[②]

[①] 根据吴伟平（1994：44），一个学科独立存在有三大标志：学术会议，学术机构和学术刊物。1993年8月国际法律语言学家协会（The International Association of Forensic Linguistics，IAFL）在德国波恩举行成立大会，英国伯明翰大学语言学教授库尔哈德（Malcolm Coulthard）任协会首任会长，该协会规定自成立起每两年召开一次国际法律语言学大会，它有自己的会刊——《言语、语言与法律国际杂志》（*International Journal of Speech, Language, and the Law*）。

[②] 参见 Gibbons, J. *Forensic Linguistics: An Introduction to Language in the Justice System*. Blackwell Publishing, 2003: 12. 原文是："The primary objective of the AILA Scientific Commission on Forensic Linguistics is to support the study of the link between language and the law in all its forms. As part of this broad agenda, the Commission seeks to support the following: a. The study of the language of the law, including the language of legal documents and the language of the courts, the police and prisons. b. The study, the provision and the improvement of professional legal interpreting and translation services. c. The alleviation of disadvantage produced by language in legal processes. d. The provision of forensic linguistic evidence that is based on the best available linguistic expertise. e. The provision of linguistic expertise in issues of legal drafting and interpretation, including plain language drafting."

法律语言学尽管起步较晚，但发展迅猛，相继有一些重要的著作和论文集问世，除了上面列出的1993年以后的成果以外，较有影响的包括约翰·吉本斯（2003）的专著《法律语言学导论》（*Forensic Linguistics：An Introduction to Language in the Justice System*）和论文集《法律语言面面观》（*Dimensions of Forensic Linguistics*，2008）（该论文集收录了14篇文章，涵盖法律语言、法庭语言和法律语言证据三方面），约翰·奥尔森（John Olsson，2008）的专著《法律语言学》[*Forensic Linguistics（2nd edition）*]，马尔科姆·库尔特哈德和艾莉森·约翰逊（Malcolm Coulthard & Alison Johnson，2010）主编的《劳特利奇法律语言学手册》（*The Routledge Handbook of Forensic Linguistics*），彼得·蒂尔斯马和劳伦斯·索兰（Peter M. Tiersma & Lawrence M. Solan，2012）主编的《牛津语言与法律手册》（*The Oxford Handbook of Language and Law*）。

概括而言，国外法律语言研究的历程是多学科交叉融合的过程，尤其是法学与语言学有机结合而形成的法律语言学使得法律语言从最初的语言句法、文体特征的静态研究，经历语用视角下法律语言作为过程即法庭话语的动态研究，直至社会语言学径路下的法律语言作为工具的研究，研究成果可谓丰硕，研究领域可谓广阔，法学理论、社会学理论、语言学理论、语言哲学理论都可以用来解释法律语言问题，这对于法律语言学学科的发展是非常有好处的。

介绍完成就，我们发现国外的研究也存在一些不足，主要表现在法庭话语方面：直接询问和交叉询问研究多，证人证言在法庭整体话语中的作用和功能研究比较少；法庭话语问答互动描述比较多，有规律性的互动模式总结比较少。

第二节 国内法律语言研究概述

我国的法律语言研究最早的较为成熟的论著应该是清代李渔的《资治新书》（2010）和王又槐的《办案要略》（1987）。《资治新书》是《李渔全集》中的十六卷（初集）、十七卷（二集）内容，是一部政治法律资料汇编，其中部分章节"涉及司法文书与法律语言的不少重要问题":在态度上,对法律语言的运用要十分严肃认真,要"持重",不得"亵嫚"(《论奸情》);要根据不同案件的不同犯罪特征与构成要件,决定案件的叙述要素、法律语言的内容和相关司法文书的格式与结构(《论人命》);在案件审理中要根据受审者的不同状况和当时的情景,决定言辞运用和审讯方式("词色之喜怒",或"示以震怒,加以严刑",或"平心静气以鞫之,且勿遽加刑拷")(《论盗案》);从封建法律的"风教"功能和司法官员的执法职能及狱讼涉及某些社会阴暗面出发,提出"凡审奸情,最宜持重","至于谳牍之间,更宜持重,切勿用绮语代庄,嬉笑当骂"(《论奸情》);意识到"体态语言"在法律活动中的信息策略作用("强盗初执到官,当察其私下受拷之刑,狼狈与否,以为刑罚之宽严,词色之喜怒")(《论盗案》)。[①]

《办案要略》"是清代律学司法实践风格的一部代表作品"[②],全书共14篇,共约两万字,分为两个部分:第一部分有《论命案》《论犯奸及因奸致命案》《论强窃盗案》《论抢夺》《论杂案》《论枷杖加减》《论六赃》7篇,介绍审案、析案方面的经验;第二部分有《论批呈词》《论详案》《叙供》《作看》《论作禀》《论驳案》《论详报》7篇,总结清代司法文书方面的经验,都是关于司法文书的专论。该书系统、科学地勾勒了"叙供"类司法文书语体特征,对司法文书在词句方面提出了九点要求("九不可"):供不可文;供不可野;供不可混;供不可多;供固宜简;供不可偏;供不可奇;供不可假;供不可忽。在篇章结构方面要注意六方面("六法"):前后层次;起承转合;埋伏照应;点题过脉;消纳补斡;运笔布局。

20世纪90年代以前出现过少量的法律语言教材或著作,比如,高玉成的《司法口才学》(知识出版社,1986),宁致远、刘玉章的《法律文书的语言运用》(安徽教育出版社,1988),许秋荣、吕振卿、王茂林的《法律语言修辞》(中国政法大学出版社,1989),潘庆云的《法律语言艺术》(学林出版社,1989)和《法律修辞》(辽宁教育出版社,1989)。但是国内法律语言真正的兴旺和规模研究则是在近三十余年,出现了一批较有影响的成果,较为

[①] 潘庆云.跨世纪的中国法律语言[M].武汉:华东理工大学出版社,1997:49.

[②] 张晋藩.清代律学名著选介[M].北京:中国政法大学出版社,2009:100-111.(其中《办案要略》由李仪评介)

突出的包括邱实的《法律语言》(中国展望出版社,1990);潘庆云的《法律语体探索》(云南人民出版社,1991)、《跨世纪的中国法律语言》(华东理工大学出版社,1997)、《法律文书评论》(上海人民出版社,2002)和《中国法律语言鉴衡》(汉语大词典出版社,2004);周广然的《法律用词技巧》(中国检察出版社,1992);华尔庚的《法律语言概论》(中国政法大学出版社,1995);姜剑云的《法律语言与言语研究》(群众出版社,1996);王洁的《法律语言学教程》(法律出版社,1996)和《法律语言研究》(广东教育出版社,1999);孙懿华、周广然的《法律语言学》(中国政法大学出版社,1997);李振宇的《法律语言学初探》(法律出版社,1997);陈炯的《法律语言学概论》(山西人民出版社,1998);吴伟平的《语言与法律——司法领域的语言学研究》(上海教育出版社,2002);刘红婴的《法律语言学》(北京大学出版社,2003);刘蔚铭的《法律语言学研究》(中国经济出版社,2003);杜金榜的《法律语言学》(上海外语教育出版社,2004)、《中国法律语言学展望》(对外经济贸易大学出版社,2007)[①]和《法律语言研究新进展》(对外经济贸易大学出版社,2010)[②];孙懿华的《法律语言学》(湖南人民出版社,2006);宁致远的《法律文书与法律语言探微》(中国政法大学出版社,2007);赵军峰的《法律语篇信息结构及语言实现研究》(科学出版社,2011);董晓波的《法律文本翻译》(对外经济贸易大学出版社,2011);熊德米的《英汉现行法律语言对比与翻译研究》(湖南人民出版社,2011);宋北平的《法律语言规范化研究》(法律出版社,2011)。

国内21世纪之前法庭话语几乎无人问津,对法庭话语进行系统深入研究的是廖美珍教授和他的博士研究生队伍。廖美珍的《法庭问答及其互动研究》(法律出版社,2003)和《法庭语言技巧》(法律出版社,2004,2005)首开我国法律话语作为过程动态研究的先河,他从语用学和话语分析视角在法庭话语领域产生了一系列重要成果,其中部分收录在《话语语用研究新进

[①] 这是中国法律语言学研究会第四届年会的论文集,该集子分四个部分,分别讨论了法律语言学研究、法律语言应用研究、法律翻译研究、法律语言教学研究四个专题。

[②] 这是2008年11月7—8日召开的法律语言学国际学术研讨会暨中国法律语言学研究会年会的论文集,该集子分五个部分分别讨论了法律语言学理论研究、法律语篇分析、法律翻译和法庭口译研究、法律语言研究的应用、法律语言教学五个专题。

展——廖美珍学术论文自选集》(2014)中,他的这些成果,尤其是他创立的话语语用分析理论"目的原则"在国内外产生了较大的影响。《法庭问答及其互动研究》一书出版时,我国著名的语言学家北京大学博士生导师陆俭明教授和著名的刑事辩护律师,全国律协刑事业务委员会主任田文昌先生都纷纷作序高度赞扬,陆教授评论道:"已有的法律语言研究成果中,大多是立法语言研究方面的,司法语言研究方面的则很少,而专门研究、探讨法庭问答的更未见有……作者抓住了司法语言中最核心、最本质的东西……毫无疑问,法庭问答的研究,特别是对法庭话语问答互动研究,无论是对提高法官、律师的素质,无论对汉语的本体研究,都有很大的现实意义和理论价值。应该说,本书的出版填补了这方面的空白。"① 田文昌先生是这样评价的:"法庭审判是最重要的法律活动之一,是法律实践的最重要的形式之一,因此,研究法庭审判语言具有重要的理论意义和应用价值。而法庭审判主要是以问答和抗辩方式进行的,因此,研究问答就是抓住了法庭语言的核心。近两年,研究法律语言的人越来越多,但是无论是法学界还是语言学界还没有人深入法庭,系统地研究法庭审判语言,因此,廖美珍的研究填补了一项空白……本书的研究无论是对法学家、法官、检察官、律师、当事人,还是那些正在学习法律专业的学生,都是非常有价值的。"② 美国著名的法学教授劳伦斯·M.索兰曾这样评价廖美珍教授做出的贡献,"语言研究如何帮助我们理解法律机构的运作问题,是那些研究语言与法律问题的学者,特别是那些研究法律话语性质的学者诸多著作的主题。廖教授在中国的研究为探讨这一重要问题做出了重要的贡献"③。

在法庭话语方面,廖美珍教授的博士研究生队伍也做出了出色的成绩,已经出版的专著有李立、赵洪芳的《法律语言实证研究》(群众出版社,2009);吕万英的《法庭话语权力研究》(中国社会科学出版社,2011);张清的《法官庭审话语的实证研究》(中国人民大学出版社,2012),还有一批研究法庭话语的博士论文正在出版中。

---

① 廖美珍.法庭问答及其互动研究[M].北京:法律出版社,2003.(陆俭明为其作序)
② 廖美珍.法庭问答及其互动研究[M].北京:法律出版社,2003.(陆俭明为其作序)
③ 廖美珍.法律语言学译丛(第一辑)[M].北京:法律出版社,2007.(劳伦斯·M.索兰为本译丛所作序言)

有一点需要说明的是，为了推动中国法律语言研究，推进法律语言学的发展，廖美珍教授先后主编引进了两辑《法律语言学译丛》，第一辑（2007）引进翻译了五本法律语言学专著，前面都已做过介绍，它们是约翰·M．康利和威廉·M．欧巴尔著《法律、语言与权力（第二版）》（程朝阳译），劳伦斯·M．索兰著《法官语言》（张清、王芳译），彼得·古德里奇著《法律话语》（赵洪芳、毛凤凡译），布赖恩·比克斯著《法律、语言与法律的确定性》（邱昭继译），约翰·吉本斯著《法律语言学导论》（程朝阳、毛凤凡、秦明译）。

第二辑（2014）引进翻译了两本著作，它们是大卫·梅林科夫著《法律的语言》（廖美珍译）和彼得·蒂尔斯马著《彼得论法律语言》（刘蔚铭译）。《法律的语言》是法律语言研究的奠基之作，对后来的法律语言研究产生了非常大的影响。《彼得论法律语言》一书是国际法律语言学协会第五任主席彼得·蒂尔斯马教授的代表作，也是法律语言研究领域重要著作之一。该书314页，共分四个部分：前两个部分法律语言的起源和法律语言的本质，主要讨论书面法律语言；第三部分论述法庭话语，着重强调律师的口头言语行为，从诉状到询问证人以致终结辩论到最后的法庭裁决，整个过程就是完整的叙事，只不过这种叙事不同于文学里的基本叙事结构；第四部分讲述法律语言改革。彼得·蒂尔斯马深受大卫·梅林科夫的影响，继承其思想和观点，所以大力呼吁改革法律语言，走法律简明英语道路。

值得注意的是两辑《译丛》引进的七位作者中有三位曾担任国际法律语言学协会主席（除了第五任主席彼得·蒂尔斯马，另外两位分别是第三任主席劳伦斯·M．索兰和第四任主席约翰·吉本斯），可见译丛引进成果之重要，引进力度之大。第一辑已经产生了非常大的影响[1]，如主编廖美珍教授所言，"（这）无疑帮助开拓了中国相关学界的视野，推进了法学和语言学（法

---

[1] 国际法律语言学协会第三任主席，纽约布鲁克林法学院副院长劳伦斯·M．索兰在为第一辑译丛所作的序言中高度评价这套翻译丛书："这套翻译丛书的成功不仅在于其对中国出版的文献的贡献，也在于中国学者对有关语言与法律的国际文献的越来越多的贡献。事实上，越来越多的中国学者已经出现在这一研究领域的学术界，在国际会议上分享他们的学术成果。随着越来越多的文献能为中国学者所利用，我们可以预见这一贡献必将继续增长，不论在数量方面，还是在深度方面。"

律语言学)的研究和发展"①。可以预见第二辑一定会产生甚至超过预期的效果,因为无论是作者的国际影响力还是原著的内容及意义,这两本著作的引进都是中国法律语言学研究者(包括语言学界和法学界)所期盼的。

除了专著以外,在法庭话语研究方面公开发表的学术论文较有影响的有(按时间顺序):吴伟平(Wu Weiping, 1998);王洁(2004);胡海娟(2004);葛云峰、杜金榜(2005);吕万英(2005);张丽萍(2005a, 2006);韩征瑞(2005);张鲁平(2006);刘荷清(2006);胡桂丽(2006, 2009);毛凤凡(2006);马艳姿、谢晓莺(2007);余素青(2008, 2009);许静(2009);张清(2010);江玲(2010, 2013);柯贤兵(2011a, 2011b);陈剑敏(2011);潘小钰、杜金榜(2011);杜金榜(2012);罗桂花(2012);夏丹(2012);吴红军(2012)以及廖美珍教授的系列论文(参见廖美珍,2014)等。十余年来不少硕士、博士研究生学位论文也以法庭话语研究为题,有些博士论文已经整理出版,相信会有更多的相关成果不断涌现。

可以看出,尽管研究历史比较短,只有二十余年,国内法律语言研究正在从第一阶段向第二阶段过渡,即法律语言句法文体的静态研究向作为过程的法庭话语的动态研究,以介绍和借鉴国外成果为主,但在法庭话语研究方面取得了一些可喜的成绩,当然也存在一些不足:第一,法律语言研究静态描写居多,动态分析较少;第二,法庭话语方面不少研究并未深入法庭,研究成果不是基于真实的法庭现场话语语料,而是重复使用二手语料,结论的代表性和可信度不高;第三,研究尚未形成体系,研究角度多且杂;第四,语言学理论与法庭话语现象结合研究融合度不高,出现两张皮现象。

第三节 广义叙事话语研究

叙事,简单地说就是讲故事。叙事研究最开始是对文学领域小说故事的研究。1928年俄罗斯学者普罗普(Propp)出版了他对俄罗斯100个魔幻童话故事的研究成果《故事形态学》,对结构主义叙事学产生了巨大的影响,但是

---

① 大卫·梅林科夫. 法律的语言[M]. 廖美珍,译. 北京:法律出版社,2014:序言.

因为语言的缘故，其影响直到 1968 年他的著作的英文版①发行才被人们广泛接受，此后人们开始研究叙事结构。阿波特（Abbott，2007：12）对叙事的定义是"叙事就是对一个事件或者一系列事件的表述"②。巴特（Barthes）是叙事研究的先驱人物，他在其标志性论文《叙事的结构分析导言》（Barthes & Duisit，1975）中曾说"……叙事是国际的，超越历史、超越文化的，它就像生命一样，存在于那里"③，生活处处都是故事。哲学的语言转向之后，人们开始将注意力转向日常生活中的话语，因为日常社会生活中讲故事是很平常的活动（见 Labov & Waltetzky，1967），人们通过讲故事分享他们的个人经历（Jefferson，1978），这种通过讲故事的交际方式就是会话中的叙事，以叙事作为主要方式的交际话语就叫作叙事话语。在这种背景下，"叙事话语"概念便应运而生，热奈特（Genette，1972/1980）认为故事存在于话语之中，不过他关注的焦点是文学作品中的叙事元素。

20 世纪 80 年代末、90 年代初开始的后经典叙事流派将关注的触角扩展至包括电影、广告、戏剧、档案、诉状等一切话语篇章中的叙述手段与政治、经济、文化、法律、道德、伦理、阶级、种族、性别等社会要素之间的互动关系（Herman，2009），即出现了叙事的"普泛化现象"（Bal，1999. 转引自 Fludernik，M.，2005：46，50）。"泛叙事论"概念是利奥塔首先提出来的，根据他关于人类知识的分类，所有的人文社科知识中，叙事性是最典型的特点。赵毅衡（2013：12）论述人文社会科学的叙事转向是这样说的，"近二十年在各种人文和社会科学中出现了'叙述转向'，社会生活中各种表意活动（例如，法律、政治、教育、娱乐、游戏、心理治疗）所包含的叙述性越来越彰显"。

人文社会科学的叙事转向始自 20 世纪 70 年代的历史学，以海登·怀特（Hayden White，1973）的《元史学：19 世纪欧洲的历史想象》为典型标志，他开创了用叙事化改造历史的"新历史主义运动"。随后闵克（Minke，1987）的《历史的理解》总结了历史学叙事转向的基本要素。"新历史主义运动"影

---

① Propp, V. J. 1968. *Morphology of the Folktale (2nd edition)*. (S. Pírková-Jakobsonová, Ed., L. Scott, Trans.). Bloomington: Indiana University. 原书俄文版 1928 年出版。

② Narrative is the representation of an event or a series of events.

③ ... narrative is international, transhistorical, transcultural: it is simply there, like life itself.

响巨大，叙事这种被认为在学术版图中几乎是唯一的史学言说方式甚至超出了历史学，对整个人文学科造成了极大的冲击。

20世纪80年代，叙事转向影响到社会学和心理学等领域，心理学家杰罗姆·布鲁纳（Jerome Bruner）的两篇重要论文《生命与叙事》和《现实的叙事构建》论述了叙事与自我的密切关系。90年代开始，政治领域和法学领域也开始了叙事转向，约翰·霍顿（John Horton，1996）的《文学与政治想象》以及彼得·布鲁克斯（Peter Brooks，2000）的《恼人的供述：在法律和文学中说罪》分别是重要代表。进入21世纪，叙事转向全面铺开，医学、教育、体育、娱乐、电影、旅游、文化、人工智能等，几乎没有哪个领域能逃过叙事的影响。

赵毅衡（2013：13）提出了"广义叙述学"概念，集中系统深入地论述了符号学下宏观意义上的叙述体裁。他总结了人文学科中发生的叙事转向在三方面的意思："（1）把人的叙述作为对象（在社会学和心理学中尤其明显）；（2）用叙述分析来研究对象（在历史学中尤其明显）；（3）用叙述来呈现并解释研究的发现（在法学和政治学中尤其明显）"。他不太相信法学的叙事转向，"最令人吃惊"，"因为法律一向以依据事实量刑为己任"。

法学领域的叙事转向特别要重复提及的是布鲁克斯，2005年他的论文《法内叙事与法叙事》收录在詹姆斯·费伦和彼得·拉比诺维茨主编的论文集《当代叙事理论指南》中。在该文中他开宗明义地说"叙事是法的未加理论化的甚至是被压抑的内容"，认为法的叙事性（narrativity）需要分析，"以便理解叙事在法律事务中的地位和用法"。法律必须允许穷苦受害者、少数族群和某些宗教群体用自己的声音说话，因为"讲故事是唯一的途径"，而叙事是以一种"对抗性视角"进入法律领域的，法律制度、法律语言、关于身份和证据的规则压制、排除这些叙事性声音，"压抑的法律不断地抹掉法律的叙事性"。因此"法律需要一种叙事学"，要特别关注叙事传递（narrative transmission）和叙事交往（narrative transaction），"不仅追问故事是如何建构和讲述的，还要研究人们是如何听、如何接受以及怎样反应的"，最重要的是，"'受述者'或听者——陪审团、法官——是如何聆听和建构故事的"。在论文的最后布鲁克斯郑重宣告"法庭非常需要一种叙事学"。

第四节　庭审叙事话语研究

关于庭审叙事话语，学界有两种观点，一种观点认为陪审团审判几乎与叙事无关，比如，约翰·亨利·威格摩尔（Wigmore，1913）认为庭审上律师的任务只是检验事实真相（truth testing），然而班尼特和费尔德曼（Bennett & Feldman，1981）的"陪审团用故事重构证据"、彭宁顿和黑斯蒂（Pennington & Hastie，1991）的"故事模型"以及布鲁克斯（Brooks，1996）的"律师的任务就是讲故事"等观点和理论让我们感觉庭审只关乎叙事。

大量的研究显示庭审话语离不开叙事。"审判过程就是叙述'故事'的过程。这个'故事'从原告或公诉人提起诉讼开始到法官宣判结束。原告、被告、证人对案件这个'故事'各有自己的版本，最后由律师统一起来，由陪审团（或法官）确定哪一个版本是真实可信的"（廖美珍，2003：6）。

下面我们对国内外在庭审叙事话语领域的相关研究做一个梳理。

一、国外相关研究

因为庭审叙事研究也就是近二十几年的历史，关于庭审叙事话语研究的系统介绍非常少见，本研究将从以下五方面做一个全面梳理：叙事话语结构模型研究、叙事语体研究、叙事话语的社会—语用研究、叙事话语评价研究和叙事话语互动研究。

（一）庭审叙事话语结构模型研究

兰斯·班尼特（Lance Bennett，1978：9）是已有文献中较早将故事引入刑事审判分析的，他用的是"故事讲述"（storytelling）一词，认为"在讲述社会行为和人类事件的话语中，故事讲述也许是最普通的话语形式"（1978：1），他以一个假想的"丈夫毒杀妻子"的刑事案件案情的推理为基础构建了一个故事讲述模型（见图2.1），该模型基于现实世界里的社会生活核心行为，对核心行为与结果之间的联系进行合理的认知推理，为陪审团裁决提供参考。

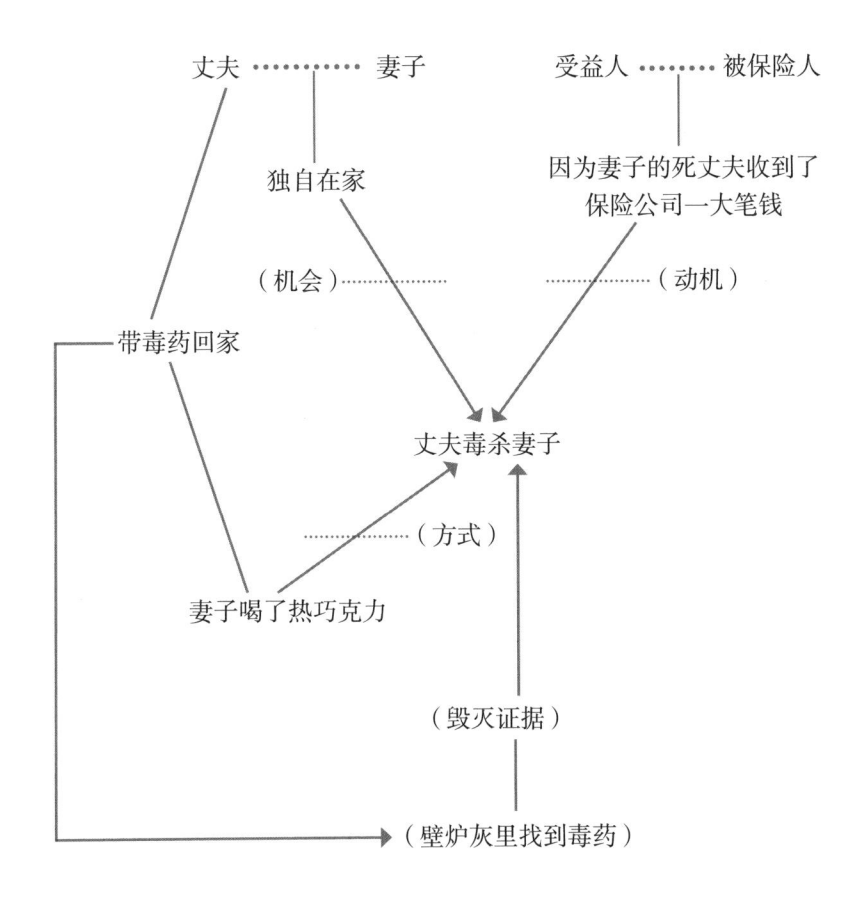

```
丈夫 ……… 妻子            受益人 ……… 被保险人
        │                        │
     独自在家              因为妻子的死丈夫收到了
                          保险公司一大笔钱
        
        （机会）……………………（动机）

带毒药回家
                    丈夫毒杀妻子

              （方式）
       妻子喝了热巧克力

              （毁灭证据）

              （壁炉灰里找到毒药）
```

图2.1 基于故事讲述模型的谋杀案件完整推理

彭宁顿和黑斯蒂（1981）讨论了法庭辩论中的故事结构，认为该结构包含一系列相互关联的事件，而每一个单独的事件由五部分组成：始发事件，目的，行动，结果，状况。这五个部分根据所发生的自然时间顺序在完整的故事中逐一展现。班尼特和费尔德曼（1981）、杰克逊（Jackson，1991）和米勒（Miller，1994）做过类似的研究，尽管描述不尽相同，但故事的基本组成部分都是一样的。

在以前研究的基础上，彭宁顿和黑斯蒂（1991，1992，1993）通过实验建构了陪审团裁决"故事模型"。根据该故事模型，围绕着"过去发生了什么"，当事人双方会形成不同的论证事实的故事版本，裁判者对故事版本的选择依赖于一系列符合心理规律的认知模式，这些内容共同构成了经实验证实的"故事模型"。彭宁顿和黑斯蒂认为陪审员做出裁决的故事模型包含三个部分：a. 通过故事构造评估证据。陪审员基于直观感觉和印象，把呈现在眼前的证据群编制成比较有道理的故事，以便判断证据是否真实，事实是否存在。b. 通过学习裁决范畴属性表述集中裁决选项。法官向陪审团解释不同犯罪的构成要件以及犯罪的各种变化情形、可能选择的裁判、涉及这些事实的举证责任等，陪审团依据保留在其头脑中的法官解释意见，对案件事实形成新的故事描述。c. 通过把故事分类到最适合的裁决范畴达成裁决。陪审团成员对各自编制的故事进行比较，对照可供选择的裁判种类，确定最佳的选择。彭宁顿和黑斯蒂指出，故事构造是裁判者裁决的关键认知过程，裁判者推定的故事决定了其最后的裁决，故事是通过推理生活知识和证据而构造的，最佳故事是从陪审员各自构造的不同版本的故事中根据故事的全面性、一致性和独特性三个标准[①]来选择的。如下图所示（图2.2）：

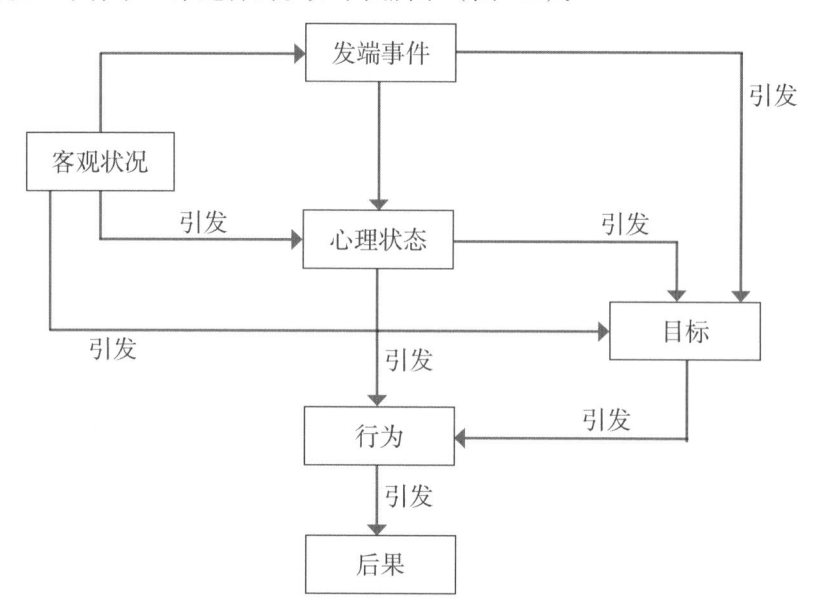

图2.2 彭宁顿和黑斯蒂故事情节结构图

[①] 全面性指故事对证据的覆盖面，覆盖面越大则故事的可信度越高。一致性指故事的构造应该是连贯的（证据与解释之间不存在矛盾）、可行的（符合认知）和完整的（包含故事的所有结构）。独特性指故事构造的不可重复性（只有一个故事构造是首尾一致的）。这三个标准与故事的可信度密切相关。

这个故事模型提出后被学术界认为是对事实裁判者司法证明思维的最佳、最为详尽的解释模型。

列维（1990：12）在其与沃克合作主编的论文集《司法过程中的语言》中对司法过程中的语言研究做了总结性介绍，她认为20世纪90年代该领域已经有了良好开端的研究主题有七个，其中就包括"作为法庭话语的故事讲述模型"[①]。

梅纳德（Maynard，1990：68）提出了美国刑事法庭认罪辩诉协议（plea bargaining）中的叙事结构，该结构不同于拉波夫（Labov，1967，1997）的日常生活个人经历叙事，也不同于欧巴尔和康利（1985）的小额赔偿法庭上的当事人的个人叙事，认罪辩诉协议里的叙事属于"第三人叙事"（third person narrative），该叙事结构包括三个大部分：

A. 故事引入机制（story entry devices）：参与者承诺讲故事。机制内容包括：命名案件（naming of the case）；案件概要叙述（synopsis）；转入故事（transition to story）；

B. 故事本身（the story itself），包括：故事背景部分（background segment）；行动报告（action report）；反应报告（reaction report）；

C. 辩护（defense），包括：否认（denial）和理由（excuse）。

舒姆（Schum，1993）描述了民事法庭上律师用到的两种辩论结构形式：时间结构和关系结构。作为故事技巧，时间结构注重事件发生的时间顺序，这对于法庭辩论很重要；关系结构则更强调个别问题的证据项目的呈现方式，突出各证据项目之间的关联以及证据与案件主要事实的关系。

康利和欧巴尔（1998）对美国六个城市一百多场审判中的当事人的陈述进行研究，发现两种完全不同的叙述方式（结构）：规则导向型叙述（rule-oriented accounts）和关系型叙述（relational accounts）。规则导向型叙述按照时间顺序，从头至尾以直线形式重述事件，这种叙述明确涉及原因和结果，也涉及对该事件负责的行为主体的确认。重要的是，这些叙述与法律逻辑是一致的，反映了对法律关联意义的准确理解。相反，因为关系型叙述的焦点

[①] 其他六个主题分别是：法律环境里的交际能力；语言少数族群的正当程序；律师—当事人互动语言；司法过程中的文字记录神话及其应用；法庭话语中的语义和语用问题；书面法律语言的句法和语篇分析。

是个人身份和社会地位，所以常常充满了与说话者生活有关的细节，而这些细节在法律上通常认为是没有关联的（Conley and O'Barr, 1998：68）。康利和欧巴尔观察到大多数做规则导向型叙述的当事人是男性，而大多数做关系型叙述的当事人是女性，研究认为这种不平衡非常重要，因为法律强烈地倾向于规则导向型叙述。大多数法律裁决者发现处理规则导向型叙述的结构和内容要容易得多。法官对关系型当事人的描述是：（他们的叙述）难以理解、不理性甚至疯狂，同时称赞规则导向型叙述直接高效（Conley and O'Barr, 1998：73）。

早前康利和欧巴尔（1979）就探讨了法庭上证人作证采用的两种不同的陈述风格：一种是叙事型（narrative style），另一种是碎片式（fragmented style）。陈述风格不同，叙事结构迥异，叙事风格完整地讲述事件经过，而碎片式风格只能提供事件的细枝末节。但这种风格并非证人自愿的选择，而是在律师引导下的被动配合，这是律师采取的庭上叙事策略，我们将在后面继续讨论。

蒂尔斯马（Tiersma, 1999）在 *Legal Language*[①] 一书中第三部分"在法庭上"分三章论述法庭上的叙事，从诉状叙事开始，到法庭询问（直接询问和交叉询问）以及证人证言的真实性，再到法庭的律师终结辩论、陪审团裁决和法官的判决。蒂尔斯马首先比较了诉状叙事结构与基本叙事结构的不同，他认为诉状叙事结构是不完整的叙述，因为诉状只通过故事提出冲突和危机而不解决危机。他将证人证言称为微型叙事或者子叙事，律师在终结辩论中将证人的子叙事组织成连贯的完整叙述以使陪审团相信其讲述故事的真实性，然后陪审团通过采用当事人的叙述或者构建自己合理的叙述对案件进行裁决，最终法官提出危机解决办法，这样从起诉状开始的未完成的叙事就完成了。蒂尔斯马重点讨论法庭叙事中语言策略的运用和叙述效果的产生。

哈里斯（Harris, 2001, 2005）通过对庭审证人和被告叙事话语的研究发现，他们的话语具有以下四个特点：（1）涉及对过去发生的事件的摘要重述，包括言语事件；（2）叙述主要用过去时态动词，通常是一般过去式；（3）按照

[①] 刘蔚铭（2014）将其翻译成《彼得论法律语言》以避免与另一本由廖美珍（2014）翻译成中文的梅林科夫的《法律的语言》（*The Language of the Law*）重名。

时间顺序讲述，尽管话语中穿插的一些详细阐述不属于这个时间序列；(4)至少有两个独立小句。这应该算是哈里斯给庭审证人和被告叙事话语下的定义。哈里斯在拉波夫（1972）日常生活中的个人经历叙事（personal experience narrative，缩写为 PEN）结构模式基础上建构了自己的 OCEP 模型，用来解释法律叙事的某些特征：

（1）背景（orientation，与拉波夫叙事模型中的"背景"相同，指叙事发生的环境）；

（2）核心叙事（core narrative，类似于拉波夫叙事模型中的复杂的行动，指发生了什么，但包含了说话的行为）；

（3）详细阐述（elaboration，是可选项，为核心叙事提供更多的细节、说明和详细阐述）；

（4）观点（point，类似于拉波夫叙事模型中的评价，但明显与整体审判目标相关，对陪审团说被告有罪还是无罪）。

哈里斯认为在这四个要素中，"背景""核心叙事""观点"是必备的核心要素，通常按照从"背景"到"核心叙事"再到"观点"的顺序出现（有时"观点"可以出现在"核心叙事"之前），而且，这三个必备要素都可能有扩展。"观点"尤为重要，因为律师的职责就是要将证人和被告叙事的意义传达给陪审团，让其对被告有罪或无罪做出判决。

赫弗（2005：71）建构了作为复杂语体的陪审团审判模型（如图 2.3），这个模型展示了一个包含两个部分的审判结构：律师叙事建构部分（实线箭头区域）和证人支持性叙事部分（虚线箭头区域）。

```
                           裁决
陪审团选择  ←------------------------------→  讨论和裁决

                         法律框架
庭审前指示  ←------------------------------→  陪审团指示

                         故事建构
开庭陈述    ←------------------------------→  结案辩论

                        "事实"决定
证人询问    ←------------------------------→  证人询问
（控方）                                       （辩方）

证人 1      ----------  叙事  ----------      证人 1

证人 2      ----------  支持  ----------      证人 2
```

图2.3　陪审团审判模型

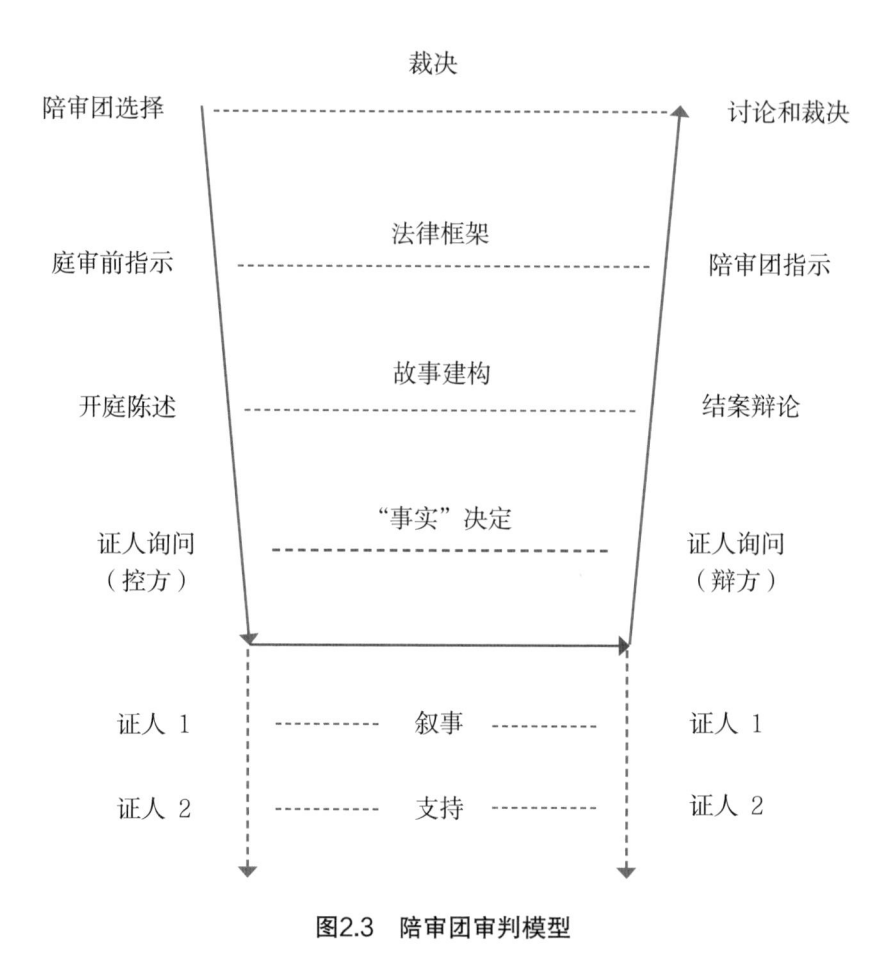

赫弗（2010）在他2005年建构的模型基础上分析了庭审过程，"随着庭审的推进，焦点从'较高级'裁决目标转移到'较低级'事实决定目标，然后又往上返回到裁决"。对于开庭陈述部分，上面已经介绍了，赫弗（2010：201）赞同哈里斯的OCEP模型，而在证人询问和故事建构部分，赫弗提出了"论题对立"结构（thesis-antithesis structure）（Heffer，2010：205）来解释庭审故事建构：

控方案子 ——————→ 辩方案子
直接询问（己方律师）——————→ 交叉询问（对方律师）

赫弗认为"尽管有这个辩证的机构性结构，（控方）律师可以在举证阶段通过两种方式控制犯罪故事的呈现：选择证人并安排证人出庭顺序，和在主询问中[①]引导证人陈述"。相应地,"辩方律师在交叉询问中也有两个目的:拆分控方律师和证人直接询问中共同建构的故事,和呈现不同版本的事实。这两个目标的实现都主要是通过辩护律师提问的形式、内容及顺序安排,与证人的回答某种程度上是不相关的"。(Heffer,2010:209)

开庭陈述和结案辩论阶段对控辩双方的律师来说都是很重要的,他们在开庭陈述中提出叙事骨骼框架(Snedaker,1991:134),在结案辩论中则大显身手(their main performance event),在这个阶段,他们重述开庭陈述中的犯罪故事,但是不同的是,这一阶段的叙事融合了犯罪故事和调查故事(证人证言),填补了证据中的各种漏洞,构成一个完整的充满说服力的叙事,这个叙事除了构建和评价叙事话语外,还为打动陪审团特意提供了叙事故事的可靠性及其与法律框架的契合性(Heffer,2010:212)。

关于陪审团的讨论和最终裁决,赫弗采纳了彭宁顿和黑斯蒂(1986,1991)建构的故事模型(前面已做介绍)。

(二)庭审叙事语体研究

马雷(Maley,1994:16)提供的关于法律语体的图表中涉及法庭语境下的语体包括:程序语体(办事员、警官传唤证人,证人宣誓等),控辩双方律师的开庭陈述,控方陈词,辩方陈词,总结陈词(控辩双方),法官对辩论的总结及对陪审团的指示,陪审团裁决及法庭判决。

斯泰戈(1994)在《审判语言:差异性语篇理解和语篇构成》一书中详细介绍了庭审中用到的各种话语语体。庭审不同阶段对话语有不同的体现,对话语主体也有不同的要求。第一阶段是陪审团选择阶段,也即"如实陈述"语体。在这一阶段律师和法官决定陪审团成员资格,通过"如实陈述"提问环节来选定每一位合适的陪审员,所以语体有书面的,也有口头的。书面语体包括陪审员"如实陈述"和审判次序,陪审员"如实陈述"问答内部次序,陪审员"如实陈述"问题的主题、目标和法律来源,相关法律规定和理解;口头语体则涉及备选陪审员对所问问题的回答以及律师、法官与备选陪审员之间的对话,所以这一阶段的语体是从语篇到谈话(text to talk)。第二阶段是法官对陪审团所做的开庭指示和律师所做的开庭陈述。这一阶段总体上是口

---

① 美国的直接询问(direct examination)在英联邦国家叫主询问(examination-in-chief)。

头的，法官组织，但陪审团不参与任何谈话，只是默默地倾听，所以这一阶段的语体有三种：法官指示（告诉陪审团听审必需的总体法律概念）、指示中的"问题"（法官告诉陪审团即将听审的案件的内容）以及律师陈述，是谈话中的语篇（text in talk）。第三阶段是法庭问答，查明真相阶段。这一阶段的典型特点是"讲故事"，陪审团通过原告与被告律师的相对抗的故事来判断案件事实。证人通过回答律师的问题为律师的主叙事提供支撑。第四阶段是律师的最后陈述和法官对陪审团的指示。在这一阶段律师通过讲述案件完整的故事来影响陪审团从而做出对己方有利的判决。

斯泰戈通过分析不同阶段话语主体的用词、时态、语态、语体和语气等话语成分以及话语结构，比如，其对律师在结案陈词中和开庭陈述中的动词、代词对比分析，开始和结尾阶段双方律师的叙事结构的对比分析，来区别语体上的不同，帮助我们理解审判语言，理解差异性的语篇以及语篇的构成。

吉本斯（2003）在他的《法律语言学导论》一书中专辟一章（第四章）介绍了法律叙事话语，他用的标题是"讲故事"（Telling the Story）。吉本斯将庭审看作语体内的语体，构建了一个三层结构语体，庭审本身是一个宏观语体形式，它由几个层次组成，比如，法庭中的主询问、法官总结等，概言之，这三个层次是：宏观语体，比如，庭审；语体，比如，主询问；语体步骤，比如，法官总结。

他从法律语体框架角度阐述法律语境下的次级现实[①]重构，他认为"法庭系统大概是使用法律语言最重要的语境"（2003：134）。初级现实语体包括法律语体，而法律语体内又有案例报告语体、认罪语体、律师—委托人咨询语体、警察谈话语体等嵌入式语体。

吉本斯对法庭次级现实的表述，即案件事实的叙述进行了全面的介绍。他认为法庭程序通常主要包括以下三个内容：次级现实的表述，次级现实与法律表述的"契合性"，以及根据次级现实和法学理论的差异程度决定刑罚或罚款。在普通法的陪审团审理中，原则上，陪审团基于物证、证人证言和律师的陈述描述出次级现实，然后在律师的陈词和法官总结的基础上决定次级现

---

① 黑尔和吉本斯（Hale & Gibbons, 1999）发现法庭话语中存在两个有趣的层面：初级法庭现实和次级法庭现实。初级法庭现实由法庭自身和出席法庭审判的人组成；次级法庭现实指的是作为诉讼目标的那些事件。这两个层面的现实处于不断的互动之中。

实是否与法律"契合"。在非抗辩法庭审判制度中，通常由法官在类似基础上决定上述三个内容。图2.4是初级现实（法庭语境）和次级现实（案件事实）以及法律框架之间的互动关系。

至于次级现实重构语体，即庭审中的叙事语体，吉本斯介绍了拉波夫和维尔茨基（Labov & Waletzky，1967）、辛克莱和库尔哈德（Sinclair & Coulthard，1975）的叙事结构。他认为法律叙事语体是叙事语域的亚变体，法律叙事语体与文学叙事语体不同，它有自己的结构和叙事要素，在这些要素中，"责任"尤其重要，"事件的责任是法律叙事的核心问题"（2003：155）。

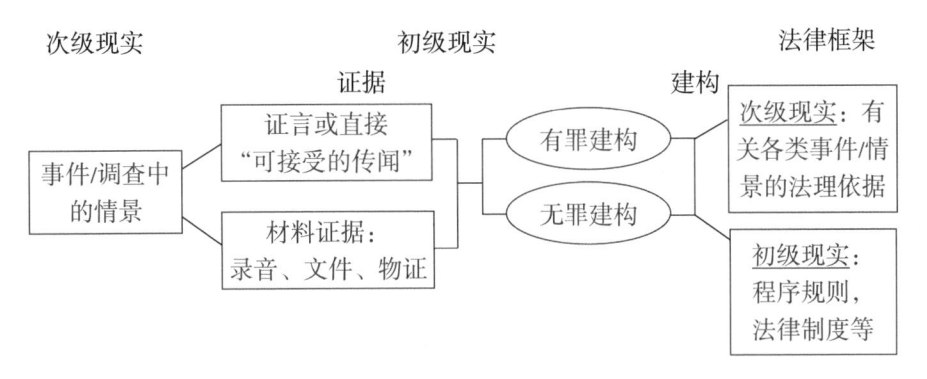

图2.4 初级现实、次级现实和法律框架之间的互动

在这一章的最后部分吉本斯介绍了几种法庭叙事语体之间的互动关系（Gibbons，2003：156-161）：主叙事（master narratives）与陪审团的宏观语体及法官的判决之间的互动。在陪审团审判程序里，刑事审判中律师的作用是既使法官（和陪审团）相信他们的主叙事，又同时攻击并削弱对方律师的主叙事。主叙事主要出现在开场陈述和结案陈词中，对证人的询问以从属叙事的方式进行。吉本斯认为法庭审判本身是一个分阶段的宏观语体，具有一些叙事特征，所以法庭审判由初级现实宏观语体和两种次级现实语体（主叙事和证人叙事）组成。这些互动关系在庭审的不同阶段表现在：(1)在开场陈述阶段（相当于拉波夫和维尔茨基的宏观定位阶段macro orientation stage），律师首先引入主叙事，向法官和陪审团展现主叙事的梗概。(2)证人出庭阶段（相当于拉波夫和维尔茨基的宏观事件阶段form of macro-event），通过直接询问律师通常会诱导己方证人提供部分或全部的附属叙事来填充他在开场陈述阶段的叙事框架以支持其所做的主叙事。交叉询问时，律师则通过对证人进行人身攻击以证明其证言不可靠或者千方百计挑战或者攻击对方证人故事的要素来表明其证言无根据或者自相矛盾。（3）最后辩论阶段，控辩双方都竭尽全力构建一套包含或解释庭审期间所呈现的全部证据的连贯的主叙事，这些是最完整的附属叙事，律师据此来建构自己的主叙事并使之与法律框架相契合，并就判决提出自己当事人"有罪"还是"无罪"的观点。（4）法官的总结及对陪审团的指示阶段（相当于拉波夫和维尔茨基的宏观复杂化行动阶段 macro complication stage），法官对陪审团的指示通常会提供一些关于控辩双方主叙事的总结，向陪审员们强调这些主叙事所存在的差异，并告知陪审员证据（尤其是某些可被忽略的证据或陈述）在程序规则规定内的有效性，但主要是详细讨论主叙事和法律之间的契合性，因此法官既要评估对初级现实的诠释，又要评估这些诠释与法律框架中的两个要素的契合问题。（5）判决阶段（相当于拉波夫和维尔茨基的宏观尾声阶段 macro coda），陪审团的最后裁决（verdict）不是以叙事形式给出的，而是以有罪/无罪/不确定的简单陈述方式做出。诉讼结束后有个报告总结（report summary），判决书（written judgment）自身就是一种具有叙事特征的语体：严格按照时间顺序讲述，用过去式，开头有与参与者的定位。值得注意的是法庭判决也成了"故事"的一部分。

赫弗（2005：47-48）认为法庭话语主要是由两种语篇类型构成，即叙事型语篇和问答型语篇。本研究认为问答是叙事的有机成分，是对叙事的补充，因此法庭话语即是叙事话语。

（三）庭审叙事话语社会—语用研究

庭审叙事话语的社会—语用研究关注叙事话语在庭审中的社会—语用功能，尤其是庭审参与诸角色对叙事话语的应用与理解，比如，律师的主叙事功能以及引导或引诱证人做嵌入叙事的策略，陪审团对证人叙事话语的可靠性理解以及对律师建构的故事的价值判断。

班尼特和费尔德曼（1981）论述了如何理解陪审团基于证人对直接询问和交叉询问的回答所提供的证据的可靠性而做出的最后判决，他们认为陪审团用"故事"重构证据并通过故事结构特点来判断故事的真实性，当证人在呈现证词的时候，陪审团就像在读一部侦探小说或者在看一部神秘电影，其中充斥着各种不同的观点、情节等，因为如果证据的展示从故事的角度去理解，更容易解释律师的行为，也更容易区分与案子重要的和无关的方面。研究显示辩护律师通常采用两种策略，一种是挑战或者解构公诉人的故事（strategy of challenging and deconstruction），另一种是对公诉人故事中的某方面进行重新定义和重新解释（strategy of redefinition and reinterpretation）。

德鲁（Drew，1990）着重讨论了美国刑事法庭上律师在交叉询问中对对方证人的问话策略，律师采取各种问话方式对对方证人进行压制、控制，目的就是不让其进行完整的故事讲述，或者对其品质等人身进行攻击，从而削弱其证言的可靠性。德鲁介绍了律师用到的两种反驳证人证据的策略：对照的手段（contrast devices）和三部分描述（three-part descriptions）。

鲁欣布鲁尔斯（1997）认为法庭审判中案件的事实是通过律师和证人之间的一系列问答来建构的。该文讲述了美国最高法院一起谋杀案法庭审判中律师的询问策略，所用语料来自持续六天的刑事审判上60组不同的律师和证人之间的对话。作者讨论的焦点是律师问话的策略过程和证人回答的方式，目的是检测：(1)证人的证言有多少是证人自己提供的，有多少又是律师讲述的；(2)律师的提问和证人的回答对于被告的态度。研究结果显示，法庭上证人在某种程度上可以讲述自己的故事，但是由于种种因素的制约，证人提供给陪审团的关于犯罪的叙事却非常少，究其原因，律师安排证人出庭顺序和提问策略起了关键的控制和引导作用。律师询问策略体现在：(1)律师在直接询问时较多问开放式问题（wh-questions），而在交叉询问中较多用陈述句或者附加问句；(2)对不同的证人询问方式不一样，尤其是在交叉询问中（友好证人和敌对证人区别对待）。

鲁欣布鲁尔斯的研究结果是对莱考夫（1985）的回应。莱考夫发现律师从来不问自己不知道答案的问题，律师总是会选择那些知道给他想要的答案的证人，因为他们已经构思好了"故事"，所以千方百计设计问题鼓励证人提供他们所需要的答案，比如，用some来问问题就比用any更容易得到肯定的回答，又如，律师更喜欢问封闭式问题而不是开放式问题。

哈里斯（2001）在讨论叙事结构与叙事成分之间的关系时，论及了律师在直接询问和交叉询问证人中用到的叙事策略。她后来（Harris，2005）认为法庭叙事技巧应该是叙事和非叙事相结合，只是叙事或者完全没有叙事都不是有效的法庭话语。

霍尔特和约翰逊（Holt & Johnson，2010：21-36）从社会—语用角度讨论了法庭审判律师的问话策略和警察讯问的问话技巧：以 and 和 so 开头的问题（and-and so-prefaced questions）；阐释性话语（formulations）；重复问题（repeating questions）；直接引语和间接引语（the reporting of speech, directly and indirectly）；交叉询问中的对照性询问（contrasting versions in cross-examination）等，他们认为除第一个外，其他问话策略或技巧在法庭审判或者警察讯问过程中对案件事实的阐释起着核心作用。

（四）庭审叙事评价研究

庭审叙事的评价主要是陪审员针对控辩双方律师的主要叙事的可靠性的判别，因为这是他们据以做出最终裁决的基础。班尼特和费尔德曼（1981）的研究充分证明陪审团的裁决取决于哪个主要叙事更具有说服力，判断依据是叙事的完整性、一致性和证人证言的可靠性。布鲁克斯（2005：417）在论述叙事对于法律的重要作用时举了强奸案这一典型例子。他认为基于相同事实的相对抗的故事导致了大相径庭的结果和阐释的原因是：叙事"粘贴"的不同，事件被以某种方式综合成一个有意义的故事。而这种叙事粘贴的实质大多取决于法官对标准人类行为的看法。法庭叙事不仅仅重讲发生的事，它还给事件以形态和意义，论证其意义，宣告其结果（Brooks，2005：419），这是一种社会实践，法庭裁决现实的叙事，送人们进监狱，甚至处以死刑，是因为胜者故事的完美形式和力量。在法律意义上，"判决"是裁判故事的人们创造的审判结果（Brooks，2005：416）。

关于叙事的可信度问题，杰克逊（1991：175）认为叙事应该包含三个重要元素：时间性/连续性（temporality/sequence），行动/目的（action/purpose），还有可理解性/经历（intelligibility/experience）。"（叙事的）可信度……不是指作为个体的证人或者单独的证言，而是指作为整体的证据的功能：整个故事听起来是否真实"（Jackson，1991：160）。彭宁顿和黑斯蒂持相同观点：陪审团主要看相对抗的两个主叙事的这些元素是否契合，参与者的目的是否有意义，他们因此是否能对事件负责，他们的叙事是否与他们的经历以及对世界的理解相一致（Pennington and Hastie，1992，1993）。

我们知道法庭上一般由控辩双方律师提供主叙事，证人提供支撑性的附属叙事，但是提供附属叙事的证人可能会因为文化差异而造成陪审团对其叙事的不理解或者误解，因而降低其证言的可信度，因此有不同文化背景的出庭证人的选择也是需要考虑的。这方面研究较有影响的有科茨（Coates，1964）、班尼特和费尔德曼（1981）、贾克美特（Jacquemet，1996）和伊兹（2000）。

（五）庭审叙事互动研究

庭审叙事的互动研究主要集中在律师与证人之间，通过直接询问和交叉询问律师引导证人提供其主叙事需要的故事情节支撑。律师和陪审团之间的互动是隐性的，律师希望通过故事打动陪审团，而陪审团同时也构建自己的故事来完成最后的裁决，陪审团的裁决故事不可避免地会受到律师故事的影响，最有说服力、听起来最真实的故事往往会取得诉讼的胜利。

阿特金森和德鲁（1979）在《法庭秩序：司法语境中的言语互动结构》一书中详细分析了庭审中控辩双方的话语互动，法庭叙事通过问答序列来建构和拼凑组合。

欧巴尔（1982：82）研究了法庭上证人的证言风格，通过比较叙事风格（narrative style）和碎片式风格（fragmented style），作者认为律师引导己方证人以叙事风格作证，攻击打压对方证人导致其以碎片式风格作证，陪审员倾向于叙事风格的证言。

斯内达克（Snedaker，1991：134）论述了主要叙述和证人叙述之间的互动关系，她将证人叙事称为附属叙事（satellite narratives）："律师的开场陈述是骨骼框架故事（skeletal story），附属叙事是证人在法庭询问中提供信息对骨骼框架故事进行填充、详细阐述和扩展。"除了叙述者，叙事自然少不了受众，斯内达克（1991：138）介绍了三个层次的受众：初级受众由法官和陪审团组成；次级受众由新闻媒体和法庭旁听者组成；所有理性的人组成一般受众。法庭上控辩双方的叙事故事大多数情况下是讲给初级受众听的，但是次级受众和一般受众也发挥了他们的作用。

马雷和法伊（Maley & Fahey，1991）将刑事审判过程比作故事讲述的过程，描述了对抗制法庭审判过程中律师和证人之间问与答的四种互动关系（见图2.5），控辩双方律师策略性地通过问答讲述故事，策略性地通过问答攻击对方：控方律师主询问——己方证人回答；控方律师交叉询问——辩方证人回答；辩护律师主询问——己方证人回答；辩护律师交叉询问——控方证人回答。四种互动方式形成两个相互对立的故事：控方故事和辩方故事。该文证明了问答互动在故事构建和事实构建中起到了重要作用，律师在直接询问中倾向于问开放性问题（wh-questions），鼓励己方证人合作构建故事，而在交叉询问中喜欢问是非确定问题（confirmation seeking questions），质疑对方证人的可信度。

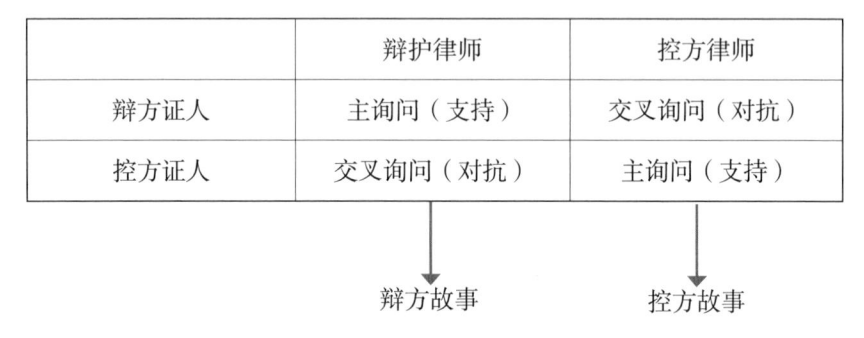

	辩护律师	控方律师
辩方证人	主询问（支持）	交叉询问（对抗）
控方证人	交叉询问（对抗）	主询问（支持）

辩方故事　　　　控方故事

图2.5　律师与证人问答互动

斯泰戈（1994）认为尽管庭审中叙事话语有互动，但是陪审团在做裁决前必须构建自己的叙事，因为庭审中实际的证人证言不存在完整的连贯的叙事，律师通过询问引导证人一步一步形成事件叙述，而且证人出庭顺序和事件讲述与陪审团的期望往往不一致，而律师（叙事）连贯的概念是不需要考虑规则的重要性（证人证言的不完整叙事）。

鲁欣布鲁尔斯（1997）论述了庭审律师和证人之间的问答叙事话语互动，她认为虽然证人有权叙述，但对律师和陪审团的思维影响非常小，法庭语境下故事的真正叙述者不是证人，而是律师。

吉本斯（2003：155）持同样观点，他说："律师的主要叙事可以包含庭审中的很多元素，但是需要注意证人出庭作证时，陪审员几乎得不到任何连贯的叙事。主要叙事由这些零碎的附属叙事一片一片地拼凑填充……只有在控辩双方律师的结案陈词或者法庭辩论中所有这些附属叙事都被编织进两个主要叙事中,一个是公诉人的,另一个是辩护律师的。"

(六)述评

国外关于庭审叙事研究的成果非常丰硕,研究方法丰富多样,主要集中在语体、结构模型、社会—语用、评价、互动等几方面,尤其是关于叙事结构模型建构和社会—语用的研究,学者们的兴趣更加浓厚。纵观历史研究成果,不足和缺憾并不是没有,主要存在于下面几方面:

(1)以往研究主题一般集中在庭审叙事或者故事讲述方式,即审判过程中的策略运用,以及其对裁决的影响上,很少将叙事当成话语方式来研究。(2)庭审叙事话语互动研究较少。(3)除了斯泰戈(1994)以外,笔者没有找到其他从话语分析角度对庭审叙事进行集中系统研究的文献。斯泰戈(1994)的研究理论基础是法国话语分析模式(French Discourse Analysis,FDA),尤其是福柯(Foucault,1972,1979)的话语分析概念。(4)研究对象主要集中在英美法系陪审团审判制度下的"抗辩式"庭审叙事研究,很少涉猎大陆法系集权主义"纠问制"下的庭审叙事研究。

二、国内庭审叙事话语研究

(一)概况

国内庭审叙事话语的研究关注面较小,尚未成规模,参与本领域研究的人数很少,成果也不是很显著。因此这部分不按照研究路径分类,而是对具体的研究成果按照时间顺序进行介绍。

廖美珍(2003:6)在总结英美学者在法庭话语特征研究方面的发现时说:"这些研究总的特征是把法律语言作为过程(language-as-process)来研究的,强调话语在互动中的生成和理解。"他总结研究者们得出的与叙事有关的结论是:(1)审判过程就是叙述"故事"的过程。这个"故事"从原告或公诉人提起诉讼开始到法官宣判结束。原告、被告、证人对案件这个"故事"各有自己的版本,最后由律师统一起来,由陪审团(或法官)确定哪一个版本是真实可信的(见图2.6)。(2)律师在交叉询问(cross examination)和直接询问(direct examination)时采用的语言技巧不同:在直接询问中多用 wh—问句;

在交叉询问中多用陈述问句（语法形式为陈述句，但在语用上属问句）。后一句式用于控制对方，推翻对方的"故事"版本，证实自己的"故事"版本。他本人（廖美珍，2003）也开了国内法庭话语分析的先河，尽管不是将法庭审判话语视为叙事话语，而是从言语行为理论和话语分析相结合的途径对中国法庭审判中微观的"问"与"答"之间的互动进行全面分析，揭示了法庭审判问答互动的结构特征、互动机制、目的关系、合作问题以及互动推理机制，为本研究提供了有益启示，其创立的"目的原则"（Goal-Directed Principle）话语分析理论也会成为法庭叙事话语互动研究的理论借鉴。

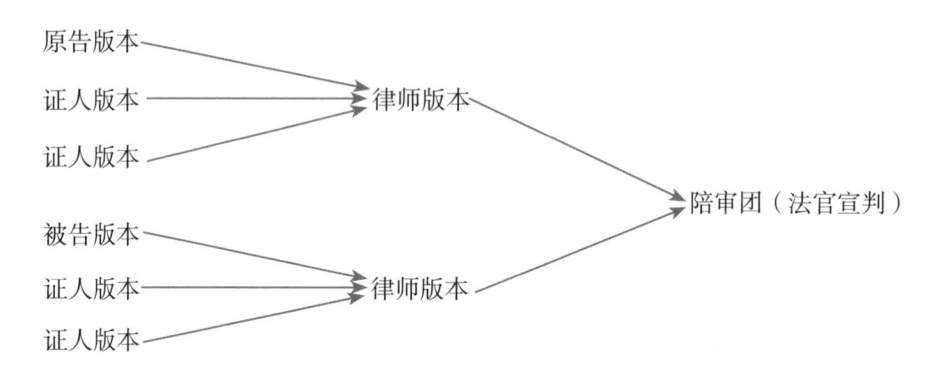

```
原告版本 ─┐
证人版本 ─┼──→ 律师版本 ─┐
证人版本 ─┘              │
                         ├──→ 陪审团（法官宣判）
被告版本 ─┐              │
证人版本 ─┼──→ 律师版本 ─┘
证人版本 ─┘
```

图2.6　法庭审判的叙事过程

张丽萍（2005b）在《庭审叙事的对立与诉讼对抗：话语分析对法官的启示》一文中从话语分析角度，运用系统功能语法关于语言元功能的理论模型分析了诉讼双方对案件事实的叙述在概念功能、人际意义、语篇功能上的对立焦点，指出对抗的实质是意义的不确定和言语信息对抗所构成的意识形态之争，并对法官提出了建议：在组织庭审过程中客观准确地辨认控辩双方的叙事争议焦点，正确引导庭审辩论；在判决书中合理恰当地陈述案件事实，客观公正地表达对控辩双方不同叙事观点的评价。

刘燕（2007，2009）集中分析了叙事在刑事案件审理中的功能与作用，尤其是案件事实的构建对法庭判决以及民众受众产生的影响。作者采取不同于传统的"法庭利用法律规范依据案件事实证据对被告进行定罪量刑"观点，认为叙事和修辞策略对于案件事实的不同组合方式建构出不同的事实文本，从而导致不同的判决结果。作者关注的焦点是叙事在司法过程中的作用以及由此产生的判决结果所带来的社会效果。在《案件事实，还是叙事修辞？——崔英杰案的再认识》(2007)一文中作者对崔英杰案五个不同的故事版本（公安局起诉意见书、检察院起诉书、辩护律师辩护词、法院判决书、社会声音）的比较分析认为"案件事实不是证据的建构，而是修辞的建构，司法审理便是一种修辞过程，一种通过将证据所提供的素材情节化、戏剧化来得出案件事实以及判决结果的活动"(2007：61)，她同时认为不同的叙事者通过修辞表明了各自的立场和态度。《案件事实的人物建构——崔英杰案叙事分析》(2009)一文着重强调案件叙事中的人物形象建构在司法过程中的作用和所产生的受众效果。作者分析了法院判决书和被告在法庭上的陈述两个叙事版本，比较了两种叙事对于涉案两个人物（受害者和被告）的形象塑造，加上媒体舆论的庭外叙事，认为案件事实清楚，逻辑严密，定罪量刑无误并不意味着法庭审判的结束，社会民众对判决结果的认同感不容忽视。作者在"还原语境的叙事与受众的判断"和"受众对叙事功能的期待"两方面对司法文书（包括检察院的起诉书和法院的判决书）的起草提出了建议。

李安(2009)从诉讼心理学角度探讨了证据感知与案情叙事在裁判事实认定中的作用与缺陷。作者认为，在诉讼活动中，司法人员对证据的认识可以是直接感知的，但是对案情事实的认识是回溯性的，司法实践中裁判事实的认定往往遵循这样一种程序：通过证据对证据的意义，对案件的事实进行建构，然后将案情叙述为可以被证据证明，这一过程中诉讼参与各方都在起作用。从证据感知而言，控方获得的事实和辩方收集的事实理论上都来自"原初事实"，而实际情况往往并不是这么理想，除非有完整记录，否则原初事实很难成为案件事实工作的起点，因为原初事实很难完全复原（见图2.7）。因此法庭上案件事实的抽取来自控辩双方对原初事实的证据事实构建，这一构建过程就是叙事过程（见图2.8）。但是因为法庭案情叙事的类似性假设、背景性、情感性、联想性、超标准性等特点，这一叙事过程有时与客观真相有偏离。作者对偏离现象和原因从心理学的"认知—生态取样"角度进行了分析，给法官提供学术建议：案件叙事偏离的反省意识；把握信息入口关；完善诉讼程序对案件认知偏离的制约功能。

```
原初事实 ──→ 控方获得的事实 ──→ 呈现在法庭中的事实 ──→ 案件事实
        └─→ 辩方收集的事实 ─┘
```

图2.7　理论上刑事诉讼中的事实认知过程

```
控方获得的证据 ─┐
              ├─→ 呈现在法庭中的证据 ──→ 构建原初事实 ──→ 抽取案件事实
辩方收集的证据 ─┘
```

图2.8　司法实践中的事实认知过程

法律文书（包括起诉书、判决书）是司法实践活动的内容之一，法律文书离不开叙事。邓晓静（2009）对法律文书中的叙事目的、叙事内容和叙事方式进行了论述，认为法律文书中的叙事是叙事者从各自视角进行合目的性的选择之后所展现出来的法律事实，建议法律文书制作者权衡案件事实的叙事性与可理解性和可接受性。

夏丹（2010）运用拉波夫的叙事理论对一篇民事诉讼状叙事中的事实建构进行分析，作者认为叙事者在诉状叙事中对事件进行了策略性的增删，指出诉状的主要功能是在建构完整故事版本的同时，对事件责任进行归咎。

孙日华（2010）以"劫人质救母"案件的判决叙事为例，将司法过程当成是一个叙事的过程，法庭叙事与媒体叙事在庭外广大社会受众中交织，法官在人情与法理之间做理性抉择，"从证据到案件事实，从案件事实再到裁判，是一个叙事的过程，一个故事创作的过程……这个故事是主角之间的博弈过程，看谁拿出更多的动人情节，让法官最终采纳自己的故事版本，这事实上是一种'叙事的对抗'"（孙日华，2010：243）。作者分析了叙事对裁判的影响，同时也郑重告诫法官裁判的立场，因为叙事的主体都是带着感情色彩和立场态度进入叙事场域的，因此法官判决中的叙事需要一个限度，一个独立公正判断案件事实的起码限度，不能受大众（媒体）叙事的影响。

王建（2010）从法庭叙事的角度分析了为何辛普森被判无罪，他认为原因之一是辛普森的辩护律师在结案陈词的叙事组织结构方面使用了比较—论述结构,对控方的观点进行了质疑,对其故事版本进行了有效解构。"辩方充分践行了在叙事过程中应充分考虑'谁在叙述''如何叙述'以及'对谁叙述'等指导性原则,最终使陪审团做出有利于其当事人的无罪裁决。"由此,"叙事在结案陈词中具有战略意义"。(王建,2010:74)

粟峥(2010)介绍了彭宁顿和黑斯蒂提出的陪审团裁判中关于事实认定的故事模型理论,该理论的提出是彭宁顿和黑斯蒂模拟陪审团的实证研究结果,而实证研究的认识基础和思路是:刑事诉讼是有关过去事实的争议——被告实施或者没有实施某一行为。在典型的对抗制审判体系下,控方的工作便是利用证据来构造一个证明被告有罪的故事版本;而辩方的任务则在于要么指出控方的故事具有缺陷、不符合实际,要么重新构造出另一个故事版本。围绕着这一主题,事实裁判者的任务就是回答"过去发生了什么?",为完成这一任务,他必须从当庭出示的证据中摘要那些具有可信性的证据作为构建裁判的基础,他必须对两边的故事版本进行评判,从中确定哪一个故事版本是正确的。裁判者对故事版本的选择依赖于一系列符合心理规律的认知模式,这些内容共同构成了经实验证实的"故事模型",而"故事模型"在很多方面不同于我们对司法证明思维的传统认识。

"法庭审判实质化,需要诉讼参与各方在叙事性表达内容上的有效沟通","证明"强调控辩双方叙事的过程,"事实认定"突出裁判者对叙事结果的认定,为了回答"法庭上诉辩双方的事实建构与裁判者事实认定之间是怎样进行衔接的"这个问题,梁玉霞(2011)论述了诉讼证明三元系统之间的关系,作者认为证明在逻辑上是一个系统问题,而诉讼中存在控诉、抗辩证明和裁判者心证三个证明系统,案件事实从诉辩双方的证明向裁判者心证的位移,就是诉讼证明三元系统的对接,就是裁判者心证形成的过程。诉讼证明三元系统对接的方式,显示出裁判者心证的范式、可控的自由向度、心证自由度与裁判满意度之间的关系。作者将三元系统比喻成三个圆,由于证明指向不同(诉辩当事人证明属于"他向证明",裁判者证明属于"自向证明"),内容导入方式不同(诉辩当事人证明属于"输出型证明",裁判者证明属于"输入型证明"),命题的句式表达不同(诉辩当事人证明是规范命题——肯定性或否定性证明,裁判者证明是不规范命题——疑问式证明),证明形式不同

（诉辩当事人证明是显性证明，是"明证"，裁判者证明是隐性证明，是"暗证"），对接会呈现出以下四种图景：三圆重合；两圆相交，一圆并立；三圆相交；三圆并行，互不相交。图2.9是笔者根据梁玉霞分析的四种图景进行的直观描述：

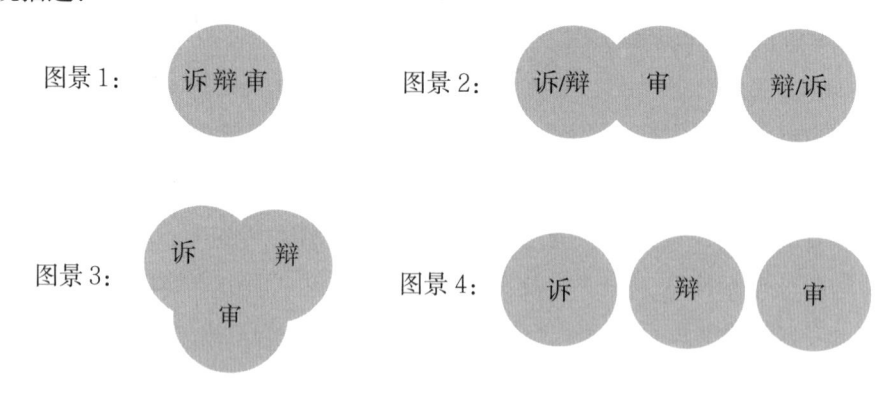

图景1： 诉辩审

图景2： 诉/辩 审 辩/诉

图景3： 诉 辩 审

图景4： 诉 辩 审

图2.9 诉、辩、审三元证明系统对接方式

最后作者得出四点结论："1.裁判者心证具有不同于当事人证明的独特性，不应受到忽略；2.关注诉讼证明三元系统的对接，是把握审判实质公正的钥匙；3.诉讼证明三元系统对接的四个图景，分别表明了心证的范式与可控的自由向度；4.裁判者的心证自由度与当事人的满意度大致上呈反比关系，心证自由度大，则诉辩双方的满意度就差"（梁玉霞，2011：1275）。

余素青（2011a，2011b，2013a，2013b，2013c）是国内语言学界对庭审叙事研究最集中、成果最丰硕的学者，她主要从认知视角和叙事学理论角度对国内法庭审判语料中的叙事进行了结构特征研究（2011a，2011b）、案件事实构建方面的探讨（2013a）和叙事连贯机制分析（2013b）。在《庭审叙事特征分析》（2011a）一文中，她总结了庭审叙事的三个非文学叙事特征：故事情节的求实性，故事场景的可验证性，庭审叙事的说理性和概述性；同时也归纳了庭审叙事的三个一般叙事特征：对过去事件的重建，基本叙事框架，叙述的选择性。该文重点介绍了庭审叙事的形式与结构特征，余素青将庭审叙事结构分成五个层次：最高层级叙述是法官在判决书中的叙述；第二层级叙述是原被告的总体叙述；第三层级叙述是相对完整的叙述，包括开庭时原告陈述、被告答辩陈述，辩论结束后被告人最后陈述；第四层级叙述是论辩过程中原告/被告对证人询问时证人的"次叙述"（sub-narrative）；第五层级叙述是直接询问及交叉询问中问答式的"最小叙述"(mini-narrative)。五个层级中第三至第五三个层次的叙述构成原被告的总体叙述。

《庭审叙事的形式及其结构分析》(余素青,2011b)一文提出法庭叙事六要素:时间、地点、人物、事件原因、事件经过和结果确认。

余素青(2013a)结合叙事学、语言学和法学三个学科的相关理论对法庭事实构建进行了系统研究,内容涉及法庭事实构建及其问题分析(对客观事实、案件事实、法律事实、证据事实和裁判事实做了界定和区分)、庭审叙事的形式及其结构分析(此部分是其2011b年发表的论文,上面已做介绍)、庭审叙事的特征分析(同其2011a文章内容,上面已做介绍)、庭审叙事的连贯的连接机制、叙事的有效性分析和判决书的叙事分析。

《认知图式下的庭审叙事连贯机制》(余素青,2013b)一文运用认知图式理论分析庭审叙事的连贯机制,认为叙事连贯是在故事图式基础上围绕"何时、何地、何人(施事)、因何、用何方式、对何人(受事)、做了什么、产生何果"等八个识别构成故事的单元展开。

《判决书叙事修辞的可接受性分析》(余素青,2013c)以"彭宇案"和"杀婴案"判决书为例,从叙事情节逻辑可接受性、叙事说理的论证可接受性和叙事表述的修辞可接受性三方面对有争议的判决书进行了批评性分析,从社会大众可接受性角度对司法判决书的形成提出了建议。

王彬(2013)从法律叙事学视角探讨叙事在事实认定中的作用机理,认为确信真实是裁判事实认定的目标,而裁判事实认定的过程是一个法内叙事和法外叙事相互交织、相互作用的过程,事件的挑选、添加和诠释等叙事策略对于裁判事实的认定起到非常重要的作用。

(二)述评

国内关于庭审叙事话语研究的成果虽然不多,仅有的十余个文献却有着鲜明的代表性,研究视角呈现多样化,有话语分析视角的(廖美珍,2003;张丽萍,2005)、有叙事修辞视角的(刘燕,2007;余素青,2013c)、有结构研究的(夏丹,2010;余素青,2011a,2011b)、有认知研究的(粟峥,2010;余素青,2013b)、有法学视角的(刘燕,2009;李安,2009;邓晓静,2009;孙日华,2010;王建,2010;粟峥,2010;梁玉霞,2011;王彬,

2013）、有跨学科综合视角的（余素青，2013a）。综观之，法学领域学者多于语言学领域。因为量的局限性，中国庭审叙事话语研究必然还需要更深入更广泛的研究，尤其是最有特色、最具代表性的刑事庭审叙事话语各主体间的互动研究应该引起无论是语言学界还是法学界抑或法律语言学界学人足够的重视。

第三章

理论框架

本章构建一个用于分析中国刑事庭审叙事话语互动的理论框架：理性互动论。任何理论除了实践的积累和总结以外，对前人理论基础的借鉴是必不可少的，"理性互动论"也不例外。它综合借鉴了韦伯的"理性行动论"中的"工具理性（目的合理性行动）"和"价值理性"概念、哈贝马斯的"交往行为理论"中的"主体间性"和"交往理性"概念、米德的符号互动理论中的"互动"概念、奥斯汀和塞尔的"言语行为理论"中的"言说即为行事"概念、格赖斯的"合作原则"中的"合作与不合作"概念，以及托马斯的"互动意义"论中的"意义产生于交际双方的互动"核心理念。我们首先介绍前人的理论基础，重点介绍理性、互动和话语分析，然后构建本研究的分析框架。

第一节 理论基础

一、关于"理性"

所谓理性，就是具有运用概念进行判断、推理的逻辑思维能力。理性最早源于希腊语词语"逻各斯"（logos），意思是一种隐秘的智慧，是世间万物变化的一种微妙的尺度和准则，是宇宙事物的理性和规则。在西方哲学史上，从古希腊时代起（可以追溯到柏拉图和亚里士多德），"理性"就一直是哲学家们关注的焦点问题之一，"理性构成了哲学的基本论题"（哈贝马斯，2004：

1）。在本体论意义上，理性是作为世界的本原而存在的，这种理性观的奠基者是柏拉图，至黑格尔达致极限和顶点。黑格尔认为理性是事物的本质和内在规律性，是世界的主宰，绝对精神是理性的最高形式，它是宇宙的最高本体、世界的最终本原和灵魂，自然、人类和社会不过是绝对精神的外化和表现，是理性本质的展现。在认识论和人性论意义上，理性是人所特有的一种进行思辨和推理的能力，与身体无关，感觉经验、欲望、情绪都属于身体，属于非理性。这种理性观被称为"启蒙理性"（伍学军，2006：1-2）。康德以"理性批判"建构起"以张扬理性为目的的先验哲学"，他通过"纯粹理性""实践理性""判断力"的三大批判，"使得理性的能力在哲学史上首次得到全面的检视，成为人的主体性的鲜明标志"（陈嘉明，2006：51-52）。关于理性概念和理性理论，有两个人不能不提：一个是韦伯，另一个是哈贝马斯，他们都是从社会行动层面来定义和讨论理性的。

（一）韦伯的"工具理性"和"价值理性"

马克斯·韦伯（Max Weber）受到德国理性主义传统的强烈影响，使得其整个理论都是理性主义的，其思想的核心范畴就是合理性（王振东，2010：30）。韦伯对理性的分析以解释"社会行动"为基点，他从"目的（工具）"与"价值"、"形式"与"实质"两对范畴上对合理性概念加以区分（刘中起，2013：38），根据行为者的主观取向将"社会行动"分为"目的合理性行动、价值合理性行动、情感行动和传统行动"四类（韦伯，1997：56-57）。在韦伯看来，"目的合理性行动"和"价值合理性行动"是"理性行动"，而"情感行动"和"传统行动"是"非理性行动"。四种行动类型中，"目的合理性行动"是"理性化程度最高的行动"，因为"目的（工具）"合理性行动立足于预期的目的，努力争取获得实际成效如资本主义的簿记方式（陈嘉明，2006：107）。目的合理性和价值合理性"这两个概念在韦伯的合理性学说中具有基础性地位"（刘莹珠，2013：24）。所谓目的合理性行动，就是指以能够计算和预测后果为条件来实现目的的行动。它强调手段对达成特定目的的能力或可能性。而价值合理性行动，则是通过有意识地坚信某些特定行为的，比如，伦理的、审美的、宗教的或其他任何形式的自身价值，无关能否成功，纯由信仰所决定的行动。事实上，任何行动都既包含目的合理性成分，又包含价值合理性成分。支配目的合理性行动的理性是工具理性，支配价值合理性行动的理性是价值理性。从韦伯的论述中可以看出，工具理性主要指选择有效的手段去达到既定目标，它是可以精确计算和预先计算的。价值理性的实现，必须以工具理性为前提。在法学中，必须先有程序正义，才能走向实质正义，程序法先于实体法。总体上说，只要有一种价值理性的存在，就必须有相应的工具理性来实现这种价值的预设。没有工具理性，价值理性的实现就是水中捞月。韦伯认为理性和非理性都是相对而言的，任何一个现实的行动都包含着两种因素。理性的行动和非理性的行动并非只是两种不同的现实行动，而是指对两种不同观点而言的同一现实行动的不同侧面。

（二）哈贝马斯的"交往理性"

从笛卡儿到康德再到黑格尔，传统理性主义范式因其以主体性原则为基础使自己陷入了危机，包括后来的海德格尔和福柯，都是在主体性原则下对主体性做一种形而上学的整体性批判，都是主体的自反省批判（刘中起，2013：64）。近代以来主客二元对立的主体性原则思想方式导致理性分裂为工具理性和价值理性，工具理性挤压价值理性使社会交往陷入困境，因此"客观认识的范式必须被具有语言能力和行为能力的主体的理解范式取代"，也就是"主体间性"取代"主体性"（哈贝马斯，2004：346-347）。为了解决"主体中心化的理性"范式危机，哈贝马斯（Habermas）开创性地提出了"相互主体性即主体间性"的融"工具理性、道德理性和审美理性"于一体的新的理性模式——交往理性。哈贝马斯的交往理性概念的形成深受韦伯合理性理论的影响，哈贝马斯将理性看作是双重性的，即工具性和沟通性，他认为当代哲学发生的语言转向在本质上就是转向交往范式，"人们的言语行为的互动关系打破了内在性意识对一切的垄断关系，走出了意识的内在性"（王晓东，2004：194），他因此将人的行为区分为"工具行为"和"交往行为"，而只有"交往行为"要借助于语言以及对规范的理解和承认，但语言、规范、理解都只能在"主体间性"中存在，因此以"交往理性"为指导的"交往行为"的核心是"主体间性"。对哈贝马斯来说，"合理性"的核心概念就是"交往"，而"交往"的目的就是"要达成一种共识，而共识的基础是主体间对于有效性主张的认可"（Habermas，1984：136）。于是，只有建立在语言"有效性主张"之上的"交往理性",体现的是"主体间性"的关系模式,既指向"生活世界即客观世界、社会世界和主观世界,避免了认知——工具理性单纯指向客观世界的缺陷",同时也"恢复了被工具理性遮蔽的理性的价值和审美纬度"(哈贝马斯,2004:375)。交往行为之所以具有"合理性",不仅仅因为"交往行为能够使客观世界、主观世界和社会世界有机地统一起来",而且更为主要的在于它是"一种以理解为目的和导向的行为"(Habermas,1984:339)。哈贝马斯所定义的交往行为是一种通过语言实现的、具有主体间性、符合一定社会规范的、在对话中完成的、能在交往者之间达成协调一致与相互理解的理性化的行为。交往理性的建构实际上是理性规范的重建,是一种拯救理性危机、对抗工具理性的理性。

二、关于"互动"

互动是个社会学概念。在社会学看来,互动都是社会互动,社会就是通过互动而形成的。一般而言,社会互动(简称互动)是社会中的人与人、人与群体、群体与群体之间通过信息传递而发生相互作用的社会行动(童星,2003:96-97)。经典符号互动论认为互动都发生在某一具体的社会场景中,这种具体的社会场景并不是完全的客观世界,而是一个经过共识性的主观定义的符号世界。

符号互动论的实际奠基人乔治·米德(George Mead)认为符号是作为社会个体的主体之间的互动和个体与社会的互动发生的媒介,而语言是最重要的互动符号(米德,2013:48-49)。米德从语言符号互动的角度讨论主体间的相互理解和相互交往。人类的语言是在互动的过程中产生的,正如马克思所说,"语言和意识一样只是由于需要,与他人交往的迫切需要才产生"(《马克思恩格斯全集》第3卷,1973:525)。人们通过语言进行沟通交流,使广泛的互动成为可能。符号互动论社会学家戈夫曼(Goffman)在《日常生活的自我呈现》一书中借用莎士比亚"世界就是一个大舞台"的古老比喻,把社会看成一个大舞台,每个人都是社会大舞台上的演员,演员们在舞台上的表演不能随心所欲,必须符合社会"剧本"要求,因此"前台"与"后台"之间切换的角色扮演对于成功的互动就非常重要(戈夫曼,1989:110)。戈夫曼的拟剧理论告诉我们日常生活中的成功互动依赖于人们对互动规则的了解和掌握。20世纪60—70年代发展起来的"日常生活方法论"（ethnomethodology）力求分析人们在日常社会互动中所遵循的基本规则，强调互动中的共同理解（童星，2003：105）。

三、话语分析

"话语分析"的概念源自 Zellig Harris1952 年在 *Language* 杂志上发表的论文 *Discourse Analysis*，关于"话语"和"话语分析"的定义，学者们莫衷一是，难以统一。比较有代表性的是下面三种定义：

斯塔布斯（Stubbs，1983：1）："（话语分析）是对自然发生的连贯的口头或书面话语的语言分析。概言之，它研究句子或者小句以上层次的语言组织，因此是研究像会话转换或者书面语篇这样较大的语言单位。话语分析同时也研究社会语境中使用的语言，尤其是说话者之间的互动或者对话。"[1] 斯塔布斯的定义包含这么几点：话语是自然发生的；前后话语是有关联的，是连贯的；话语是口头的或者书面的；分析的是比句子和小句大的语言单位；分析的是在社会语境中使用的语言；说话者之间的互动或者对话。

布朗和尤尔（Brown & Yule，1983：1）："话语分析必须是对使用中的语言的分析，因此它不能只局限于语言形式的描写，而排除为服务于人类事物而设计的这些语言形式的目的或者功能。"[2] 布朗和尤尔的定义增加了"语言形式的目的或者功能"项。

波特（Potter，1997：146）："话语分析研究作为'社会实践中的语篇和谈话'的话语。即，其重点不是作为抽象实体的语言，比如，语言学里的词汇和成套的语法规则，结构主义的差异系统，福柯的系谱学里的一套演变说

---

[1] 原文是，(Discourse analysis) refers mainly to the linguistic analysis of naturally occurring connected spoken or written discourse. Roughly speaking, it refers to attempts to study the organization of language above the sentence or above the clause, and therefore to study larger linguistic units, such as conversational exchanges or written texts. It follows that discourse analysis is also concerned with language in use in social contexts, and in particular with interaction or dialogue between speakers.

[2] 原文是，The analysis of discourse is, necessarily, the analysis of language in use. As such, it cannot be restricted to the description of linguistic forms independent of the purposes or functions which those forms are designed to serve in human affairs.

明规则。相反，它是互动的媒介，话语分析变成了人们行为的分析。"[1]波特的定义突出语言是互动的媒介，话语分析突出语言使用者的行为的分析。

三个定义都强调"使用中的语言"，强调社会实践，所不同的是他们的关注点不同，斯塔布斯关注的是话语的结构，布朗和尤尔关注的是话语的功能，而波特关注的则是作为行动的谈话（talk as action），感兴趣的事件的谈话（talk as the event of interest）以及话语的主体：人的变化（variability both within and between people）。

20世纪60年代末70年代初[2]以来人们对话语分析研究的兴趣有增无减，研究方法和进路也是丰富多样[3]，我们无法也没有必要一一介绍，这里仅简要介绍一些将话语作为社会实践（discourse as practice）来进行分析的研究视角和研究方法。

（一）会话分析（CA）

"会话分析"源自社会学的分支民俗学方法论（ethnomethodology）对会话的研究，由萨克斯、谢格洛夫和杰斐逊（Sacks, Schegloff & Jefferson,

---

[1] 原文是，Discourse analysis has an analytic commitment to studying discourse as texts and talk in social practices. That is, the focus is not on language as an abstract entity such as a lexicon and set of grammatical rules (in linguistics), a system of differences (in structuralism), a set of rules for transforming statements (in Foucauldian genealogies). Instead, it is the medium for interaction; analysis of discourse becomes, then, analysis of what people do.

[2] 这一时期，话语分析已经发展成为一门独立的新兴学科。话语分析作为一门学科，它源自哲学、社会学、语言学和文学理论，后来发展迅速，应用于其他学科领域，如人类学、交际、教育和心理学（Potter & Wetherell, 1987）。

[3] 范·戴克（1997a, 1997b）将话语的多学科多角度研究总体分为两大类：作为结构和过程的话语以及作为社会互动的话语。第一类研究主题包括话语分析中的故事，话语语义学，话语和语法，话语风格，话语修辞，叙事话语，辩论话语，话语的体裁和语域，话语符号学，话语的认知模型，社会认知与话语；第二类研究主题包括话语语用学，会话分析的研究方法，机构对话，话语中的性别，话语、种族地位、文化与种族歧视，组织话语，话语与政治，话语与文化，批评话语分析，应用话语分析。

1978）首创，是话语分析的微观分析的变体[①]（microanalytic variety of discourse analysis），其研究重点是考察在自然情况下收集到的大量数据中反复出现的结构模式，最初主要描写日常随意会话（casual conversation），最突出的成就是发现自然会话中的基本结构单位并总结出其中的规律，包括相邻对结构特征、话轮交接的结构系统、话题转换、交际前提和条件、优选结构，等等。现在常常用来指"互动中的谈话"（talk-in-interaction）（Schegloff，1989），同时也用于指日常会话之外的"机构语境里的谈话"（talk in institutional settings）（Wood & Kroger，2000）。

受萨克斯等对会话的研究方法的启示，很多研究者采用民俗学方法论来探讨会话的互动模式，比如，伯明翰学派的辛克莱和库尔哈德（Sinclair & Coulthard，1975）通过对大量的课堂师生互动话语进行观察研究，总结出描述师生话语互动的层级模式：授课（lesson）；交往（transaction）；对应（exchange）；行动（move）和行为（act）。在这个模式中，"授课"是最大的单位，但是他们没有从"授课"中发现结构。"交往"有结构，它由"对应"构成。"交往"边界由"边框"（frame）来标记，"边框"通常由类似如 OK，well，right，now，good 五个单词重读形式加上短暂的停顿来实现。教师通常在"边框"标记词之后用"焦点"（focus）来标明"交往"的开始，比如：

边框：well

焦点：today I thought we'd do three quizzes

然后又在"交往"之后用另一个"焦点"来总结前面的"交往"所涉及的内容，比如：

焦点：what we've just done，what we've just done is given some money to this pen

边框：now

"行动"是对应的基本单位，"行为"构成"行动"。这里的"行为"和奥斯汀（Austin，1962）的"言外行为"以及塞尔（Searle，1969）的"言语

[①] 持这一观点的有 Pomerantz & Fehr（1997：64）："Conversation analysis and other forms of discourse analysis"；Edwards（1998: 17）："CA and its discourse analytic relatives"。当然也有一些话语分析学者将会话分析与话语分析区别对待，比如，Levinson（1983），Psathas（1995），Hutchby & Wooffitt（1998）等。

行为"不同，这里的"行为"主要是根据其互动功能定义的，比如，"索引"（elicitation）这一"行为"的功能是"要求语言回应"，"信息"（informative）的功能是"提供信息"等。辛克莱和库尔哈德提出了 22 种"行为"，分属元互动（meta-interactive）、互动（interactive）和话轮转换（turn-taking）三个主要类别。在课堂师生互动话语层级模式中分析的重点是"对应"，因为它是最小的互动结构单位。

辛克莱和库尔哈德还发现课堂上教师和学生之间的互动不是简单的两步相邻对结构，"启动（Initiation，I）+ 回应（Response，R）+ 后续（Follow-up，F）"三步对应单位才是典型的对应结构。也就是说，在简单的两部相邻对结构之后通常还有一个后续行为，这一结构对课堂教学有着非常重要的意义。

斯滕斯特姆（Stenstrom，1984）对辛克莱和库尔哈德（1975）的互动模式进行改进，提出了另一种五层级互动模式：交往；系列（sequence）；对应；行动；行为。不同于课堂师生互动模式，斯滕斯特姆研究的是一般性会话中的互动，所以"交往"成了最大的分析单位，在"交往"和"对应"之间增加了"系列"这个分析单位，"系列"构成"交往"，"对应"构成"系列"，"行动"构成"对应"，"行为"构成"行动"。

廖美珍（2003a，2003b，2014：327-347）研究的是法庭语境下的审判话语这一机构话语中的问答互动。通过对 13 场公开的法庭审判现场录音转写的 90 余万字的语料的分析，揭示了法庭审判的问答互动模式和对应结构。廖美珍（2003a：133-140）的法庭审判问答互动模式综合了辛克莱和库尔哈德与斯滕斯特姆的两种互动模式，也分为五个等级：审判（trial）；交往；系列；对应；行为。其中"审判"是最大的法庭话语活动单位，但不是分析单位，它由"交往"构成。"交往"是最大的分析单位，由围绕一个主题展开的一次或者多次对应结构组成。"系列"是介于"交往"和"对应"之间的单位，由两个或者两个以上的"对应"互动单位构成。"对应"是人际间互动分析的基本单位，是最重要的互动单位，是会话互动分析的核心部分。一个"交往"可以是一个"对应"，但是"系列"必须由两个或者两个以上的"对应"构成。最小的"对应"由一个启动行为和一个响应行为构成，而最大的"对应"数目不定。"对应"下面的构成单位是"行为"，包括"大行为"和"小行为"，这里的行为包括经典的"言语行为"理论意义和"话语分析派"意义的行为。

因为研究的是法庭问答互动，所以"对应"以问答言语行为为核心（Q 代表问，R 表示答[①]）。图示如下（图 3.1）：

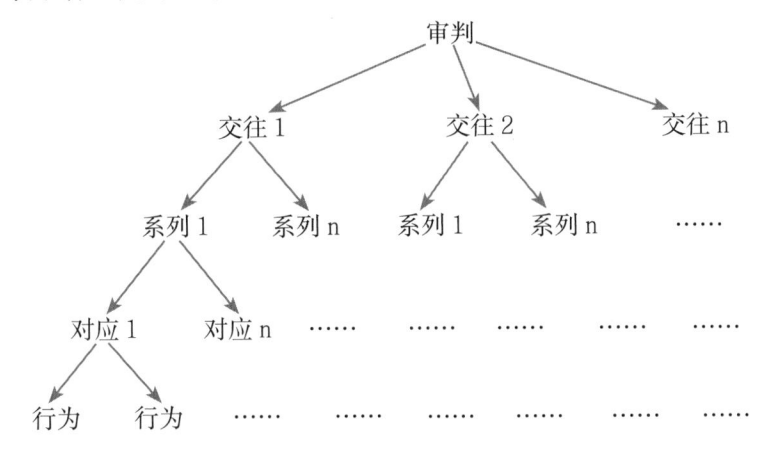

图3.1 法庭审判互动模式

对于互动分析的基本单位，廖美珍（2003a：140-171，2003b，2014：327-347）总结了七种法庭问答对应结构，即（1）Q—R 型，包括两个变体（Qi+Qii）—R 和 Q—（Ri+Rii）；（2）Q—R—F 三步型；（3）Qi—Ri—Fi+r—Fii 型；（4）Qi—Ri—(Qn)—(Rn) 型；（5）Q—R→Qi—Ri 型；（6）Q—R—Fi+r—Fii—Fiii—Fiv 型；（7）Q—Qi—Ri—R 型，其中对应结构（1）是法庭问答互动中最多的结构现象，对应结构（2）不是法庭互动话语的区别性特征，"三步式"不是法庭问答互动最多的现象，也不具有典型特征，不适合分析法庭问答话语，对应结构（3）型结构是法庭刑事审判中话语互动的典型特征，对应结构（4）具有重要研究价值，具有重要的话语研究意义和社会意义，对应结构（5）在法庭互动非常罕见，尽管它在日常会话中很常见，对应结构（6）只出现在实体调查中，对应结构（7）在法庭问答互动中少见，常用于商业买卖活动。

（二）叙事话语分析

叙事话语概念首先来自文学领域的小说分析，主要是围绕小说故事模型的建构和解释来展开的。因为本研究的对象是作为社会实践的话语分析，具

[①] 廖美珍（2003：75-76）对答话的定义是："对问话的任何口头反应行为……包括'应对'和'应答'。"

体而言是作为司法实践的法庭审判叙事话语的互动研究,文学领域的虚构故事模型不适合,故而忽略不提。

叙事话语分析的社会语言学方法始自威廉·拉波夫和约书亚·瓦尔茨基(1967)的对日常个人经历叙事的研究。"叙事在几乎所有的会话中起着核心作用,越来越成为优势话语形式,在我们努力对其他言语事件进行精确定义时,我们发现叙事是原型,它可能是唯一有开始、中间和结尾的形式工整的言语事件"(Labov,1997:396)[1],这是拉波夫对日常会话中的叙事话语的评价。拉波夫和瓦尔茨基对600名受访者提出这样一个问题,"你曾经碰到过极端危险甚至丧命的情况吗?"[2]让受访者回答,从受访者的叙述中拉波夫和瓦尔茨基总结了日常生活叙事结构中的五个核心要素:(1)背景(orientation):是故事的背景介绍,包括人物、地点、时间和行为情景等内容,一般位于第一个叙事小句之前。(2)复杂行动(complication / complicating action):是叙事的主体部分,通常包含一系列事件。复杂行动正常情况下由一个行为结果来终止。(3)评价(evaluation):通过比较来强调一些叙事单元的相对重要性,从而揭示叙述者的叙事态度。(4)结果(resolution):叙事的结果,在评价之后出现,也可能与评价重叠。(5)尾声(coda):让叙述返回到故事讲述的当前情景,是可选项。背景和尾声位于叙事结构的前后两端,为故事提供框架,但不构成故事本身的事件序列。其他三个要素通常以时间为序排列(temporal sequence),事件排序时通常会在前面加上一些时间状语(temporal junctures),因为是对过去发生的事件的陈述,所以陈述小句中用的都是过去时态。

拉波夫(1972)后来在此结构基础上添加了一个要素:摘要(abstract),作为叙事的开头部分,描述整个事件序列。它同背景、尾声一样,不构成故事本身的事件序列。1997年,在拉波夫和瓦尔茨基1967年叙事分析的故事

---

[1] It gradually appeared that narratives are privileged forms of discourse which play a central role in almost every conversation. Our efforts to define other speech events with comparable precision have shown us that narrative is the prototype, perhaps the only example of a well formed speech event with a beginning, a middle, and an end.

[2] Were you ever in a situation where you were in serious danger of being killed?(Labov & Waletzky,1967).

时间序列结构基础上,拉波夫对叙事分析做了进一步的阐述,他重新定义了"评价"和"结果"这两个要素,认为"叙事事件的评价是为了满足人类的需求和欲望而提供的关于事件结果的信息"[①],叙述者通过将真实事件与未发生的事件进行比较来评价事件。不同于1967年的定义,个人叙事中的"结果"是在最值得讲述事件之后的那组复杂行动。[②] 在这篇文章中,拉波夫重点分析了故事的可讲述性(reportability)、可信度(credibility)、客观性(objectivity)、因果关系(causality)以及赞扬和责任的分配(the assignment of praise and blame),他认为:(1)故事事件的可讲述性与可信度呈反相关,因此故事讲述者要想吸引听众就必须付出更多努力增强故事的客观性和可信度。(2)叙事的建构与事件因果的选择有直接的关系,最值得讲述的事件往往是叙事组织的语义和结构支点。这种意义上讲,叙事可以看作最值得讲述事件的因果理论(Labov,1997:413),所以有经验的叙事者通常遵循这样的规律:第一步,在事件链条中选择一个最值得讲述的事件E0;第二步,在讲述这个最值得讲述的事件之前先讲一个与之有直接关系的事件E-1,可以回答E0是怎么发生的;第三步,重复第二步,反复选择,直到事件E-n且第二步的重复不再合适;第四步,定位开始的地方,讲述者提供故事的人物、时间、地点等背景信息。其实最后的叙事版本和这四个步骤的选择是逆向进行的。下面的例子可以显示可讲述事件序列的因果关系(Labov,1997:408):

e4　背景:Shambaugh and his shipmates were sitting at a table drinking.

e3　[不知何故] a Norwegian sailor came to complain to Shambaugh about a non-existent condition.

e2　[因为抱怨没有根据] Shambaugh rejected the complaint.

e1　[因为没有其他可说的了] Shambaugh turned his back on the sailor.

e0　[因为Shambaugh转过身背对着水手] the sailor was able to cut Shambaugh's throat.

---

① Evaluation of a narrative event is information on the consequences of the event for human needs and desires.(Labov,1997:402)

② The resolution of a personal narrative is the set of complicating actions that follow the most reportable event.(Labov,1997:412)

在"背景"和"最值得讲述事件"之间存在着一个事件链条,因此拉波夫认为"背景"位置的选择对于事件链条的理解至关重要。(3)叙事构建过程中的赞扬和责任分配是叙事者对事件链条的有意增删:为了夸大赞扬,规避责任,最大限度利于自己,巧妙地使用语气、事实和因果关系、评价性词汇等语言手段,有时甚至虚构事件(insertion of pseudo-event)。拉波夫认为叙事者如何分配赞扬和责任是叙事分析研究的一个主要方面(Labov,1997:409)[①]。(4)叙事者将个人经历传递给观众或者听者,让观众或者听者有种亲历的感觉,这种能力值得关注。只有当叙事者客观地叙述所发生的事情,不带个人情感反应,才有可能达到这种效果。

从心理语言学视角对叙事话语进行分析的代表人物是约翰·曼德勒(John Mandler)和南希·约翰逊(Nancy Johnson)。曼德勒和约翰逊(Mandler & Johnson,1977)通过对"狗故事"(Dog Story)的分析构建了一个故事语法框架,故事语法规则类似于生成语法的短语规则:"故事"由"情景"和"插曲"构成,"插曲"包括"开始"、"发展"和"结局","发展"包含"复杂反应"和"目标路径","复杂反应"又分为"简单反应"和"目标","目标路径"分为"尝试"和"结果",用公式表达就是:

故事语法规则
故事→情景,插曲
插曲→开始,发展,结局
发展→复杂反应,目标路径
复杂反应→简单反应,目标
目标路径→尝试,结果

为了方便理解,我们将"狗故事"内容摘录如下:

1. It happened that a dog had got a piece of meat.
2. and was carrying it home in his mouth.
3. Now on his way home he had to cross a plank lying across a stream.

[①] The study of how narrators assign praise and blame is a major aspect of narrative analysis.

4. As he crossed he looked down.

5. and saw his own shadow reflected in the water beneath.

6. Thinking it was another dog with another piece of meat.

7. he made up his mind to have that also.

8. So he made a snap at the shadow.

9. but as he opened his mouth the piece of meat fell out.

10. dropped into the water.

11. and was never seen again.

根据故事语法规则,"狗故事"的结构图如下(图3.2):

图中的三个字母 a、c 和 t 分别代表 and、cause 和 then 三个单词,表示事件之间的关系。如果是序列事件,and(a)和 then(t)则表示时间关系,以此类推,cause(c)表示事件之间的因果关系。结构最末端的始终是事件和状态。数字表示故事中的元素本身,即小句。

为了解释为什么故事中的有些部分比其他部分更容易记住,曼德勒和约翰逊让受试者重述"狗故事",结果显示"情景"和"结果"两部分,即小句1、2、3 和 9、10 更容易记住。研究发现如果强调"情景""开始""反应""尝试""结果""结局"这六个成分,故事更容易让人记得住,他们因此得出结论:故事结构中存在这六个核心要素。

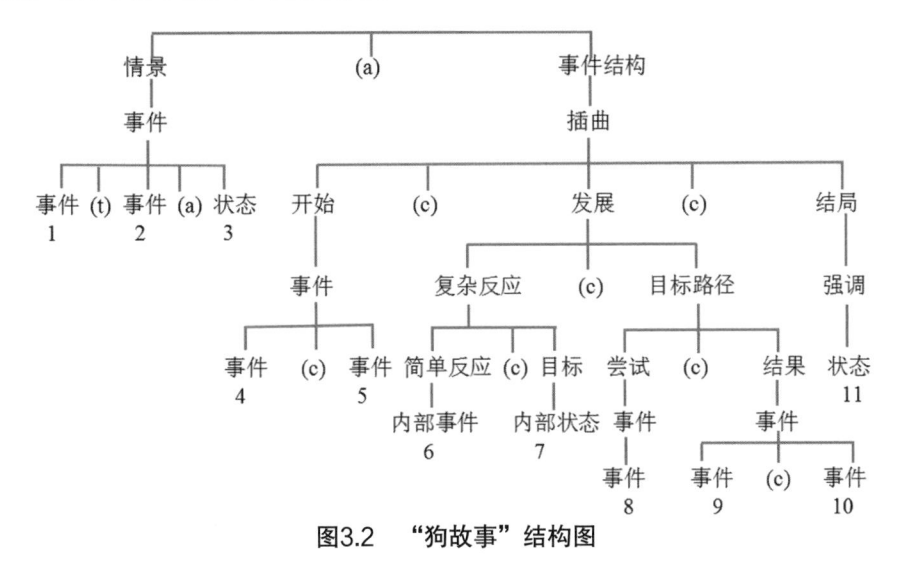

图3.2 "狗故事"结构图

法律叙事话语研究领域的重要代表是彼得·布鲁克斯。布鲁克斯（2005）在论述"法内叙事与法叙事"时就感叹"法庭需要一种叙事学"，要特别关注叙事传递（narrative transmission）和叙事交往（narrative transaction），"不仅追问故事是如何建构和讲述的，还要研究人们是如何听、如何接受以及怎样反应的"，最重要的是，"'受述者'或听者（陪审团、法官）是如何聆听和建构故事的"。我们在文献综述部分介绍了一些庭审叙事话语的结构模型，但是那些结构模型都是将案件故事作为单一的结构来看待的，没有涉及叙事话语的互动。法庭审判叙事话语互动就是要关注故事的叙述者和受述者之间的互动，不同故事版本的建构过程就是叙事话语互动的过程。

（三）语用学

语用学与话语分析关系密切。克里斯托（Crystal，1987：120）给语用学下的定义是："对作为所有互动语言行为基础的原则和实践的研究，包括语言的使用、理解和合适性的所有方面"[1]，这个定义里就包括会话分析和话语分析。

列文森（Levinson，1983：285）就曾直截了当地说会话分析是"语用学中优秀的经验传统"[2]。根据列文森（1983），语用学实质上关心这样的问题：话语[3]（使用中的语言）在通过句子或单词说出来时不能从字面上完全解释的那部分意义。话语意义不同于句子意义，正如珍妮·托马斯（Jenny Thomas，1995：22）所说，"话语意义不是语词固有的，不是说话者单独产生的，也不是听话者单独产生的"。布鲁姆—库尔卡（Shoshana Blum-Kulka，1997：38-63）提出"话语语用学"（discourse pragmatics）概念，认为广义的语用学可以定义为"语境中的语言交际研究"，因为语用学中几乎所有主要的理论、概念、问题都与话语分析有关（早期的语用学研究，比如，言语行为理论除外，它研究的是孤立的话语）。范·戴克（van Dijk，1997a：14）甚至将语用学视

---

[1] 原文是，"the study of the principles and practice underlying all interactive linguistic performance-this including all aspects of language usage, understanding, and appropriateness"。

[2] the outstanding empirical tradition in pragmatics.

[3] 语用学里的话语用 utterance，但这与话语分析领域里的 discourse 并不矛盾，都是使用中的语言（包括口头语言和书面语言）。本研究综合采用 discourse, utterance, speech 等概念，将话语（口头的和书面的）当作社会实践（司法实践）中的语言行为。

为话语分析的次级学科。

  语用学关照的核心问题是使用中的语言的意义，也就是语境意义（contextual meaning）。对这个核心问题不同的学者研究的方法和着重点不同。奥斯汀（Austin, 1962）的经典言语行为理论认为言说的话语不仅有意义（meaning），而且有语力（force），也就是说话语不仅是谈论事情，而且是在做事情，即所谓的言语行为，言说即为行事。这种意义上的话语有三个特征：第一，它具有言内或者指称意义，即说的是什么，称为"言内行为"（locution）；第二，它具有言外的语力，即说话的人通过说话要做什么，称为"言外行为"（illocution）；第三，它同时具有言后的语力，即说话人所说的话对听话人产生了什么效果，称为"以言取效行为"（perlocution）。这种话语分析的视角的重点是说话人通过话语做什么以及取得了什么效果。① 但是这种视角强调的是"说话者的意义"（speaker meaning）（Thomas, 1995：21），也就是范·戴克（van Dijk, 1997a：14）所说的"孤立的言语行为"（isolated speech acts），没有涉及言语行为和言语行为之间的关系，也没有考虑说话人和听话人之间的互动。

  如果说奥斯汀只考虑了孤立的言语行为，只注重说话者意义的话，格赖斯（Grice, 1975, 1989）关注到了听话者。他的会话含义（conversational implicature）理论和合作原则（cooperative principle）解释了听话者是如何听懂说话者的意义的，将话语意义的理解从明确表达的层面转移到含蓄暗示的层面（from the level of expressed meaning to the level of implied meaning），即听话人首先要明白说话人所说的话可能并不是字面上的意思，出于某种原因或者目的说话人不想明说或者直接说，因此就用了含蓄表达，即会话含义。合作原则的四个准则和九个次则就解释了听话人理解会话含义的机制。但是格赖斯和奥斯汀一样只考虑了会话的一端，要知道说话人和听话人彼此话语的表达和意义的实现单方面是很难做到的，也就是说他们都没有考虑到话语两个主体间的互动问题。作为补救的塞尔（Searle, 1969）的间接言语行为理论，布朗和列文森（Brown & Levinson, 1978/1987）的"面子理论"、利奇（Leech, 1983）的"礼貌原则"，以及斯帕伯和威尔逊（Sperber & Wilson, 1995）的"关联理论"依然没有解决这个问题。

---

  ① 经典言语行为理论关注的核心言语行为是第二种：言外行为（illocutionary act）。

语用学领域中的互动意义集大成者应该是珍妮·托马斯（Jenny Thomas），她倡导互动语用学并在《互动中的意义：语用学导论》（*Meaning in Interaction : an Introduction to Pragmatics*）一书中对语用学进行重新定义：语用学就是说话的人和听话的人在互动中建构意义。她认为话语意义不是语词固有的，不是说话者单独产生的，也不是听话者单独产生的。话语意义的生成是一个动态的过程，涉及言者和听者对话语意义的协商，话语的语境（物理的、社会的、语言的）以及话语的潜在意义（Thomas，1995：22）。托马斯进一步阐述：语用学是目的驱动的，是动态的，不是关于意义而是关于如何生成意义的，关于意义潜势即人们如何在话语互动中协商意义（Thomas，1995：183）。

第二节　本书研究框架

一、理论观点

任何一种话语分析模式或方法都体现了一种语言观，比如，语用学理论视角的"言语行为观"，会话分析进路的"自然会话互动观"，叙事话语分析的"事实故事建构观"，本研究的对象是中国刑事法庭审判话语，特定的机构——法庭和特定的话语——审判话语，以及在这种特定的机构语境里的话语的特殊性质——审判话语的叙事性，决定了本研究的进路必须是话语分析的视角，综合会话分析、语用学和叙事分析的进路，讨论的重点和核心内容是法庭叙事话语的互动。

本研究秉持的理论观点是：中国刑事法庭审判叙事话语的意义产生于各叙事话语主体间在法庭审判语境下的理性互动，控、辩双方通过叙事话语的博弈互动，使得刑事庭审过程具有高度的对抗性和庭审结果的不确定性，叙事话语互动的意义体现在案件事实的建构和认定上。法庭审判语境下的叙事话语的理性互动体现在:（1）叙事话语主体在叙事话语互动中具有目的性。控、辩、审三方均有各自的目的：控方的目的是说服法庭认定其通过叙事话语所建构的案件事实故事版本,判定被告人有罪或者罪重,应当给予刑事处罚;辩方的目的是解构或者摧毁控方所建构的案件事实,说服法庭认定其通过叙事话语所建构的案件事实故事版本,判定被告人罪轻或者无罪,从而减轻刑罚或者免于处罚、无罪释放;审方的目的是权衡辨别控方和辩方提供的事实证据,形成心证,认定法律事实,做出案件的公正判决。法庭审判的最根本的宗旨就是维护司法公正和正义,这种司法公正和正义体现在实体和程序两方面,三方叙事话语主体都必须在法律框架下理性互动,超越法律权限的目的是不被允许的,当然也是不会实现的,这就是"理性互动目的论"。(2)为了实现各自的目的,庭审叙事话语主体会采取相应的话语策略,在互动中选择最佳的叙事方式,构建最合适的故事版本,这就是"理性互动策略论"。(3)在法庭语境下,程序上控、辩双方在法官的主持下完成各自的角色扮演,选择叙事话语互动中的合作方式,是合作还是对抗,比如,控、辩双方叙事话语的对抗性就是典型的不合作;又如,判决叙事话语对起诉和辩护叙事话语的交汇与融合就是程序形式上的高度合作,这就是"理性互动合作论"。(4)法庭叙事话语互动的最后一个环节是由合议庭依法完成的。合议庭在完成庭审法庭调查、法庭辩论以及听取被告最后陈述之后,结合控、辩双方的故事版本,综合考量各种证据作用,建构法律事实认定的故事版本,做出最终裁决,这就是"理性互动决策论"。

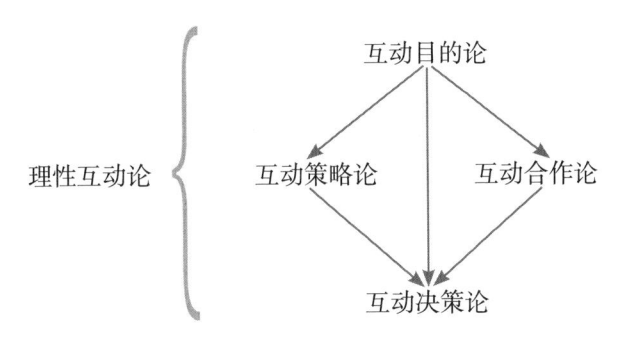

图3.3 刑事法庭叙事话语理性互动论

理论图示如上图(见图3.3),箭头表示理性互动论四个组成部分之间的关系:目的是叙事话语互动的总起,是源头。廖美珍教授(2005a,b)在哲学和社会学理论基础上创造性地提出了语用学"目的原则",认为话语行为具有目的性,"目的是言语生成的原因,目的是言语发展的动力"(廖美珍,2005a:2)。"话语互动的本质是目的……真正的互动是目的的互动"(廖美珍,2012:24),目的决定策略与合作,策略与合作最终达成决策,当然目的也可以直接导致决策。

二、分析框架

本研究将庭审叙事当作话语概念,给"庭审叙事话语"下的定义是"在法庭审判语境下,诉讼参与各方自然发生的连贯的口头或书面话语,话语的内容涉及对案件事实的讲述。它包括刑事庭审叙事话语、民事庭审叙事话语和行政庭审叙事话语",而刑事庭审叙事话语又包括起诉叙事话语、辩护叙事话语和判决叙事话语三类。

本研究坚持以下几种语言观,这些语言观来源于前人理论的启发和研究语料的话语特征体现,它们将贯穿并指导本研究的全过程。

第一,话语系统观。泛叙事论倡导者利奥塔将人类知识分为"科技知识"和"叙事知识",意即所有的人文社科知识都是叙事性的,叙事话语是所有人文社科知识的表述方式。循此逻辑,我们认为"话语"是一个由很多小系统构成的大系统,在这个塔式层级大系统中,"话语"位于最顶层,我们称之为"大话语",它由叙事话语和非叙事话语两个系统构成,往下推衍,叙事话语则由类似于小说叙事话语、法律叙事话语、电影叙事话语等构成,而法律叙事话语又包括立法叙事话语、司法叙事话语、执法叙事话语等。以此类推,本研究的对象刑事庭审叙事话语就属于话语大系统的第六个层级系统。"大话语"与"小话语"系统关系可以用下图清晰表述(见图3.4)。

第二,刑事庭审叙事话语层级观。我们将叙事话语放置在刑事法庭这个语境下考量,认为刑事庭审叙事话语可以分为宏观、中观和微观三个层级[①]。

[①] 施瓦兹(Schwarz, 2009: 218-223)认为美国法庭审判有三个层面上的叙事:宏大(或者元)叙事、审判叙事和过去叙事(一个或数个)。"In any given (civil) trial there are three levels of narrative present: a (past) narrative (or several narratives) that present the facts of a case, the developing narrative of the trial itself with its competing stories, and the 'grand' or 'meta'-narrative in which the reasoning of the trial is sought to be ranked according to stare decisis, i.e. precedents of a given case"(Schwarz, 2009: 218).

刑事法庭审判本身为宏观叙事话语，中观层面由"起诉叙事话语""辩护叙事话语""判决叙事话语"构成，当事人、证人和鉴定人的"嵌入叙事话语"构成微观层面的叙事话语。三个层次之间并不是严格的构成关系，比如，处于中观层面的起诉叙事话语和辩护叙事话语都由主叙事话语和嵌入叙事话语构成，主叙事话语属于中观层面，而嵌入叙事话语则属于微观层面；判决叙事话语的构成更为复杂，它包括自身的主叙事话语，加上起诉叙事话语和辩护叙事话语的主叙事话语以及所有当事人和证人的嵌入叙事话语（关于刑事庭审叙事话语的结构特点我们将在第四章详细讨论）。之所以如此划分层次，完全是由刑事庭审叙事话语自身的结构特点决定的：三种主叙事话语的叙事主体分别是公诉人、辩护人和合议庭，他们的叙事都是完整的，构建了完整的案件事实的故事版本，他们处于主导地位；而嵌入叙事话语则不同，其叙事主体是当事人、证人（包括专家证人）和鉴定人，他们的叙事往往是不完整的，是片段式的，是零碎的，处于从属地位。① 这种叙事话语层级观是刑事庭审叙事话语的互动研究在法学和语言哲学领域的有效结合。法律意义上，中国刑事庭审必须按照《中华人民共和国刑事诉讼法》规定的审判程序来组织和实施，法官、公诉人、辩护人、当事人和证人各自按照法律的规定行使自己的职责和义务；语言哲学意义上，话语的系统观为刑事庭审这个在法庭语境下的宏观叙事话语以及中观层面的三个主叙事话语和微观层面的嵌入叙事话语之间错综复杂的关系提供了话语结构上的理论支撑。图3.5是中国刑事庭审叙事话语层级结构图，方框表示叙事话语层次，椭圆代表叙事话语类型。

---

① 大量的研究（Conley & O'Barr, 1979；O'Barr, 1982; Lakoff, 1985; Snedaker, 1991; Maley & Fahey, 1991; Stygall, 1994; Luchjenbroers, 1997; Harris, 2001; Gibbons, 2003; Heffer, 2005, 2010 等）显示证人在法庭上的证言在陪审团判决中的作用并不是很明显，但是需要说明的是嵌入叙事话语的从属地位并不能说明这种叙事话语的主体——当事人和证人在法庭审判中的作用不重要。证人的出庭，证人的证言是司法实体正义和程序正义体现的重要标尺，只是现实情况与理想还有一定的差距。我们的语料中证人出庭的很少，证人证言大多是以公诉人或者辩护律师在法庭上当庭播放录音或者宣读询问记录的方式呈现的。

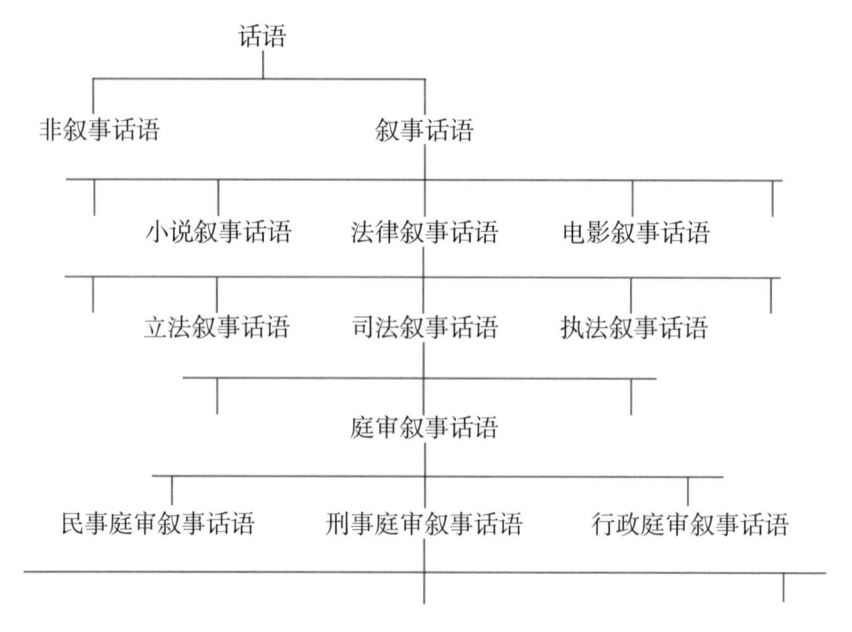

图3.4　话语系统构成图

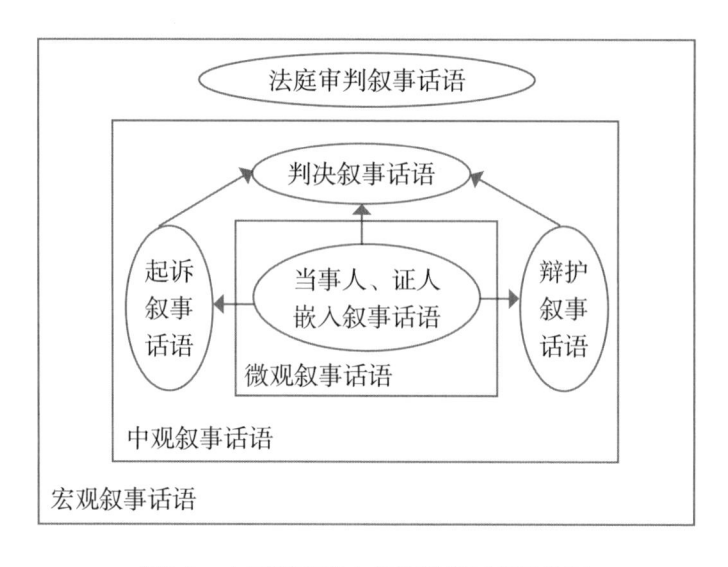

图3.5　中国刑事庭审叙事话语层级结构图

第三，刑事庭审叙事话语互动观。庭审由叙事话语构成，刑事庭审过程就是叙事话语主体内互动和叙事话语主体间互动的过程，其中主体内互动主要是三大主叙事话语内各主叙事话语和嵌入叙事话语之间的互动，主体间互动指三大主叙事话语之间的互动（见图3.6，具体讨论将在第五章和第六章展开）。至此，我们可以构建一个分析框架（见图3.7，其中大括号表示中国刑事庭审叙事话语的构成，箭头表示中国刑事庭审叙事话语的互动关系），用来描写、分析和解释中国刑事庭审叙事话语互动的全过程，这个框架有对叙事话语结构的静态描写，也有对叙事话语互动规律的动态分析，结构特征描写是研究的基础，互动是研究的目标。

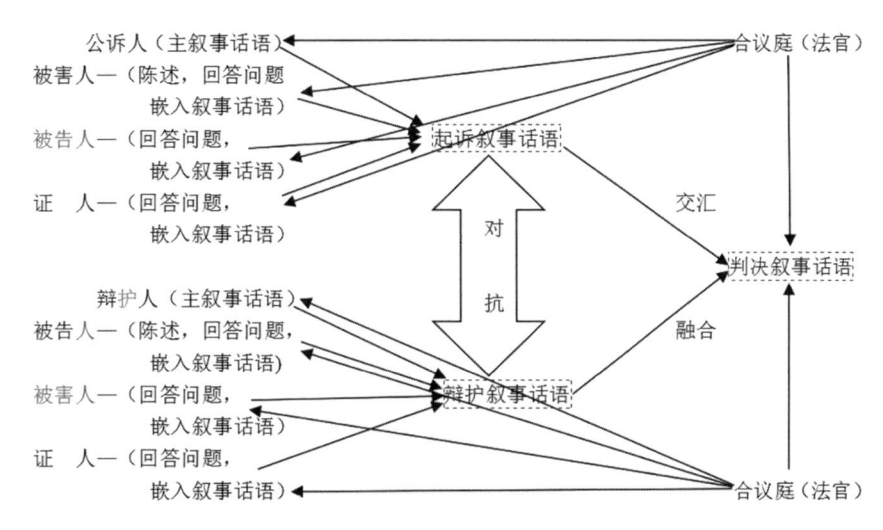

图3.6　中国刑事庭审叙事话语互动图

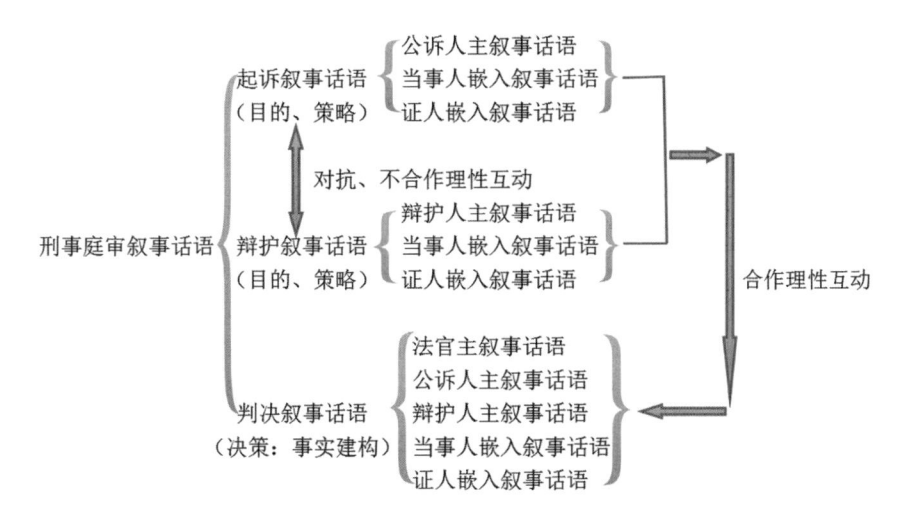

图3.7　中国刑事庭审叙事话语互动分析框架图

第四章

中国刑事庭审叙事话语的结构特征

这一章对中国刑事庭审叙事话语的结构特征进行静态描写，包括中国刑事庭审叙事话语的构成和各构成单位的结构特征。先对中国刑事庭审叙事话语进行概览式描述，然后分述各类型的叙事话语的结构特征。

第一节 中国刑事庭审叙事话语的构成

刑事庭审叙事话语层级观告诉我们中国刑事庭审叙事话语由宏观、中观和微观三个层面构成（见第三章图 3.5）。宏观叙事话语只是一个框架，没有实体内容，它是区别于其他语域叙事话语的功能化的抽象层面。我们的研究重点是中观层面的三大叙事话语类型和微观层面的嵌入叙事话语。

根据《刑诉法》，中国刑事庭审包括控诉、辩护和审判三大诉讼主体。控诉主体又称控诉方，是指在刑事诉讼中承担控诉职能的主体，包括人民检察院（公诉案件）、自诉人及其诉讼代理人（自诉案件）[①]、被害人及其诉讼代理人，公诉案件的控诉主体中的公诉人依法代表国家提起公诉并受人民检察院指派出席法庭支持公诉。辩护主体又称辩护方，是指在刑事诉讼中承担辩护职能的主体，包括被告人和辩护人。审判主体又称审判方，是指在刑事诉讼中承担审判职能的主体，即法院，《刑诉法》规定：基层人民法院、中级人民法院审判第一审案件，应当由审判员三人或者由审判员和人民陪审员共三人组成合议庭进行，但是基层人民法院适用简易程序的案件可以由审判员一人

[①] 如果没有特别说明，本研究使用的语料一般指法院第一审普通程序的公诉案件。

独任审判;高级人民法院、最高人民法院审判第一审案件,应当由审判员三至七人或者审判员和人民陪审员共三至七人组成合议庭进行。合议庭由院长或者庭长指定审判员一人担任审判长。院长或者庭长参加审判案件的时候,自己担任审判长。

刑事庭审是通过话语组织的,是叙事的,这是不争的事实。因此,结合刑事庭审诉讼主体,我们认为中国刑事庭审叙事话语从结构上包括三大部分:起诉叙事话语、辩护叙事话语和判决叙事话语,这三大类型叙事话语又分别各由两部分组成:主叙事话语和嵌入叙事话语。起诉叙事话语中的主叙事语的叙事主体是公诉人,辩护叙事话语中的主叙事话语的叙事主体是辩护人,判决叙事话语中的主叙事话语的叙事主体是合议庭;嵌入叙事话语的叙事主体一般是当事人、证人(包括专家证人和鉴定人)。综合起来看,起诉叙事话语由公诉人的主叙事话语[①]加上当事人、证人和鉴定人的嵌入叙事话语构成,辩护叙事话语由辩护人的主叙事话语加上当事人、证人和鉴定人的嵌入叙事话语构成。判决叙事话语比较复杂,它由合议庭的主叙事话语加上起诉叙事话语和辩护叙事话语的汇聚和融合,以及当事人、证人和鉴定人的嵌入叙事话语统一构成,也就是说判决叙事话语包含前面两个大类的叙事话语。必须说明的是,三大叙事话语中的嵌入叙事话语并不相同。起诉叙事话语中的嵌入叙事话语是公诉人在法庭调查阶段讯问被告人、询问被害人(如果被害人出庭的话)、证人和鉴定人时当事人、证人和鉴定人所讲述的与案件有关的事实。辩护叙事话语中的嵌入叙事话语是辩护人在法庭调查阶段询问当事人、证人和鉴定人时当事人、证人和鉴定人所讲述的与案件有关的事实。由于出庭的证人分己方证人和对方证人,他们在直接询问和交叉询问中因为公诉人和辩护人提问的方式和问题内容不同所提供的事实讲述会有差异。嵌入叙事话语还包括当事人在法庭上的陈述,其中被害人的陈述属于起诉叙事话语中的嵌入叙事话语,被告人的陈述属于辩护叙事话语中的嵌入叙事话语。判决叙事话语中的嵌入叙事话语除了包含以上两种嵌入叙事话语之外,庭审过程中审判人会讯问被告人,询问当事人、证人和鉴定人,当事人、证人和鉴定人对审判人问题的回答属于判决叙事话语中的嵌入叙事话语。

---

① 因为诉讼代理人与公诉人同属于控诉主体,诉讼代理人的代理词和法庭辩论意见我们也纳入这里的主叙事话语。

关于"主叙事话语"和"嵌入叙事话语"我们在第一章"相关术语"部分已经做了界定，这里再做一点补充说明。"主叙事话语"英文表述我们用"Master Narrative"，顾名思义，它是核心话语，是主导性话语，在庭审中居主导地位，它建构故事的框架，提供完整的故事版本，掌控案件事实的重要情节。"嵌入叙事话语"的英文表述是"Embedded Narrative"，与主叙事话语相比，嵌入叙事话语不是核心话语，是从属性话语，在庭审中居次要地位，它为主叙事话语建构的故事骨骼框架做必要的填充，嵌入叙事话语不能提供完整的故事，它往往是断裂的、片段式讲述。

这些关于中国刑事庭审叙事话语的表述似乎比较抽象，非常复杂，下面我们将分别介绍三大种类叙事话语的结构特征，并分别举例详细说明。

第二节 起诉叙事话语的结构特征

如果用NP（Narrative of Prosecution）代表起诉叙事话语，MNp（Master Narrative of prosecutor）代表起诉叙事话语中的公诉人的主叙事话语，ENp（Embedded Narrative of prosecutor）代表嵌入叙事话语，那么起诉叙事话语的构成用公式表示就是NP = MNp + ENp（1-n），"1-n"表示当事人和证人的人数。

一、主叙事话语的构成

根据哈里斯的OCEP结构模型（参见本书第二章的相关介绍），庭审叙事话语结构有四个要素：背景、核心叙事、详细阐述、观点，其中背景、核心叙事和观点是核心要素，详细阐述在这三个核心要素里都会存在，所以像拉波夫（1972）一样，哈里斯将它归入二级结构。本研究从刑事庭审叙事话语语料分析总结出起诉叙事话语的主叙事话语一般具有五个核心要素：背景（Orientation）、核心叙事（Core Narrative）、观点（Point）、阐释（Interpretation）和结束（End），我们称之为OCPIE叙事话语结构。其中"背景"交代案件的相关背景信息，包括被告人的姓名、年龄、身份、职业、住址等基本情况，还包括案由和案件的审查经过，为下面的"核心叙事"做好铺垫。"核心叙事"讲述案件事实和证据，由时间、地点、人物、事件、起因、结果和动机七个成分组成。[①]"观点"是公诉人起诉的要求、根据和结论。"阐释"是对前三个要素的进一步说明。"结束"是庭审叙事话语独特的要素，标示叙事话语和行为结束，是庭审程序规定的内容。从位置上来看，"背景"和"结束"比较固定，首尾相望。"观点"则比较灵活，它可以出现在"核心叙事"之前或者中间，也可以出现在"核心叙事"之后。"阐释"是可选项，简单的叙事话语里没有，在复杂的叙事话语中它会贯穿始终，作为"核心叙事"和"观点"的扩展和补充，并常常和"观点"或者"核心叙事"缠绕在一起。

公诉人的主叙事话语可以按照庭审阶段[②]和语体来分类。按照庭审阶段，公诉人主叙事话语通常出现在庭审中的法庭调查和法庭辩论两个阶段。法庭调查阶段公诉人的叙事话语一般是公诉人在法庭上宣读起诉书。开庭前审判人手上有原件，被告人、辩护人也都已经收到副本，所以这一阶段的叙事话语语体上是书面的；法庭辩论阶段公诉人的叙事话语是即席的，所以这一阶段的叙事话语是口头的。有些重大复杂、典型的案件，公诉人在辩论开始会发表公诉词（公诉意见书），言辞比较正式，但也是口头的，它不同于起诉书。对于案情简单的案件，公诉人在法庭辩论时只做简单发言。

下面我们分庭审阶段介绍起诉叙事话语中的主叙事话语的构成，重点描述主叙事话语的 OCPIE 结构特点。

（一）法庭调查阶段的起诉书

起诉书，是人民检察院经依法审查，认为被告人的犯罪行为应当受到刑事追究，决定将其交付审判而向人民法院提起公诉所制作的法律文书。（孙青平，2012：63）

起诉书既是检察机关代表国家向法院控告被告人的诉状，是公诉人在法

[①] 张雪纯（2013：252）认为刑事裁判中的事实叙述必须包含"七何要素"：何人，何时，何地，基于何种动机、目的，采用何种方法、手段，实施何种犯罪行为，造成何种危害后果，此即英美法学理论中的七个 W：Who, When, Where, Why, How, Which, What。张博士的"七何要素"是从刑法学角度来阐述的，本研究从话语分析角度归纳叙事话语核心要素中的"核心叙事"的七个组成成分，因此略有不同。

[②] 见第一章中的"中国刑事法庭审判程序"介绍。

庭上支持公诉的根据，又是法院对公诉案件进行审判的凭据和审理的基本内容，它同时还是告知被告人及其辩护人已将被告人交付审判的通知，是公开指控其犯罪行为的法定文书，也是辩护人进行辩护的依据。（周萍，2013：108）

从写作角度讲，起诉书的结构包括三部分：（1）首部；（2）正文；（3）尾部。（孙青平，2012：64-67）普通程序案件适用的起诉书格式是①：

×××人民检察院
起诉书

首部 {
　　×××检×××刑诉〔××〕××号
　　被告人×××（写明姓名、性别、出生年月日、身份证号码、民族、文化程度、职业或者工作单位和职务、住址，曾受到行政处罚、刑事处罚的情况，因本案被采取的强制措施情况等。）
　　本案由×××（侦查机关）侦查终结，以被告人×××涉嫌×××罪，于×年×月×日向本院移送审查起诉。本院受理后，于×年×月×日已告知被告人有权委托辩护人，×年×月×日已告知被害人及其法定代理人（或者近亲属）、附带民事诉讼的当事人及其法定代理人有权委托诉讼代理人，依法讯问了被告人，听取了被害人的诉讼代理人×××和被告人的辩护人×××的意见，审查了全部案件资料……（写明退回补充侦查、延期审查起诉期限等情况。）
}

正文 {
　　经依法审查查明：……（写明经检察机关审查认定的犯罪事实，包括犯罪时间、地点、经过、手段、目的、动机、危害后果等与定罪有关的事实要素。应当根据具体案件情况，围绕刑法规定的该罪构成要件叙写。）
　　认定上述事实的证据如下：
　　……（针对上述犯罪事实，分列相关证据）
　　本院认为，……（概括论述被告人行为的性质、危害程度、情节轻重），其行为触犯了《中华人民共和国刑法》第×条（引用罪状、法定刑条款），犯罪事实清楚，证据确实充分，应当以×××罪追究其刑事责任。根据《中华人民共和国刑事诉讼法》第×××条的规定，提起公诉，请依法判处。
}

尾部 {
　　此致
　　×××人民法院
　　　　　　　　　　　　　　　　　　　　　检察长（员）×××
　　　　　　　　　　　　　　　　　　　　　　×年×月×日
　　　　　　　　　　　　　　　　　　　　　　　（院印）
}

---

① 这是普通程序案件适用的起诉书的通用格式。

附项：1. 被告人现在处所。具体包括在押被告人的羁押场所和监狱居住、取保候审的处所。
  2. 证据目录、证人名单和主要证据复印件，并注明数量。
  3. 有关涉案款物情况。
  4. 被害人（单位）附带民事诉讼的情况。
  5. 其他需要附注的事项。

从话语结构的角度看，起诉书是叙事性文书。下面我们通过几个例子来看起诉书中叙事话语的核心要素。例1是上海"复旦大学宿舍投毒案"的起诉书，记录非常完整。对比两种视角，起诉书结构上的大致对应关系是：写作角度的"首部"对应叙事话语角度的"背景"，交代标题、文书编号、被告人基本情况、辩护人的基本情况、案由和案件的审查经过；写作角度的"正文"对应叙事话语角度的"核心叙事""观点""阐释"，交代案件事实、证据、起诉的要求和根据、结论；写作角度的"尾部"交代致送的人民法院名称、公诉人法律职务及姓名、日期及公章、附注，这部分与叙事话语角度的"结束"功能相似。

从例1可以看出：（1）"背景"部分明确显示这段完整的叙事话语的书面（隐含）叙事者是上海市检察院第二分院，但是在法庭上宣读起诉书的是公诉人，所以这里就存在两个叙事者[①]，一个是隐性的机构，另一个是显性的个体或群体（出席法庭支持公诉的公诉人一般不止一人，少则两人，多则七八人）。法庭上公诉人代表检察院支持公诉，为了便于分析，我们认为这个叙事主体是公诉人，公诉人代表人民检察院，代表国家。（2）"阐释"这一核心要素在起诉书中主要出现在证据列举部分，因为这些证据（证人证言、证物、被告人的供述等）是对"核心叙事"讲述的事实的补充和有力支撑。这与法庭辩论阶段公诉人的公诉意见书和辩论意见不同，后面将会详细阐述。（3）"观点"紧跟"核心叙事"和"阐释"，讲述案件起诉程序的合法性、证据内容的客观真实性、结论——决定提起公诉和起诉的要求——法院依法审判。其受述对象主要是合议庭，当然包括被告人和辩护人。（4）"结束"出现在最后，而且总是如此，标志着这段叙事话语的完成。（5）起诉书是法律文书，它有固定的格式，有严格的要求，所以叙事的五个核心要素出现比较有规律。（6）

[①] 文学的叙事理论会比较分析隐含叙事者和显性叙事者，本研究所用概念含义不同。

起诉书中的"核心叙事"话语严格按照时间顺序展开（时间、地点、人物、事件、起因、结果和动机这七个主要成分清楚地包含在其中）。(7) 背景中的叙事者是检察院（公诉人），以第一人称方式讲述，而核心叙事的叙事者仍然是检察院（公诉人），但是以第三人称方式讲述的。

例1：

上海市检察院第二分院起诉书：沪检二分刑诉〔2013〕96号：

【背景】

被告人林××，男，1986年9月14日生，公民身份证号码，×××××××××××××××××，汉族，硕士文化，原系复旦大学上海医学院×××专业×××级硕士研究生。户籍×××，住××。2013年4月12日因涉嫌故意伤害罪，由上海市公安局执行拘留，同年4月15日，延长刑事拘留期限至七天，同年4月25日经上海市黄浦区人民检察院批准，以涉嫌故意杀人罪，于次日由上海市公安局执行逮捕。本案由上海市公安局侦查终结，以被告人林××涉嫌故意杀人罪，于2013年7月29日移送本院审查起诉，本院受理后于法定期限内告知被告人有权委托辩护人，告知被害人近亲属有权委托诉讼代理人，依法讯问了被告人，听取了辩护人、被害人近亲属及其诉讼代理人的意见，审查了全部案件材料。经审查，于2013年9月13日退回补充侦查。上海市公安局补充侦查终结，于2013年10月12日移送审查起诉。

【核心叙事】

经依法审查查明，2010年9月，被告人林××与被害人黄×分别进入复旦大学上海医学院攻读相关医学硕士专业，并于2011年8月起共同住宿于复旦大学×××室后，林××因琐事与黄×不和，竟逐渐对黄×怀恨在心。2012年年底，在攻读硕士学位期间，林××因个人原因不再继续报考博士研究生，黄×则继续报考了博士研究生，2013年3月中旬，复旦大学2013年博士研究生入学考试初试成绩揭晓，黄×名列前茅，2013年3月底，林××决意采取投毒的方法杀害黄×，同年3月31日14时许，林××以去实验室取用品为名，从他人处取得钥匙后进入曾经实习过的复旦大学附属中山医院×××室，趁室内无人，取出装有剧毒化学品二甲基亚硝胺的试剂瓶和注射器，并装入一只黄色医疗废弃物袋内随身带离，当日17：50许，林××

【核心叙事】回到其与黄×共同住宿的×××室，趁室内无人将随身携带的上述剧毒化学品二甲基亚硝胺全部注入室内的饮水机中，随后将注射器和试剂瓶等物丢弃。同年4月1日上午，林××与黄×同在×××室内，黄×从饮水机中接取并喝下已被林××注入剧毒化学品二甲基亚硝胺的饮用水，之后黄×发生呕吐，于当日中午至中山医院救治，次日下午留院治疗，随即因病情严重，于同年4月3日被转至外科重症监护室治疗，此后，黄×虽经医护人员全力抢救，仍于同年4月16日死亡，经鉴定，黄×符合生前因二甲基亚硝胺中毒致肝脏、肾脏等多器官损伤而死亡。

同年4月11日，林××在两次接受公安人员讯问时，均未供述投毒事实，直至次日凌晨，经公安机关依法予以刑事传唤到案后才逐步供述了上述投毒事实。

【阐释】——上述事实有以下证据证明……（证人证言等12组证据略）

【观点】上述证据收集程序合法，内容客观真实，足以认定指控事实，本院认为，被告人林××因琐事与被害人黄×不和，采用投毒方法，故意伤害黄×，并致黄×死亡，手段残忍，社会危害极大，其行为已触犯了《中华人民共和国刑法》第232条，犯罪事实清楚，证据确实充分，应当以故意杀人罪追究其刑事责任，根据《中华人民共和国刑事诉讼法》第172条的规定提起公诉，请依法审判。

【结束】——审判长，公诉人起诉书宣读完毕。

（二）法庭辩论阶段的辩论意见

公诉意见书（公诉词）是公诉人在法庭上就案件的事实、证据、定罪量刑等问题集中发表意见时所使用的法律文书。（孙青平，2012：71）

公诉意见书的结构也分为三个部分：（1）首部：标题、案件基本情况；（2）正文：称谓、公诉人身份职责及出庭的法律根据、公诉意见；（3）尾部：对被告人的惩罚意见。

公诉意见书的文书格式是：

×××人民检察院

公诉意见书

首部 {
被告人 ×××
案由 ×××
起诉书号 ×××
}

正文 {
审判长、审判员（人民陪审员）：

根据《中华人民共和国刑事诉讼法》第×条、第×条、第×条的规定，我（们）受×××人民检察院的指派，代表本院，以国家公诉人的身份，出席法庭支持公诉，并依法对刑事诉讼实行法律监督。现对本案证据和案件情况发表如下意见，请求法庭注意。

……
}

尾部 {
综上所述，起诉书认定本案被告人×××的犯罪事实清楚，证据确实充分，依法应当认定被告人有罪，并应（从重，从轻或减轻）处罚。

公诉人×××

×年×月×日当庭发表

}

发表公诉意见是法庭辩论的开始，因为公诉人发表完公诉意见书后，被告人和辩护人会发表辩护意见，公诉人对于被告人和辩护人的辩护意见还可以继续发表公诉意见，直至控辩双方都不再有新的辩论意见发表。所以，法庭辩论阶段公诉人的叙事话语是两轮甚至多轮辩论话语的综合。复旦大学宿舍投毒案庭审中公诉人在法庭辩论阶段进行了两轮公诉意见的陈述，例2是第一轮。我们发现在这一阶段，除了"核心叙事"之外，"阐释"和"观点"所占话语分量明显增大。作为格式和程序性规定，"背景"和"结束"依然分别位于首尾位置。话语的篇章结构与起诉书有很大的区别。

例2：

第一轮：公诉意见书（因为原文篇幅比较长，这里对部分内容进行了删节，但不影响结构的描述）

【背景】审判长、审判员，依照《中华人民共和国刑事诉讼法》第一百八十四条和《中华人民共和国人民检察院组织法》第十五条的规定，我们受上海市人民检察院第二分院检察长的指派，以国家公诉人的身份出席今天的法庭，对法庭审理被告人林××故意杀人一案支持公诉，履行法律赋予检察机关的职责。

【观点】被告人林××故意杀人一案，是发生在本市高校校园内，一起罕见而又在国内产生较大影响的恶性犯罪案件。经过刚才的法庭调查，法庭审问了被告人，听取了被告人的供述和辩解，听取了证人的证言，听取了鉴定人的出庭意见，宣读并出示了与本案有关的各组证据，并进行了质证。法庭调查的结果表明，起诉书指控被告人林××故意杀人的犯罪事实是清楚的，证据也是确实充分的，被告人林××的行为已经构成故意杀人罪，应当承担相应的刑事责任。为方便合议庭评议，并对本案做出公正的判决，公诉人对本案主要争议的三个焦点：第一，被害人黄×的死亡是不是林××投毒行为造成的；第二，林××投毒是为了伤害黄×的身体健康，是开一个玩笑还是为了杀死黄×；第三，林××为什么要杀死黄×，他这样做的动机是什么。公诉人就这三个焦点发表三点公诉意见，阐述公诉机关的主要观点和依据，供合议庭在评议本案时参考。

【核心叙事、阐述】一、起诉指控被告人林××故意投毒杀害黄×的犯罪事实清楚，证据确实充分。

归纳这些确实充分的证据，可以从9方面向我们深刻全面地揭示和证实被告人林××是怎样采用投毒的方法故意杀害被害人黄×的犯罪事实。这9方面是：(证据细节略)

1. 林××目睹吕××将剧毒物二甲基亚硝胺存放在中山医院11号楼204室的柜子里。

2. 林××亲身参加用上述剧毒物做动物实验的过程，他熟知该剧毒物的毒性，以及实验所需的动物建模剂量。

3. 林××在作案前取得了上述剧毒物。

4. 林××将上述剧毒物带回了自己的寝室，并趁室内无他人之机，将这些剧毒物注入寝室内的饮水机中。

【核心叙事、阐述】

5. 林××在场时，黄×喝下被注入了二甲基亚硝胺的饮用水之后，黄×发生呕吐、就诊直至死亡。

6. 相关鉴定报告证实，黄×死因符合二甲基亚硝胺中毒。

7. 林××投毒后频繁上网查询二甲基亚硝胺的味道、如何检测等信息内容。

8. 林××被揭露并归案的过程，自然、正常。

9. 被告人林××到案后，直到刚才的法庭调查中，对起诉书指控其故意投毒杀害黄×的犯罪事实做了供述。

经过庭审质证的上述9方面的事实，证据证明，本院起诉指控被告人林××故意投毒杀人的犯罪事实清楚，证据确实充分，法庭应当予以认定，并据此追究被告人林××的刑事责任。

【观点、阐述】

二、被告人林××明知自己的投毒行为必然造成黄×死亡的结果，而决意实施并希望这一结果发生，林××的这种行为构成故意杀人罪。

林××到案后对其投毒致黄×死亡的犯罪事实做了供述，但林××一再辩称，他投毒的目的只是为了整一整黄×，只是为了让黄×吃一些苦头而不是为了杀死黄×，他认为黄×中毒以后，经过治疗会慢慢自行恢复的，所以黄×死亡的结果是他投毒时没有想到也不愿看到发生的结果。

公诉人认为，林××的辩解，与本案庭审已经质证查明的事实和证据是完全相悖的。

1. 林××对他投毒使用的二甲基亚硝胺会造成人的肝功能衰竭并死亡的毒性是充分地了解的。

2. 林××故意将远远超过致死量十多倍的二甲基亚硝胺全部注入饮水机中，让黄×饮用，既充分证实林××主观上决意要杀死黄×，也充分证实黄×死亡是林××投毒所希望实现的必然结果。

3. 林××投毒以后视黄×生死安危如草芥的行为也从另一个侧面充分印证了他投毒就是要剥夺黄×生命的犯罪决意。

三、被告人林××故意采用投毒的方法杀害黄×，具有明确的犯罪目的和犯罪动机。被告人林××将远远超过致死剂量十倍

第四章 中国刑事庭审叙事话语的结构特征

> 【观点、阐述】的剧毒物投入饮水机中致黄×死亡，表明林××具有决意剥夺黄×生命的明确目的。经过庭审质证查明的证据还证实，林××实施投毒故意杀人行为，它同时具有明确的犯罪动机，这就是林××因琐事与黄×不和，竟怀恨在心，决意在黄×考取博士研究生前，杀死黄×。
>
> 审判长，审判员，被害人黄×寒窗苦读，一路艰辛，尚未鲲鹏展翅，便已饮恨九泉，对于黄×惨遭毒手，英年早逝，公诉人予以沉痛的哀悼，并感同身受，向黄×的亲属致以深切的慰问。通过今天的庭审，法庭已经查明和确认犯罪实施者，法庭也将对其绳之以法，相信这一切可以告慰黄×的在天之灵，并足以警示后来之人。被告人林××因琐事与黄×不和，竟采用投毒方法故意杀害黄×，导致黄×死亡，其行为触犯了《中华人民共和国刑法》第二百三十二条，犯罪事实清楚，证据确实充分，应当以故意杀人罪追究其刑事责任，并依法予以严厉的惩处。被告人林××在公安机关立案并依法予以传唤后，虽然逐步供述了实施投毒的犯罪事实，但依法不构成自首，而且林××犯罪手段残忍，犯罪情节特别严重，社会危害极大，依法不应对林××予以从轻处罚。

结束 ——以上公诉意见，请合议庭采纳。谢谢审判长、审判员。

第一轮辩论基本上围绕案件事实的争议焦点进行，所以"核心叙事"的分量还是不少。到第二轮辩论情况就有了很大的变化，如例3提供了公诉人的辩论意见全文，可以看出，这部分叙事几乎都是"观点"，"核心叙事"（下划线表示）点缀在"观点"中。

例3：

第二轮：辩论意见

> 【观点、阐述】审判长，审判员，我们认真听取了被告人林××在法庭调查过程当中为自己所做的陈述和辩解，在法庭辩论中我们也认真听取了辩护人为被告人所做的辩护意见，我们注意到，被告人林××及其辩护人对起诉书指控被告人林××投【故意投毒】杀害黄×的犯罪事实没有提出不同的意见，虽然辩护人否认被告人直接故意杀人，否认被告人有直接故意杀人的目的和动机，但是这些辩护意见和理

由跟本案已经查明的事实和证据是背道而驰的,因此也是不能成立的,公诉人对此已经在第一人发表的公诉词中做了有针对性的比较详细比较充分的分析和阐述,这里就不再重复了。现在我们就本案对社会造成的危害以及我们大家应该从中吸取哪些教训,公诉人谈两点感受与体会,供合议庭同时也供我们大家参考:第一,林××的犯罪行为不仅摧毁了黄×及其家庭,而且也重创我们社会中人与人相互交往间的信任和互助依赖关系。被害人黄×出身贫寒,历经20余年的寒窗苦读,一路艰辛,黄×肩负着父母、家人改变贫穷面貌,以及改变人生的美好憧憬和期望,但是却仅仅因为与林××相处时的一些琐事就招致林××的不满,直到被林××投毒杀害,如花的生命没有绽放就已凋零,年迈的父母从此失去了唯一的儿子,白发人送黑发人,那是一种怎么样的绝望和痛苦,你只有经历过才能体会。无可挽回的不仅仅是黄×和他的家庭,同样出身贫寒的被告人林××,其实也和黄×一样,也是历经20余年的寒窗苦读,也是一路艰辛,也是肩负着父母家人改变贫穷面貌,改变人生的美好憧憬和期望,却仅仅因为与黄×相处时的一些琐事而产生不满,仅仅是因为自身学业中的一些不顺和挫折就嫉妒怨恨一起爆发,不仅葬送了黄×的生命,也把自己送上了人生的不归路,白衣天使一念之间成了杀人恶魔,不禁令世人扼腕叹息,林××年迈的父母和姐妹弟弟也许至今都不愿意相信,即将成为白衣天使的儿子、兄弟竟然会决意投毒杀死同寝室的学友,父母几十年来节衣缩食,尽其所能地辛苦哺育儿女,到头来报答他们的却是这样一个如此残忍却又如此真实的事实,人世间的悲哀也许真的莫过如此。应当指出,尽管本案属于极端的个案,它的发生有一定的偶然性,但是无可否认,它的发生对我们社会中,尤其是大学校园中人与人,同学学友之间相互交往中的互助和依赖关系却是一个真实而又沉重的打击,其社会危害性不可低估。大学时代是学生快速成长的一个重要阶段,现在的大学生许多又是独生子女,在集体学习集体生活中共处一室,难免会产生各种各样的矛盾和问题,如果仅仅因为一些琐事、不和就顿起杀机,如果仅仅因为别人的学业或者考研、考博看上去比自己顺利，比自己成功，就一定要羡慕嫉妒恨一起爆发，就要决意致他人死地，那么校园中人与人之间的互助信赖关系就会荡然无存，校园乃至社会的安宁就会无从谈起，包括学生群体在内的公民人身安全又从哪里能够得到切实的保障？第二，要学会包容，真诚欣赏别人的成长与成功是我们可以从本案中吸取的一个重要教训。反思本案的发生，确实有许多教训可以吸取，社会、家庭、学校和自身的教育，有关方面对有毒实验用品的规范管理等，都有许多亟待改进、亡羊补牢的地方，除此之外，我们认为如何学会包容，真诚地欣赏别人的成长与成功，也是我们可以从本案当中吸取的一个重要教训。学生寝室以及任何一个工作单位、公共场所都可以而且应当成为尊重差异、培养包容心的地方。君子和而不同，包括本科生、硕士生、博士生在内的高校学生，在攻读学业的同时更需要在集体生活中接受磨炼，学习与人相处，在同学间的交流、碰撞的过程中学会尊重差异，尊重多样性，避免唯我独尊，这也是人生成长中的宝贵一课和必要经历。其次，我们要努力管理好自己的负面情绪，每个人都会在学习和生活中碰到这样或那样的挫折和问题，如果我们总是经常用悲观、负面的情绪去认识，去应对这些挫折和问题，就会自觉或者不自觉地把自己隐藏在阴暗的角落里，思想上的阴霾就会逐渐地啃噬我们原本善良的人性，最终上演伤害别人同时也毁灭自己的悲剧。所以，我们应当学会让正能量释放自己，学习用善、用爱去真诚地欣赏别人的成长与成功，学会为他人的成绩、他人的进步由衷地鼓掌和喝彩，使自己在这种赞赏他人进步的过程中同时也获得自己前进的动力、向上的激情和奋斗的源泉，这才是人与人和谐相处的唯一正道，也是我们大家，包括我们公诉人自己，应该而且能够从本案中吸取最重要的教训之一，愿我们大家一起共勉。

（观点、阐述）

[结束] ——以上发表意见供合议庭参考，谢谢审判长、审判员。

很多的刑事审判案件的受害人家属委托诉讼代理人出席法庭参与诉讼，《刑诉法》规定诉讼代理人可以对证据和案件情况发表意见，可以参与法庭辩论。从身份和职能来讲，诉讼代理人代表的是被害人及其家属，与代表国家的公诉人不同，但是诉讼代理人也是控诉主体，与公诉人一样属于控诉方，因此本研究将诉讼代理人的叙事话语归入起诉叙事话语，诉讼代理人在法庭辩论阶段的辩论意见（通常以宣读代理词的形式）①也并入起诉叙事话语的主叙事话语。例4仍然是上海"复旦大学宿舍投毒案"，是诉讼代理人在第一轮辩论中的辩论意见。叙事中出现了"核心叙事""观点""阐释"等核心要素，除了"背景"和"结束"之外，其他三个核心要素缠绕在一起，交错出现。"背景"和"观点"要素中叙事者用的是第一人称，"核心叙事"和"阐释"要素中用的是第三人称叙事。

例4：

背景 { 尊敬的合议庭，尊敬的各位法官，尊敬的公诉人，刚才公诉人公诉书非常详尽地把林××投毒杀害黄×的事实阐述得非常清楚，另外关于林××采用杀人的主观动机也阐述得非常详尽。在此，我们代表被害人黄×的父母及亲属发表如下意见：

观点 { 我们认为本案的犯罪事实清楚，证据确实充分。关于林××的主观意图到底是一个玩笑还是故意杀人，我还想在公诉人的基础上补充三个细节。

阐述、核心叙事、观点 { 1. 在本案开庭的审理中，当问到林××是什么时候知道黄×喝下这个有毒之水的时候，林××很肯定地说是4月1日早晨才喝的，原因是因为之前黄×并没有任何反应，这折射出林××的一个主观想法，他这里说没反应就是没有出现症状，内心深处想的就是说他这个东西投下去之后应该是一种急性中毒而不是一种慢性中毒。这里面很明显，与公诉人所说的是一样的，他的目的就是想杀死黄×。

2. 林××在2013年4月17日的供述中，当公安机关对他分析了说你的剂量有如此之大，他当时说的话是"我想完了，我可能要死了。我可能要被判死刑"。尽管今天当庭林××回避说他没有学过法律，但是我们想，作为复旦大学的高才生不可能不懂得刑法，不可能对故意伤害故意杀人的后果不了解。众所周知，如果只是故意伤害的

---

① 刑事案件代理词分为三种：代理公诉案件的被害人而发表的代理意见、代理自诉案件的自诉人而发表的代理意见、刑事附带民事诉讼代理词，结构上包括：(1) 首部（标题、称呼语、引言）；(2) 正文（代理意见、请求）；(3) 尾部（代理人署名、日期）。

话，被判死刑的可能性是很小的。在 4 月 17 日，当时公安机关还只是以故意伤害罪对他进行刑拘，还没有以故意杀人进行逮捕，他何来此言？从他内心深处就可以看出来，他就是想杀死黄×。

3. 今天的庭审中我问到他在新浪微博里的一段文字，这是他在公安的供述里面，在 4 月初看了一部叫《牯岭街少年杀人事件》，他的微博里面有这样一段文字："勇敢决断的少年，不带丁点的娘炮，大赞！"那么今天他辩解，"勇敢"是指黄×勇敢，他看到黄×中毒了睡在里面觉得很勇敢，我们结合全文来讲，他这里所谓的勇敢就是指电影里面的男主人公小四，因为它里面写的是"勇敢决断的少年不带丁点的娘炮"，这个娘炮就是娘娘腔，那么这是他去赞扬黄×吗？显然不是，那么他的内心深处其实已经跟当初的这个牯岭街少年杀人事件的男主人公是一致的，而这部电影其实是一个真实的案例改编的。另外，他后面加了一句"带种的就来真的，出来混就不要怕死"，他写在他微博里面，这不仅仅是把电影中的台词照搬，这其实是一种内心的写照。

结合这三点我认为，再加上公诉人提了诸多理由，故意杀人是毫无疑问的。另外，我想请法庭在量刑的时候考虑下面几个因素：第一，林××采用投毒方式，他不是把有毒之物投向黄×的水杯，而是投向公用的饮水源，这台饮水机，除了林××要饮，黄×要饮，还有另外葛××，还有甚至隔壁的有时候也要饮。从葛××谈话可以看出来，4 月 1 日他上午回来，4 月 1 日下午他回来的时候，是因为黄×把这个水桶放在了桌子下面，并说了这个水里面有怪味他才没饮的。他的另外一个证词里面谈到，他如果早一点回来，他也可能饮这个水，而且他也有这个空腹饮一杯水的习惯。那没有造成葛××的死亡，黄×的责任心起了很大的作用，他发现水的味道不对的时候，就把这个水桶放在地下。而我们了解到，黄×当天因为身体原因他并没有对饮水机进行清洗，这就意味着如果不采取措施，还有可能有其他人用新的水桶装下去之后饮用它的水中毒。大家都知道，这个饮水机它底中本身就是有很多水的，这样一种可能还是存在的。那就是说林××这种投毒方式它的主观恶意、还是

阐述、核心叙事、观点

对社会的危害性都比单一针对一个人，它的社会危害性更大，这个情况要考虑。

第二，林 ×× 他今天，他始终还是辩解他是一个玩笑，他是想整整他，没有加害之意，那么从公诉人的公诉书可以看出来，从大量的证据可以看出来，他的心态是怎样的。就是他只是对事实交代得很清楚，对他的主观动机他始终是回避的。就是他没有半点的悔意，黄的父母以及他的亲人，至今也没有得到林 ×× 半点的致歉之意。

第三，黄 × 是 4 月 1 日中毒，到 16 号死亡，前后长达半个月，黄 × 的父母，从远在千里之外的四川来到了上海，是眼睁睁看见黄 × 在痛苦中挣扎并绝望地死去，这无论是对黄 × 本人而言还是对黄 × 的父母及他的亲人，这种精神的打击都强于一般的杀人案件。

第四，黄 × 是他的家里的独儿，他的外公杨宗君，90 岁的高龄，在得到黄 × 去世的消息之后，一下就晕倒了，好不容易才抢救过来。他这次本来要亲自到上海来旁听，考虑到他身体缘故，他们家里人劝他，他带了一句话，就是“一定要从严惩处凶手”。（林直面前方，端坐，上身直）所以黄 × 的死亡，对黄家来讲，对杨家来讲，他母亲姓杨，这个消息都是悲痛之极。

观点——基于以上几点，我们恳请法院，对林 ×× 以投毒方式杀害黄 × 的行为以故意杀人罪从重处罚。

结束——完毕。

例 5 是诉讼代理人在第二轮辩论中的发言，在语体上较之例 4 松散很多，口语的一些特征比如停顿、话语标记、语气词等都有出现，话语逻辑的严密性也要弱一些。同公诉人一样，第二轮辩论意见是对第一轮观点的重述和加强，口语的特征会比较明显，叙事结构特征以“阐释”和“观点”为主。

例5：

阐述、观点｛
代理这个案子心情也非常沉重，不可否认本案的受害人黄×还是被告人林××都是非常优秀的，啊，他们都有优秀的一面啊，那么黄【黄×】讲，他仅是因为一个小的玩笑就招来杀身之祸，对他的家人可以说是悲恸欲绝的，作为他的代理律师我也只能站在他的角度给他大声地呼吁。那么，根据（4s）法官归纳的几个【这些】焦点我们认为（4s）林××在本案过程中他应该不算主动交代，认罪态度也不能算好，因为直接地讲他的主观动机对他自己来讲都是很含糊的，他到底深层次的原因是什么，仅仅是一句玩笑还是其他

观点、阐述｛
的，他就动了对黄×的杀意【杀心】，所以这一点的话，可能外人只有猜测，那么这一点他如果没有认识清楚的话怎么能算交代很好的呢。我们知道，人【人的】思想决定他的行为，他内心深处到底怎么想的，这案子审到今天，林××还是没有给大家一个交代。而关于辩护人谈到的一个量刑罪轻成立的问题，我想他可能考虑的是二甲基亚硝胺的投放剂量的问题，在最初的公诉人的发言中已经很明确地说了这个不影响量刑的，我们想重申一下也是一样的，就是任何一个投毒案件，你要很精确地确定他投了多少剂量可以说没有哪个案例做得到，而在本案里面就（3s）林××本人（3s）也反反复复承认了要么50克，要么30克，至少在30克以上，30毫升以上，也是30克以上，他这个剂量也足以将（3s）多个人杀死而不是将一个人杀死，因为他剂量已经高出了致死量的10倍。（4s）所以他这个罪轻我们认为怎么样考虑也不能成立，那我们还是坚持（2s）以故意杀人而且直接故意啊从重处罚。

结束　——啊，其他没有了。

目前起诉叙事话语的主叙事话语结构特征已经能明确了。篇幅关系我们没有举更多的例子，但是我们收集到的语料显示，叙事五要素前后都有引导话语（elicitation）和边界标记语（boundary marker）（参见 Sinclair & Coulthard, 1975），不同于梅纳德（1990）的故事引入机制（entry），这里的引导话语主要起上下文衔接和叙事话语连贯的作用，当然有时候很重要的一

91

部分是庭审程序的法律规定。引导话语和边界标记语主要有以下几种形式：

（1）书面文书格式中有固定的表述。起诉书是法律文书，有严格的格式规范，前文有介绍。格式中有明确的引导话语和边界标记语，比如，例1中的"经依法审查查明"就是在"背景"之后引出"核心叙事"，是"背景"和"核心叙事"的边界标记语；"上述事实有以下证据证明"引出"阐释"，是"核心叙事"和"阐释"的边界标记语；"本院认为"引出"观点"。

（2）一些表示引导意义和边界意义的语句，一般出现在法庭辩论阶段的公诉意见书和辩论意见中。比如，例2中"公诉人就这三个焦点发表三点公诉意见，阐述公诉机关的主要观点和依据，供合议庭在评议本案时参考"；例3中"我们注意到"和"以上发表意见供合议庭参考"形成这段叙事中"观点"的两个边界；例4中"在此，我们代表被害人黄×的父母及亲属发表如下意见"在"背景"之后引出"观点"，"我还想在公诉人的基础上补充三个细节"引出"阐释"。我们的语料中有大量类似例子，比如，"我们受河南省人民检察院的指派出席本法庭，下面扼要发表如下三点出庭意见"和"所以综合这个案件的整体证据情况我们建议法院依法判决"；"大体上就是这三方面的问题。当然辩护人提出了很多比较细的证据，我们现在综述答辩如下"和"公诉人答辩完毕"等。

（3）"结束"要素自身就是引导话语和边界标记语。

二、嵌入叙事话语的构成

起诉叙事话语中的嵌入叙事话语的叙事主体是当事人、证人和鉴定人，语体上是口头的，庭审中主要出现在法庭调查阶段，形式上主要表现为：（1）被害人的陈述以及被害人对公诉人和诉讼代理人询问的答话；（2）被告人对公诉人的讯问和诉讼代理人的询问的答话；（3）证人和鉴定人对公诉人和诉讼代理人询问的答话。

（一）被害人的叙事话语[①]

被害人的叙事话语主要包括被害人的陈述、被害人对公诉人和诉讼代理人询问的答话。

《刑诉法》第一百九十一条规定，公诉人在法庭上宣读起诉书后，被害人可以就起诉书指控的犯罪进行陈述。被害人的这种陈述同拉波夫和瓦尔茨基（1967）的日常生活个人经历叙事有很多相似之处，都是讲述过去发生在自己身上的事情，叙事者是被害人自己，方式是第一人称，结构较完整，受众主要是合议庭、公诉人和辩护人。

例6是被害人的陈述。

例6：

2000年3月10日下午14点左右，我和齐××，杨××，呃，杨××，和一个姓秦的女的，在齐的住房里唱歌。当时我拿着麦克风，唱歌，见一个男青年不知何时进到了屋里，齐和杨正往外推打，我以为是他们，嗯，打架，就拿着麦克风走出去。那时候他们已经到了，呃，屋外。我站在中间想劝架，忽然觉得左腿剧痛，感到一阵发热，浑身发软。此时齐××和杨××已将那个男青年赶走了，他没有发现我被扎。我知道去服务员的住房，服务员将我扶到了地面上。扎伤我的人是一名男青年，身高1米6，外貌没有特色，以前没见过这个人。陈述完毕。

例7是同一个案件中另一个被害人的陈述。

例7：

2000年3月10日我来到西城白云观街5号找齐××，赵××，戴后，呃，戴后生和一个女的也在那儿。中午我们四人吃了饭，回到住处唱卡拉

[①] 虽然《刑诉法》规定被害人有权在法庭上陈述，但是真正出席法庭的被害人极少，原因是被害人已经死亡或者重伤不能出席，或者被害人出于某种原因不愿意出席法庭。我们收集的22场语料中只有一场案例的两个被害人的陈述，遗憾的是这个陈述不是在法庭上做的，是公诉人在法庭上宣读的被害人的陈述笔录。数量尽管很少，而且形式上有些牵强，缺乏说服力，但是它为起诉叙事话语结构起到了非常有益的补充，我们仍然将其视为被害人的陈述。因为被害人没有出席法庭，自然就没有其对公诉人和诉讼代理人提问的回答。

OK。这时候一个男的进来，齐说你找谁出去。那个男的说我谁也不找就待一会儿。我和齐××就推他让他出去，那男的就骂骂咧咧，我们就骂开了。我结果把那个男的给推出去了，一下子把他推倒。那男的爬起来扑向了我，用脚踹，呃，我用脚踹他，那男的抱着我的腿，从后腰摸出一把刀，冲我捅了五刀。我当时就倒在地上。戴××过去抱着那个男的，戴不知道那男的有刀。那男的又拿刀捅了戴，戴当时就流血了。后来就有人来了。那男的想跑，我和齐就看着他。那个男的二十多岁，一米六左右，外地口音，像是喝了点酒，穿一件棉袄，我不认识他，我大腿被捅了一刀，裤子被捅了五个口子。陈述完了。

从上面两例可以看出，被害人陈述直接，但是叙事完整，核心要素主要是"核心叙事"（除了起因和动机以外，其他五个成分都有出现），中间夹杂一些"观点"，比如，"我以为是他们，嗯，打架""想劝架，忽然觉得左腿剧痛，感到一阵发热，浑身发软"。"结束"要素也存在。

（二）被告人的叙事话语

被告人的叙事话语主要是对公诉人的讯问和诉讼代理人的询问的答话，这种问答互动遵循一定的结构规律（参见廖美珍2003a，2003b，2014），本研究关心的是被告人答话中叙事话语的结构特征。从会话分析的角度来看，被告人在和公诉人以及诉讼代理人的问答互动中处于被动地位，话轮、话题、答话的内容和长短都由公诉人和诉讼代理人控制，所以被告人的回答往往是不完整的叙事，有些回答叙事特征不明显。例8是陈×华故意伤害案庭审中公诉人讯问被告人的一段叙事话语互动。

例8：

1.诉1：这个陈××，我问你几个问题，你要如实回答。

2.被：好。

3.诉1：这个打架期间，你们双方都参与了几个人？都有谁？

4.被：打架我这边就我一个，我母亲他捆外边打我母亲打我母亲我才下来了，我下来了，他一窝三个都围着我一个打，把我逼到他家，逼到他家，陈×典都说"到咱家了，咱人多，到咱家了打死了都没事"。

5. 诉1：你说你意思是在他们院子里被逼到他们院子里↑

6. 被：啊。

7. 诉1：当时你这方都谁？

8. 被：我这我这方就我一个人。

9. 诉1：就你自己？

10. 被：啊就我自己。

11. 诉1：他们三个人谁？

12. 被：他们三个有陈×典、陈×社还有陈×勋。

13. 诉1：他们三个人都拿的啥东西？

14. 被：他们有拿铁锨的，有拿抓钩的，那个拿啥。

15. 诉1：谁拿的铁锨？

16. 被：我记不清。

17. 诉1：谁拿的抓钩？

18. 被：陈×社。

19. 诉1：陈×社拿的铁锨？

20. 被：啊。

21. 诉1：陈×典拿啥？

22. 被：(3s)陈×典好像拿的抓钩。

23. 诉1：陈×勋拿啥？

24. 被：那个我倒没看清。

25. 诉1：你拿的什么？

26. 被：我就拿个水果刀。

27. 诉1：水果刀？

28. 被：啊，因为水果刀，就我就穿个短裤头就给屁股后装着呢，一直装着呢。

29. 诉1：行，这是第一个问题。第二个问题，在你进这个院之前，进他这个院之前，你看见村里都谁在现场？其他人，不是你们双方的人。

30. 被：(3s)那个我倒想不起来，因因为啥，我从楼梯蹦下来他三个就围着我打，我根本▲

31. 诉1：▼行了呃行了，简单点行了，其他谁在场你不清楚？

32. 被：啊对。

33. 诉1：是这样吧？

34. 被：对。

35. 诉1：第三个问题，你这个刀特征你讲一下。

36. 被：一个水果刀是白色的，那个合的单式。

37. 诉1：折叠的？

38. 被：对。

39. 诉1：单式的？

40. 被：啊。

41. 诉1：刀刃有多长？

42. 被：（手指比画）连那个刀那个就和那个把有一打多点。

43. 诉1：掀开。

44. 被：啊。

45. 诉1：兼把。

46. 被：对。

47. 诉1：刃，有一打多长，是不是啊？

48. 被：啊。

49. 诉1：那个刀后来弄哪儿了？

50. 被：后来掉到那个我们村有个水渠掉到那水渠里了。

51. 诉1：你扔了还是掉了，自己掉了↑

52. 被：掉了，我我（……）掉里头了。

53. 诉1：（……）掉里头了？

54. 被：啊。

除了话轮4以外，被告人几乎所有的回答都是片段式的，没有完整的叙事。有意思的是对于公诉人的问话"这个打架期间，你们双方都参与了几个人？都有谁？"，被告人的回答违反了合作原则中的"量的准则"，该简单回答的却多说了很多。恰恰是这个"违规超量"的回答叙述了一个较为完整的小故事，"我这边就我一个参与打架，我打架是因为他搁外边打我母亲，他们那边三个人都围着我一个打，把我逼到他家，陈×典都说'到咱家了，咱人多，到咱家了打死了都没事'"。这个小故事里只有"核心叙事"（包含地点、人物、事件三个成分，时间成分在公诉人问话中已提及"打架期间"），没有其他要素。很显然公诉人对被告人的回答不满意，因为他问的是限制性的问题，于是在第7个和第11个话轮又各问了一遍话轮3同样的问题，公诉人并没有期望被告人讲述完整的故事，这种控制策略我们将在后文详细讨论。

例9就是典型的公诉人和被告人之间的问答互动，虽然答话很简单，但是问话和答话一起仍然讲述了一段完整的小事件：被告人第一次在吕×的陪同下去204实验室取药（二甲基亚硝胺），因为被告人自己没有钥匙。由于担心被吕×发现，所以当时并没有拿（二甲基亚硝胺）。

例9：

1. 诉1：你说的药是指什么？

2. 被：就是指这个二甲基亚硝胺。

3. 诉1：第一次去的时候吕×是陪你上去的吗？

4. 被：对，他陪我上去的。

5. 诉1：是谁用钥匙打开的门？

6. 被：吕×用钥匙打开的门。

7. 诉1：你本人有钥匙吗？

8. 被：我没有钥匙。

9. 诉1：那么▲

10. 审长：▼呃公诉人你请稍等一下，被告人，对着话筒再往前一点，再往前一点。

11. 被：好。

12. 审长：你声音比较小，法庭听得不是很清楚。

13. 诉1：你刚才向法庭陈述说你第一次是和吕×一起去的204实验室，但是当时没有拿二甲基亚硝胺，是不是这样？

14. 被：对。

15. 诉1：当时没有拿的原因是什么？

16. 被：原因就是（1s）首先也没有准备什么东西装，而且没（0.5s）没跟吕×说要拿这个东西。

17. 诉1：你是担心吕×看到是不是？

18. 被：对。

例 10 是诉讼代理人和被告人之间的一组问答互动，诉讼代理人问的都是选择性问题和是非封闭性问题，被告人的回答没有发挥的空间，只能做是与非的简单陈述，几乎没有任何叙事特征，这与被害人的陈述形成很大的反差，原因很简单：诉讼代理人，包括上面谈到的公诉人，与被害人都是控诉主体，同属控诉方，而被告人是辩护主体，属于辩护方，控、辩双方对立的姿态表现在言语上就是一种对抗性话语互动，主导这种话语互动的诉讼代理人和公诉人对己方（被害人）和对方（被告人）采取的话语策略是不同的，后文将详述。

例 10：

代 1：（4s）那你看哈人跟大鼠哈跟老鼠哈如果在相同体积下面谁的抵抗力要强一点？相同体积？

被：应该是人。

代 1：（2.5s）那你们当时用的剂量是每千克呃（1s）50 毫升【50 毫克】是吧？

被：对。

代 1：如果是按照（1s）一个 60 公斤的人来算的话他应该是 3 克是吧？

被：是。

代 1：那这 3 克的剂量是不是已经比较恰当了？

被：可以这么理解。

代 1：那你当初把这个二甲基亚硝胺投入原液的话（1s）你这个量是多少克？多少毫升或者是？

被：最后算出来应该是 50【52】左右。

代 1：52 是毫升还是克？

被：应该是（0.5s）毫升当时应该跟克差不多。

代 1：差不多是吧？

被：嗯。

代 1：那你这个 52 毫升跟这个 3 克的话（0.5s）是不是（0.5s）超大了？

被：（1s）对，特别巨大。

(三) 证人和鉴定人的叙事话语①

证人和鉴定人的叙事话语主要出现在法庭调查阶段，尤其是举证质证环节。例11和例12是一起故意杀人案的证人和鉴定人出庭作证的相关叙述。例11是公诉人询问证人时证人的答话，证人是负责侦查该案的侦查人员之一，用第一人称通过"核心叙事"要素讲述了案发后他和法医在现场所做的事情经过。

例11：

审长：下面由公诉人询问证人。

诉：讲一下你的姓名和职务情况。

证：我叫严××，是武陵区公安分局侦查人员。

诉：2013年10月4日凌晨，在常德市武陵区新光居委会发生了一起命案，你知道吗？

证：我知道，我是负责侦查该案的侦查人员之一，在案发后我和法医立即赶到了现场。

诉：你们到现场后做了些什么工作？

核心叙事 { 证：我们到了现场后发现有大量血迹，通过现场的脚印一直延伸到103室，房间未打开过，房间门把手上有血迹，房间内发现有刀一枚，找房主查明该房间住客系梅××，锁定梅××有重大的作案嫌疑。

诉：抓获梅××的经过？

证：我们对梅××进行布控，后接群众举报，在梅××老家的桑场抓获了梅××。

---

① 我们的语料中只有一例公诉方申请证人出庭作证的情况。证人很少出庭作证是当前中国刑事诉讼面临的问题，完善证人出庭制度是中国审判方式改革面临的重大课题（刘计划，2005：220）。证人出庭作证对法律语言学研究尤其是庭审话语研究具有重要意义，可参见廖美珍（2003：512-516）关于"证人不出庭带来的问题"的论述。
我们的语料中只有两个庭审案例鉴定人到庭的情况，都是公诉方申请出庭作证的，见例14，例15，例16，其中例14来自常德市中级人民法院于2014年6月20日上午9:00 在第一审判庭公开开庭审理的一起故意杀人案；例15和例16来自"复旦大学宿舍投毒案"。

我们的语料中其他案例的证人证言都是公诉人当庭宣读的笔录，很多是经过公诉人的转述，证人的叙事话语由第一人称变成了第三人称，结构上也经过了过滤，这些改变使证人证言失去了口头自然话语的特征，但这里我们讨论的焦点问题是庭审叙事话语的结构特征，公诉人在法庭上宣读的证人证言的笔录有一些是照原笔录全文宣读，保留了对话的痕迹，目的估计是想证明证人证言的真实性。类似这样的证人证言尽管不是证人在法庭上说的，我们退而求其次，将其看作类似法庭的公诉人和证人之间的问答互动，至少对于己方证人的叙事话语结构是类似的，如例 12 和例 13，公诉人问的都是开放式问题，就是要证人提供足够全面的回答，讲述足够完整的故事。两位证人吕 ×× 和沈 ×× 的讲述中都包含有完整的"核心叙事"。

例 12：

问：证人吕 ××，2013 年 3 月 31 日下午林 ×× 找你有什么事情？他去实验室做了什么？

答：林 ×× 本来和我约好 2013 年 3 月 31 日那天下午两点到我这里来做核磁共振志愿者，后来林 ×× 在电话中跟我说他两点有事，所以我跟他约好中午 12 点 30 分到我这里来，核磁共振的地点在中山医院 11 号楼 1 楼核磁共振检测室，林 ×× 12 点 30 分来了以后，让我一块到中山医院 11 号楼 204 实验室去，看一下他原先做实验用的实验用品还在不在，他之所以叫我一起去，是因为我有 204 室的钥匙，而他没有，我们两人到了 204 室以后，我用钥匙开门一起进去，他打开实验室内靠窗附近离水池比较近的下排的一个柜子，翻动了大概 5 分钟，他具体在找什么东西，我不太清楚，因为我没有凑上去看，我本人当时在门口靠近冰箱的位置，然后他说好了，我们就离开了，离开之后，我俩先去做检查，因为我们有规定，所有的金属物不能带入实验室，所以，我在进入实验室之前随手把 11 号楼 204 室的钥匙放在了医生操作时的一张桌子上，林 ×× 肯定是看见的，他把自己带有拉链的衣服外套脱了，也放在医生检查室的房间，我的这项检查，前后一共 1 小时左右，检查结束后，林 ×× 向我要了一个塑料袋，我就给了他一个黄色的医疗用废弃袋，随后，他就离开了检查室，他离开之前和我说，还要回 11 号楼 204 室拿东西，因为我当时在忙，可能他还跟我说过，要跟我借钥匙，而且他实际上也知道我的钥匙放在那里，10 分钟左右以后，林 ×× 又返回了核磁共振检查室，在这10分钟里，他去了哪里，我不太清楚，因为当时我在忙，他一个人离开检查室去204室时带着黄色医用废弃物袋，回来的时候手里拿着什么，我没有注意。

例13：

问：证人沈××，被害人黄×生病住院的事情你是怎么知道的？林××对此有什么反应？

答：2013年4月3日晚是11点左右，吴××打电话告诉我黄×因喝了一口寝室里的放了很久的桶装水后，入住中山医院外科监护室，之后的晚上11点一刻左右，我联系我所认识的林××问他黄×的情况，林××说他也是才知道，具体情况他不清楚。林××还说他每天回来很晚，黄×父亲现在正在他们寝室已经睡了，昨天他，也就是林××帮黄×做了B超，林××当时还觉得肠胃炎有什么好做B超的，肝脏什么的都做了B超，没问题，应该没什么事，黄×的师弟现在陪在监护室。4月7日晚8点，罗××告知我，第二次送检的结果同样呈阴性。我，罗××，张××到监护室探望黄×后，我回到寝室，拿电脑准备去陪夜，这时吴××来电询问，得知黄×情况不太好以后，同我一起前往中山医院探望黄×，走到中山医院1号楼的一楼，我们碰到了林××，他询问黄×现在怎么样，我们告诉他，黄×血小板不好，以及昏迷的情况，他说，这么严重，我们都没想到，我们楼的同学还各去各的实验室都没去看过他，之后，林××问我病因查到了吗？我们告知他两次送检结果都是阴性，不知道是什么原因，之后，我和吴××去看黄×，林××回寝室去了。

例14是公诉人询问鉴定人的例子。鉴定人对案发现场勘查情况的叙述中有"核心叙事""阐释"和"观点"等要素出现，见例子标注。

例14：

诉：请法庭允许申请现场勘查的技术人员出庭作证，就现场勘查的相关情况进行说明。

审长：允许，传鉴定人到庭。（鉴定人到庭）

诉：你是在什么时候赶到案发现场？

核心叙事
- 鉴：案发没有多久。
- 诉：你们在现场勘查时有些什么情况，你详细向法庭讲一下？
- 鉴：现场位于武陵区新光居委会3巷5组8号房间。尸体头部等有八处血迹。尸体两腿间的脚印、延伸至房间，在房间把手上发现有血迹、在房间内发现有血迹、在房间洗漱池中发现有一把匕首。
- 诉：公诉人注意到，有八处血迹，是左足还是右足？
- 鉴：右足。应该是同一个人。
- 诉：你们对血脚印的长度有一个情况说明，在现场勘查时是25cm，但通过测图是23.11cm，是怎么回事？

阐释
- 鉴：现场勘查过程中通过绘图软件，将其放大，因旁边有比例尺，一并放大，精确地测量出未达到25cm，只有23.11cm。
- 诉：你们对梅某的脚印进行过测量吗？
- 鉴：测量了，是23.04cm。
- 诉：你们从专业的角度来判定，梅某的脚印长度与现场勘查发现的血脚印长度能够得出一致性的意见吗？

观点
- 鉴：梅某的脚印误差的范围是允许的范围之内的。我们认为是一致的。
- 诉：公诉人询问完毕。

例15是"复旦大学宿舍投毒案"庭审中举证质证环节公诉人针对被害人黄×死亡的原因询问鉴定人以及鉴定人的回答。鉴定人的答话用第一人称比较全面完整地讲述了包括鉴定人在内的上海市人身伤害司法鉴定委员会专家团队对黄×死亡原因重新鉴定的整个过程。这与公诉人的问话方式有直接的关系，需要注意的是鉴定人在这里是作为控诉方的友好证人出庭作证，公诉人的直接询问与辩护人的交叉询问目的和策略都是不同的，这一点我们将在后面"互动策略部分"讨论。鉴定人的叙事话语包含了"核心叙事"（话轮4、6）、"阐释"（话轮16、18、26、28、30、32、34、36）和"观点"（话轮10、14、38、40）这三个要素。

例15：

1. 诉3：鉴定人陈××公诉人注意到您作为上海市人身伤害司法鉴定委

员会专家之一，参与了对黄×死亡原因重新鉴定的整个过程，为此公诉人专程请您到庭，就重新鉴定中涉及的一些专业性的问题做详尽的解答，接下来请您针对公诉人提出的以下五方面的问题进行专业性的解答，是否可以？

2. 鉴：可以。

3. 诉3：第一方面的问题，关于本次重新鉴定所采用的检验方法。请问当时专家们对黄×死亡原因进行重新鉴定的过程中，参与鉴定的专家均查阅了哪些材料？具体采用了哪些检验方法？

4. 鉴：(2s) 在做这个鉴定的过程当中，我们这个所有的专家首先是查看上海市人民检察院二分院提供的卷宗材料七册，第二，我们解剖了【重新解剖了】黄×的这个尸体，第三▲

5. 诉3：▼你指黄×的尸体。

6. 鉴：黄×的尸体。第三，我们重新检查了黄×的器官，第四，我们重新检验了黄×的组织学切片。

7. 诉3：呃除了查阅了有关公诉方提供的相关材料以外，专家们是否还另外查询了相关的文献资料？

8. 鉴：(话筒原因声音很低^) 我们查阅了相关文献。

9. 诉3：接下来第二方面的问题，也就是关于被害人黄×的致死原因。请问经过鉴定，造成被害人黄×死亡的原因是什么？

10. 鉴：黄×死亡的原因，直接原因啊，他是急性肝坏死造成肝功能衰竭并多器官功能衰竭。

11. 诉3：也就是急性肝坏死然后造成急性肝功能衰竭然后再导致其他的器官功能损害和衰竭是不是？

12. 鉴：是的。

13. 诉3：那么造成黄×急性肝坏死引起急性肝功能衰竭的直接原因是什么？

14. 鉴：他的引起急性肝坏死和急性肝功能衰竭的直接原因我们鉴定报告上写得很清楚，是N二甲基亚硝胺中毒。

15. 诉3：那么你是不是可以比较详尽地呃解释一下当时判定的这个这方面的依据是什么？

16. 鉴：第一（……），第二我们要解剖他的尸体，第三我们要检查他的

器官，第四点对他的器官进行病理性切片▲

17. 审长：▼呃鉴定人，请你对着话筒尽量声音大一点。

18. 鉴：好，那么最后我们要对前期司法鉴定留下的问题、鉴定意见（……）综合这几方面的原因我们最终确认造成黄×急性肝坏死继而急性肝功能衰竭的原因是N二甲基亚硝胺中毒。

19. 诉3：那么从你们对黄×的肝部损伤的状况进行鉴定的过程当中，那么对于当时他受损这种情况是不是还存在一种具有可逆性？

20. 鉴：可逆性↑

21. 诉3：对。

22. 鉴：你指的可逆性▲

23. 诉3：▼也就是他肝细胞自我修复的可逆性，存在吗？

24. 鉴：我们在黄×的尸体拍照中没有发现黄×肝细胞可逆（……）可逆性概率较小。

25. 诉3：接下来第三方面的问题也就是是否存在其他因素导致黄×急性肝坏死的这种状况产生？

26. 鉴：啊这个问题的话我们在鉴定意见书当中的话已经是非常明确地指出来，就是肝坏死的原因本质我们鉴定【在我们的鉴定意见】当中已经排除了，第一是由于他自身的一个肝脏疾病导致的急性坏死的这么一种可能，第二我们也排除了他的那个除了病毒性感染、缺血性改变以及他的代谢紊乱和他自己自身原患有的一个自身免疫性这个疾病所导致他肝坏死的可能，我们全部予以排除。

27. 诉3：那么对于外部损伤是不是可能造成？

28. 鉴：外部损伤，因为我们在黄×的尸体当中的话是没有发现明显的这个机械性损伤的存在，也没有发现他的机械性窒息所导致的他的本身一个//缺血缺氧的肝功能▲

29. 诉3：//你当时▼当时也排除了是不是？

30. 鉴：完全排除了。

31. 诉3：那么有没有排除其他疾病造成的呢？//就是打比方//胰腺炎方面。

32. 鉴：//嗯//我们在鉴定书上的表述的话啊是我们排除了黄×生前患

有胰腺炎的 // 病的可能。

33. 诉3：// 也排除了是不是？

34. 鉴：排除了，同时排除了他原有的心、脑、肺主要器官存在疾病而导致死亡的可能性。

35. 诉3：是全部予以排除？

36. 鉴：全部予以排除。

37. 诉3：第四方面的问题也就是关于黄×入院以后的诊治问题。请问经查询黄×的一些病理状况，黄×发病入院以后医院在诊疗过程当中对黄×的诊治的一系列的手段是否及时并且具有针对性？

38. 鉴：根据我们这个审阅了黄×入院以后的全部的病历啊，我们的意见是这样的：医院在诊疗过程当中它的诊疗是及时的，是有针对性的，整个的医疗行为符合诊疗常规。

39. 诉3：最后一个也就是第五方面的问题，关于黄×进入重新鉴定以后的最终的鉴定意见。那么专家委员会对黄×重新鉴定以后最终的鉴定意见是什么？

40. 鉴：我们最终的鉴定意见：黄×符合Ｎ二甲基亚硝胺中毒致急性肝坏死引起急性肝功能衰竭，继发多器官功能衰竭死亡，// 汇报完毕。

41. 诉3：// 也就是这个最终鉴定意见 // 与上海市物证鉴定中心出具的法医尸体检验鉴定书所得出。

42. 鉴：// 对。

43. 诉3：的鉴定意见是一致的是不是？

44. 鉴：是一致是一致的。

45. 诉3：公诉人暂时发问到此。

有一点很有意思：鉴定人在话轮40结尾处本想通过"汇报完毕"来结束自己的关于医学鉴定的相关陈述，但是被公诉人的重叠式阐释性问话所打断，整段叙事话语问答互动中的"结束"要素以公诉人的程序性话语"公诉人暂时发问到此"形式出现，因为证人和鉴定人在法庭上只是被动地回答问题，他不负责也没有权力负责程序性话语，所以本例中鉴定人的"汇报完毕"不能算作这段叙事话语的结束标记。一般而言，证人和鉴定人不会在叙述完之后说,"我讲完了","我陈述完了"等类似的话,更常见的是在他们叙述完后公诉人或者其他问话者或者审判长以"你讲完了吗?","完了吧?"等来确认叙述的结束。"背景"这个要素其实在前面审判长询问其身份的这一程序性问答互动中已经出现了,例16清晰地显示了这一点。

例16:

审长:(2s)法庭准许,请法警传鉴定人到庭(40s 鉴定人到庭),鉴定人可以坐下,(5s)鉴定人,你的姓名?

鉴:鉴定人姓名陈××。

审长:你的出生日期?

鉴:1961年1月21日。

审长:职业?

鉴:法医。

审长:鉴定人,你与本案是什么关系?

鉴:我是本案鉴定人。

审长:根据法律规定,诉讼代理人、被告人、辩护人对鉴定人有权申请回避。诉讼代理人,你是否申请鉴定人回避?

代2:不申请。

审长:被告人是否申请鉴定人回避?

被:不。

审长:辩护人是否申请鉴定人回避?

辩1:没有。

审长:鉴定人,本院审理被告人林××故意杀人一案,通知你出庭作证,根据法律规定,你应当如实地向法庭说明鉴定意见,如有意做伪证要承担相应的法律责任,你是否听清楚了?

鉴:听清楚了。

审长:鉴定人,你现在应该阅看保证书,如无异议可以在保证书上签名,请书记员将保证书交鉴定人阅看(82s)(书记员送保证书给鉴定人,鉴定人看保证书并签名,书记员拿走保证书),公诉人可以向鉴定人发问。

第三节　辩护叙事话语的结构特征

辩护叙事话语由辩护人的主叙事话语以及被告人、证人和鉴定人的嵌入叙事话语构成。如果用 ND（Narrative of Defense）代表辩护叙事话语，MNd（Master Narrative of defense lawyer）代表辩护叙事话语中的辩护人的主叙事话语，ENd（Embedded Narrative of defense lawyer）代表嵌入叙事话语，那么辩护叙事话语的构成用公式表示就是 ND=MNd+ENd（1–n）。

一、主叙事话语的构成

在庭审中，辩护人的主叙事主要出现在法庭辩论阶段。法庭辩论发言的顺序一般是公诉人、诉讼代理人、被告人、辩护人。和其他阶段一样，法庭辩论由审判长组织，结合起诉书指控的内容和法庭上展示的证据，控辩双方发表自己的观点立场，进行第一轮辩论，如果出现相持不下的局面，或者控辩双方形成了新的观点，合议庭会凝练出双方争议的焦点，组织他们围绕争议焦点进行第二轮辩论。我们将这一阶段辩护人的叙事话语看作主叙事话语是因为辩护人在这一阶段的话语最集中、观点最鲜明、目的最明确、讲述的故事最完整。第一轮辩论中辩护人都会按照准备好的辩护词发表意见（通常是宣读），辩护词围绕起诉书指控的罪名，有针对性地发表辩护观点，通过收集的证据和法律规定，向法庭进行阐述，重点阐述能够证明被告人无罪、罪轻、减轻处罚的辩护意见。辩论词属于律师业务文书，没有法定的文书格式，但是实践中它遵循一定的规律，也即律师界普遍认可的格式。

辩护词一般由以下五个部分构成：(1)首部（包括标题和称谓）；(2)前言（标明辩护人的合法地位、身份、出庭的根据；庭前的准备工作）；(3)正文（阐述辩护意见及理由）；(4)结束语（对辩护意见的总结，向法庭提出对被告的处理建议）；(5)尾部（署名和日期）。（参见周萍，2013：213）

从叙事话语结构要素来看，辩护词的"首部"和"前言"对应"背景"这个要素，"正文"对应"核心叙事""阐释"和"观点"，"结束语"和"尾部"对应"观点"和"结束"。例17是"复旦大学宿舍投毒案"辩护律师的辩护词，叙事话语结构的五个核心要素一目了然。

辩护词

首部 { （尊敬的）审判长、审判员/合议庭：

前言 { ×××律师事务所接受被告人×××的委托（或接受被告人×××亲属的委托并经被告人×××同意），指派×××律师担任被告人×××涉嫌××罪一案的辩护人。接受委托后，辩护人依法查阅了本案的证据材料，并会见了被告人，对其进行了详细询问。现提出以下辩护意见：

正文 { 一、
二、
三、
……

结束语 —— 综上所述，辩护人认为……

尾部 { 辩护人×××
××××年××月××日

例17：

背景 { 审判长，合议庭成员，上海市聚诚律师事务所接受了本案被告人林××的委托，指派周××、江××两律师担负其辩护人。接受委托后，辩护人为切实履行辩护职责，经详细查阅了卷宗材料，多次会见被告人，并在公安侦查、检察起诉阶段就已及时提出了初步的、倾向性的辩护意见。经过方才的法庭调查，现针对起诉书，辩护人以维护当事人的合法权利，维护社会正义，维护法律的正确实施为神圣的职责，提出如下辩护意见，供合议庭参考。

在具体发表审判阶段的辩护意见前，辩护人要首先表达，我们充分注意到，无论在公安侦查、检察起诉的承办同志，的确是严格依法履行了侦查、检察的相关工作。其次，特别是检察起诉阶段的承办同志，为慎重其事，又以检察机关的职权，重新对被害人黄×的死亡做了复核鉴定，这是对本案高度负责的具体表现。在此，卷宗显示，检察机关在审查起诉的同时，也客观收集了被告人林××其罪轻情节的相关事实，并随全案卷宗一并移送法院。现正式发表对被告人林××罪轻的辩护意见如下。

<<< 第四章　中国刑事庭审叙事话语的结构特征

本辩护意见分两部分。

第一部分，被告人林××的主观故意属间接故意，而非决意杀害的直接故意。

辩护人认为，就起诉书所指控的内容而言，公安机关定性是正确的。在此辩护人不表疑义。其所展示的相关证据也是严谨且相互印证的。辩护人也予认可。但起诉书有关被告人主观故意中意志态度方面的阐述，辩护人不能同意。理由为：要准确认定行为人的主观故意，必须查明行为人的认识状态，及行为人是否对相应犯罪构成、要件中的客观方面也就是事实有着明确的认识，以此为基础再考查行为人的意志态度，从而判定行为人是否存在犯罪故意，以及是直接故意还是间接故意。……辩护人自信，动机不影响罪名的司法实现。对所谓的怀恨在心、决意杀害，不符合林××的意志状况，忽略了林××对杀人行为真正的主观故意方面的认识状态和意志因素。……事实是黄×同学的死亡，绝不是林××积极追求和所希望的目的。根据司法实现的经验，这也是过失杀人与间接故意杀人相似的本质特性，即两者都发生了被害人死亡的结果，行为人都认识到了自己的行为可能发生他人死亡的结果，且都不希望这种结果发生。有鉴于此，这也就是辩护人的主要辩护观点。

辩护人为进一步佐证以上的辩护观点，列举以下五方面的情况事实（为节省篇幅省略细节）：

1. 林××与师长、学友、周围人的相处状态。
2. 上海精神卫生中心司法鉴定组鉴定人的分析说明。
3. 本案缘由并非怀恨在心的起意。
4. 林××没有故意杀害黄×的目的追求。
5. 匪夷所思的处理表现。

——二，被告人林××具有量刑的法定从轻即酌情的从轻情节。

起诉书第三页第一段叙述：同年4月11日在两次接受公安人员的讯问时均未供述投毒事实，只是次日凌晨经公安机关依法予以传唤到案后才局部供述了投毒事实。起诉书所叙述的两次询问时间及地点是2013年4月11日13时20分至2013年4月11日15时10分，地点在复旦大学保卫处枫林校区办公室,及 2013 年 4 月 11 日 19 时 10 分至 2013 年 4 月 11 日 20 时 05 分,地点在上海市公安局文保分局。见《公安卷宗第 3 册》。几小时后,2013 年 4 月 12 日 0 时 10 分至 2013 年 4 月 12 日 5 时 30 分,地点是上海市公安局文保分局,公安机关依法对林××进行讯问,在这次讯问中,其交代了犯罪的动机和犯罪事实,这次讯问的笔录有 10 页,讯问过程中林×× 详细叙述了犯罪的事实过程。

{核心叙事}

公安机关讯问:你有没有犯罪行为?你如果如实供述自己罪行,根据法律规定可以从轻或者减轻处罚。林答:有的,我于 2013 年 3 月 31 日在寝室的桶装水里注射了二甲基亚硝胺,造成了目前寝室的同学黄×因喝了桶装水后肝部损伤住院。问:你既然明知二甲基亚硝胺的危害,那你将该试剂注入桶装水,造成同学黄×进医院的动机是什么?答:我就是想第二天是愚人节,想捉弄一下黄×,同寝室的葛××这几天不在寝室住,剩下的水不多,这水肯定是黄×一个人喝。因为黄×曾向我表露过他愚人节要捉弄一下【要捉弄人一下】,他表示把一个人的脚泡在热水里会使人尿床,所以我的潜意识里就想用这种方法捉弄一下黄×。问:你所使用的二甲基亚硝胺的来源?答:是我于 2013 年 3 月 31 日下午到中山医院 11 号楼 2 楼影像研究所实验室大鼠标本柜子里取来的。问:你把具体的事实经过如实交代一遍。林××的回答中详细叙述了他取得二甲基亚硝胺的经过,将二甲基亚硝胺注入饮水机的时间和地点及被害人喝下桶装水的情况。

{观点、阐释}

上述林××的供述如实交代了犯罪事实,不仅有助于公安机关搜集定罪证据,对于定案证据的搜集亦有重要作用,上述的供述构成坦白,依法应当从轻处理。被告人林××也具有酌定从轻量刑的情节,即自愿认罪,认罪态度是好【较好的】,是悔罪。辩护人认为,准确地认定被告人罪行不仅对被告人的量刑,对被告人的服判有重要的意义。而且对于回应社会对本案的关切和修复被告人侵犯的社会关系都是具有积极且正面意义的。2013 年 12 月 21 日,最高法刑三庭负责人就《最高人民法院关于建立健全防范刑事冤假

>>> 第四章　中国刑事庭审叙事话语的结构特征

观点、阐释 { 错案工作机制的意见》答记者问中谈道：对定罪证据确凿、充分但影响量刑的证据存疑的应当在量刑时做出有利于被告人的处理。

综上，根据《全国法院维护农村稳定刑事审判工作座谈会纪要》，民间纠纷包括但不限于邻里纠纷，也包括那些因为工作、生活等矛盾引起的纠纷，城市中发生的民间纠纷也可以使用纪要规定的精神。所以请法庭充分考虑辩护人提出的给予被告人从轻处罚的意见。

结束　——辩护词宣读完了，谢谢。

"辩护词是相对于公诉词而存在的。两者分别从不同的角度剖析案件事实，论证案件性质，并提出适用法律的意见"（孙青平，2012：280），这种要求规定了辩护词中叙事要素的出现。例17叙事话语的"背景"中叙事者用第三人称[①]叙述了自己的身份、前期准备工作、辩护的目的和立场，引出后续主体要素。"结束"属于边界性要素，没有实际叙事内容，表示这段叙事话语的终结。可以看出，这段叙事性辩护词以观点阐述为主，辅以核心叙事和阐释进行详细说明。

例18是同一案件庭审第二轮辩论中辩护律师的辩护意见。

例18：

观点、阐释 { ……那么因为这个呢我觉着我刚才的话也没有阐述得特别的清楚，我再说一下啊。那么我们从这些事实归纳的看法归纳一下：从本案查明的事实看这个被告人林××平时和同学关系还是不错的，他和被害人黄×的相处啊，林对黄×虽然有些看不惯，相处时呢也不是那么融洽的，那么但从这种不甚融洽啊，嗯但是面子还是过得去的这种关系啊，就是从人的这个生活常识和这个人们的这个逻辑上思维推理来看啊也可以推出他怀恨在心，但是呢从我们的认知来看他不能怀恨在心，啊事实都一样，我们认为他不能怀恨在心；第二，被告人林××呢没报考研究生啊，但是呢他早于黄×考博士

---

① 用第三人称辩护人其实指的是叙事者自己，公诉人通常也用这种方式。这种语用现象很有意思，很有研究意义。

111

成绩揭晓的时候啊，他就已经找到不错的工作单位了，黄×同学在 2013 年的 3 月中旬，博士生研究生考试成绩是很好的啊，就是说的是名列前茅，那么从这个这样一种境遇里面呢公诉人推出你看这是嫉妒，这种境遇的落差使他产生了嫉妒心理，可是我们呢就认为，同样的事实我们认为这个事实说明了什么东西呢？说明了他没有理由嫉妒，我自己工作都找着了，找工作不容易啊，三甲医院，你即便是博士三甲医院进去也不容易啊，他是到广州的中山医学院的医院是吧，那个是这样的，工作挺好的，没理由嫉妒他，他要想考博士不是考不上是吧？刚才这都说了，所以说同样的这个事实，从我们的生活常识和思维逻辑来看百思不得其解，推不出来这个决意杀害黄×，推不出来，怎么能这么想呢，把这孩子想得这么坏。不能，我们是这样想的啊。呃，所以呢，我们的结论是这样的，就是说呢，被告人的投毒行为啊就有临时的起意，这个他这个脑袋瓜子一热根本就不顾及后果，这个时候因为被害人黄×同学开了个玩笑，他就很反感，哪有这么说人呢，你还想这么整人呢，我先整你，所以呢产生这么一个想法。……那么从案件的起因看呢，那么被告人林××与被害人黄×同学之间呢没什么利害关系，事先呢并不存在非法剥夺黄×同学生命的直接故意，因此呢在主观上呢应认为是间接故意，认为其投毒行为造成黄×同学或死亡，或肝部造成损伤，或者他就没喝，什么事儿也没有，都是行为人放任心理所包含的那种并非单纯地希望发生危害的那种结果，这是我归纳的一点。第二啊，正因为被告人林××对投毒行为危害结果的发生是持一种放任的态度，当法律上的结果发生危害的时候，如果造成被害人受伤，应该以伤害罪处罚，如造成被害人死亡的应以故意杀人罪处罚，这正是辩护人同意公诉人有关起诉书对此案的定性，但不同意起诉书对林××投毒行为主观方面所做出的直接故意杀人这样一个判断的理由。所谓犯罪故意是行为人对其所实施的危害社会的行为及其危害结果所持有的主观心理态度，包括认识因素和意志因素两方面的内容，认识因素是指行为人明知自己的行为会发生危害社会结果的一种心理态度，意志因素是认定犯罪故意的

观点、阐释

【观点、阐释】决定性因素，本案中被告人林××主观认识上是他认识到自己的投毒行为可能发生【造成】被害人黄×死亡的结果，但其并未认识到这个行为必然发生这样的结果。辩护人的这一观点从查明的证据中可以得到证实，公诉机关起诉书中归纳的证据及证明的对象自己做了这样的表述"七、公安机关接受证据清单、计算机司法鉴定报告及其附件等证据证明，2013年3月31日17时50分，林××投毒后又上网查询了二甲基亚硝胺的相关信息，查明二甲基亚硝胺系高毒类化学物，摄入、吸入或经皮肤吸收可能致死"，这是公诉人得出的结论，可能致死，他认为这些证据证明他应该认识到是可能致死，而不是在公诉词里说的必然致死，这里的摄入、吸入或经皮肤吸收显然是人，指人的摄入、吸入或经皮肤吸收。

【结束】——那么因为时间关系我就不再展开了，好吧。

第二轮辩论中辩护人话语的口语特征比较明显，"背景"要素也省掉了，叙事以"观点"和"阐释"为主。

例19来自南京市建邺区人民法院于2013年10月21日开庭审理的"袁××故意伤害"案庭审中辩护人的辩护词，该辩护词较短，但有"背景""观点"和"核心叙事"（下划线）三个要素出现。

例19：

【背景】——呃尊敬的审判长、审判员、人民陪审员以及公诉人检察官，辩护人对起诉书指控袁××的行为构成故意伤害罪不持异议，但是

【观点】认为被告人具有法定酌定处罚情节，请求合议庭在量刑时予以考虑，作为一名刚刚走出象牙塔，踏上社会涉世不深的年轻人，其此次犯罪属于初犯，在公安机关对被告人的讯问笔录中不难看出，<u>他对自己的犯罪行为做了详细的供述，通过司法机关的进一步帮助教育，被告人对自己的犯罪行为痛感身心【痛心】和后悔</u>，被告人袁××具有自首情节……

113

二、嵌入叙事话语的构成

正常情况下,辩护叙事话语的嵌入叙事话语主要由被告人的陈述、质证意见、辩论意见、对辩护人询问的叙事性答话和证人对辩护人询问的叙事性答话构成。

(一)被告人的陈述

《刑诉法》规定庭审中被告人有权对被指控的犯罪进行陈述。一般而言,庭审过程中被告人有两次陈述机会,第一次是公诉人宣读完起诉书,审判长会询问被告人是否陈述。

例20:

诉3:……审判长,公诉人起诉书宣读完毕。

审长:被告人可以坐下(13s)被告人林××,你可以就起诉书指控的事实向法庭陈述。

被:(2s)起诉书上检察院关于我采用的投毒方法最终导致了我同学黄×的死亡,这个事实讲得很清楚,我没有任何异议,但是关于起诉上的我与黄×因琐事不和继而对黄×怀恨在心,以及我决意杀害他,这两点不是事实。完了。

例20中被告人承认自己采用投毒方法最终导致其同学黄×的死亡,但对于公诉方对他的杀人动机的指控表示不认可,该段叙事话语只有"观点"和"结束"要素出现。

例21是崔××涉嫌故意杀人案庭审中被告人的第一次陈述,他首先陈述自己的"观点",然后通过"核心叙事"对案发当时的事件细节进行"阐释",最后重申其"观点",这个叙述逻辑清晰、话语简洁明了。

例21:

审长:你对公诉机关指控你的犯罪事实有什么意见?

被:有。我不是故意杀人,我当时因为追那辆车没追上,返回来的时候,我的刀一直握在手里,我急于脱身,在跑的同时已经忘记了手里还有那把小刀。扎了被害人后,扎成什么样子我都不知道,我根本就不知道会造成这么大的后果,我的行为不能构成故意杀人,绝对是个意外。

被告人的第二次陈述机会是在法庭辩论终结后。例 22 中被告人最后的陈述叙述了这样几件事情：(1) 自己这几个月来一直在寻找犯罪的根源；(2) 听了公诉人对自己的指控，自己有感触；(3) 承认自己的行为导致了同学黄×的死亡；(4) 自己的行为给黄×的家庭带来了沉重的打击；(5) 感觉自己罪孽深重，对不起黄×和他的家人；对父母有亏欠；(6) 愿意接受法律惩罚。"核心叙事"与"观点"交织，"完了"是叙事结构中的"结束"要素。

例 22：

审长：(3s) 经过两轮的辩论，法庭已充分听取公诉人、诉讼代理人、被告人和辩护人的意见并记录在案，法庭辩论结束。被告人林××站起来 (2s) 法庭呃请法警将话筒对着林×× (3s) 根据《中华人民共和国刑事诉讼法》的规定，被告人有做最后陈述的权利。被告人林××，你最后还有什么要向法庭陈述的？

被：(3s) 我在看守所这几个月▲

审长：▼法庭希望你声音大一点，对着话筒声音大一点。

被：我到了看守所这几个月一直也在尝试着找到我这个犯罪的根源，所以刚才又听完公诉人赵老师【袁老师】的这个说法我也深有感触，我也大致阐述这个观点，我不知道是不是。那么我的这个行为导致了我同学黄×的死亡，给他家庭确实带来了非常沉重的打击，那么我罪孽确实是特别深重的，我对不起，我也对不起我父母将近 30 年的养育之恩，但我一定会接受法院给我的任何处罚，完了。

例 23 是一起故意伤害案的二审，被告人不服一审判决，上诉至河南省高级人民法院。所选语料是审判员宣读完判决书后上诉人做的上诉陈述（上诉人，即一审的被告人）。这个陈述是在审判长不停的打断和提示中完成的，出现"观点"（话轮 2 中的四点上诉理由，话轮 10 "一审判我死刑忒冤"），"核心叙事"（话轮 2 最后部分，话轮 8）和"结束"（话轮 14 和话轮 26）三个叙事结构要素。

例 23：

1. 审长：陈××↑你陈述你的上诉理由。
2. 上：上诉理由 (5s) 其一是邻里纠纷，其二是突发性事件，其三我们这个积极赔偿，其四我的大约防卫因素（3s）还有我是初犯（10s）他这个一审判决他没有考虑这些，就是说邻里纠纷，还有这个被害人过错在先，还有积极赔偿，还有我初犯和防卫因素，还有突发性事件。这个重伤这一个（3s）他是打斗中伤了，这个这三个全是围攻我一个，当时伤着哪我确实也不知道，另外这个▲

    3. 审长：▼是不是你捅的？陈×典这重伤？

    4. 上：（2s）这我也不清楚。

    5. 审长：这个你不清楚？（河南口音）

    6. 上：呃。

    7. 审长：还有什么？

    8. 上：他们还是因为这个下水道吵吵吵架，吵架，之后我下楼了，我下楼了，这陈×陈×典就说（都说）"早都想打你了"，他就动手动手，俺爸怕他们把我打伤，因为我是家里独子，就我窝到家里了，窝到家里了，门挂住，门挂住我就上楼，因为我二楼住着呢，我一上楼，走到楼梯，他就在那儿打啊骂呢，我就从楼梯上跳下来了▲

    9. 审长：▼详细内容等会再让你说，啊，把主要的一审对你的定罪量刑认定事实跟法庭说说。

    10. 上：一审判我死刑忒冤。

    11. 审长：判决量刑重是吧？

    12. 上：啊太重了。

    13. 审长：还有没有？

    14. 上：（2s）其他的没有了。

    15. 审长：对原判认定你犯故意伤害罪▲

    16. 上：▼这个故意伤害▲

    17. 审长：▼认定事实有异议没有？

    18. 上：故意伤害我也不懂，因为▲

    19. 审长：▼用刀捅死，一死一重伤一轻伤，这个事实有异议没有？

    20. 上：（2s）这人家这重伤不一定是我因为啥有可能是他家里人。

    21. 审长：那一死一轻伤有异议没有？

    22. 上：那木异议（没有异议）。

23. 审长：重伤 // 记不清是不是你捅了的。

24. 上：// 啊啊当时因为啥他仨打我一个，很乱，是他家里人自个伤的也不稀罕（也有可能），是不是啊，也不能把这个可能性给排除了。

25. 审长：其他还有啥异议没有？

26. 上：其他没有了。

例24还是上例庭审，是上诉人在法庭辩论结束后做的最后陈述，出现了"观点"（承认自己的过错带来的伤害，希望法庭从轻判决，愿意积极赔偿）、"核心叙事"（"母亲到处流浪，到处要饭"）和"结束"（"没有"）三个要素。

例24：

审长：现在宣布法庭辩论结束。下面由上诉人做最后陈述。陈××，你对行为的认识，现在怎么想的，向法庭最后陈述。

上：尊敬的审判长、审判员、书记员、检察员，你们好，由于我的过错给死者带来巨大的伤害，包括死者家属还有我的父母，双方家庭都毁了，我母亲现在说句实在话70多岁了还到处流浪，到处要饭，（……）全怨我的不孝，我希望法庭能给我从轻判决，让我有生之年对我母亲父母尽个孝心（4s）

审长：还有没有？

上：还有在我那种情况下我会积极赔偿对方（5s）

审长：还有没有？

上：没有。

（二）被告人的质证意见

法庭调查阶段的举证质证环节，被告人依法享有对公诉人展示的证据进行质询以及对证人进行询问的权利。因为语料中少有证人出庭，而且质证一般都是有疑而问，无疑问自然就不去质问了。而且多数情况下被告人要么受辩护人提醒，要么自己真的没有疑问，被告人质证的情况不多见。我们少有的鉴定人出庭的例子中，被告人和辩护人既对鉴定人的叙述没有不同意见，也没有问题要问。虽然证人没有出庭，但是如果对庭上宣读的证人证言或者其他证据有疑问，被告人有权询问或者表达不同意见。例25是被告人对公诉人在庭上宣读出示的证据的质证意见，话轮6通过"核心叙事"讲述了不同于证人吕××证言所说的"实际情况"①。

例25：

1. 审长：被告人对公诉人宣读出示的该组证据有没有意见？

2. 被：关于马博士跟吕博士的实验浓度以及操作过程中的一些细节可能有点不同，我在我的笔录里都有体现，笔录里面有。

3. 审长：有什么不同你可以当庭提出来。

4. 被：我刚才听下来跟我应该印象中的不一样，具体怎样我笔录里面应该都有【都有写】。

5. 审长：有哪些不一样，你现在想得起来吗？

6. 被：就比如说吕博士说在配药【配药浓度】的时候我在场，当时实际情况应该不是这样的，应该是他配好之后我赶到实验室，我从超声科赶过来，当时我还问了他这个浓度怎么配，他跟我讲了一下，但我当时没听懂，然后觉得这是一个数学问题，所以当时也没有深究，就往动物房走了。另外我印象中做实验中应该他没有说什么戴面罩啊口罩啊这些东西，这个应该那个照【照片】他的证言也可以证实。

例26和例27同例23一样，都是同一刑事案件二审中上诉人（一审的被告）对法庭上展示的证据提出的"异议"。例26中的话轮4、6合起来讲述了一件事情：死者陈×社的尸检报告显示伤不是我弄的，例27中的话轮6、8、12、14合起来叙述了一件事情：陈×勋做了伪证。

例26：

1. 审长：（7s）下面进行举证质证。陈×× 你对原判认定你犯故意伤害罪所采纳的证据有异议没有？

2. 上：（2s）

3. 审长：比如说你的供述、证人证言、现场勘验笔录、尸检报告等这些证据有异议没有？

4. 上：尸检报告（2s）这个（4s）我有异议。尸检报告这个重伤这个他不能说确定是我不能排除是我是不是？这个"死者，陈×社（22s 翻证据本）"

---

① 关于案件的客观真实情况，不同的诉讼参与人会有不同的还原版本，最后被合议庭认定的"法律事实"才能作为定罪量刑的依据。

5. 审长：稍微快一点。

6. 上：(12s 翻证据本) 死者陈×社，右脸部青肿，肿胀，青紫，这个明明显的是用其他的伤害的是不是，因为我是拿的是水果刀，你要那个他们家▲

7. 审长：▼陈×社那个面部那个伤有异议是吧？

8. 上：啊。

9. 审长：还有什么？

10. 上：再说这个陈陈×典这个伤，你也不这个也不能说▲

11. 审长：▼说过了不要再说了。

12. 上：呃。

13. 审长：还有什么？

14. 上：再没有了。

例27：

1. 审长：陈××。

2. 上：到。

3. 审长：刚才检察员出示的证据你听清了没有？

4. 上：听清楚了。

5. 审长：有异议没有？

6. 上：有异议。陈陈陈×勋这个证言还有杜×× 那个（3s）还有这个呃李李（3s）▲

7. 审长：▼陈×勋的证言？

8. 上：陈×勋证言他说他做了伪证。

9. 审长：不真实是吧？

10. 上：啊。

11. 审长：哪些不真实？

12. 上：他几回说的都不真实，我父亲就当时根本不在场（3s）他说我父亲拿刀，我父亲当时根本就不在场，有好多人他也证明我父亲不在场。

13. 审长：还有没有？

14. 上：还有就是说这个陈陈陈×勋他现在在俺家住，他那个就是这个陈陈×典按那个印可能就是给他叫他做伪证。

15. 审长：还有没有？

16. 上：没有了。

（三）被告人的辩论意见

《刑诉法》规定被告人依法享有辩论权。例28和例29中上诉人因为法律知识了解不多，对法庭辩论该讲什么不清楚，所以整个庭审过程他都重复一句话，"一审判的忒重了"，却又不能提出明确的意见。例28上诉人只陈述了他的观点，更准确地说是他的感觉（话轮2）。例29上诉人陈述的也是观点（话轮4，10，18），附加有阐释（话轮20，24）的成分。

例28：

1. 审长：(8s)现在宣布法庭调查结束，下面进行法庭辩论，首先由上诉人陈××自行辩护。

2. 上：(7s)我觉得一审那个给我判的忒重了▲

3. 审长：▼这不要再说了，有啥新的东西没有？

4. 上：新的没啥。

5. 审长：辩护人发表辩护意见。

例29：

1. 审长：陈××。

2. 上：到。

3. 审长：是否还有新的意见？

4. 上：刚才检察员说这个激化矛盾啊，他说对方过错并不是咱家这个水沟，他主要是说呢因为这个水沟引起而不是说那种，我母亲跟他商量好了找我母亲去拔是不是，这是这个他打我母亲才引发这个事情的（2s）。

5. 审长：还有没有？

6. 上：没有了。

7. 审长：你自己拿一个量刑意见。

8. 上：我再拿量刑意见，你就是依照那个一审就让来说这个刑法▲

9. 审长：▼判决什么合适？

10. 上：就是他判我这个死刑太重也太冤枉我了，你▲

11. 审长：▼判多少合适？

12. 上：啊？

13. 审长：判什么刑合适？

14. 上：判刑你就这个故意伤害是从底下往上排的是不是？你要故意杀人是有有这个呃▲

15. 审长：▼不要说了。

16. 上：啊，你要是故意伤害我拿得不对拿得不好你可以加是不是？这一下给我定满了（死刑，到顶了）。

17. 审长：你认为判决什么合适，我问你？

18. 上：我我认为判我是有期徒刑。

19. 审长：有期徒刑？什么理由？

20. 上：因为是我的不能算手段残忍，性质恶劣是不是，再说我没有说故意伤害他，说是我始终到这说就没有说伤害▲

21. 审长：▼轻伤是不是你做的？

22. 上：啊？

23. 审长：造成一死一轻伤是不是你做的？

24. 上：是，是因为他是围攻我呢，我不能说不动是不是？要是我不动的话，那给几个做的不是我了，换句话来说，你们大家想象，他们家那么多人，我一个人敢去不敢啊，我想叫他干脆▲

25. 审长：▼不要说了。

26. 上：啊。

（四）被告人的答话

与主叙事相比较，嵌入叙事显得短小，而且大多是断裂的，不完整的，很难看到五个核心要素同时出现的情况。被告人的答话属于辩护叙事话语的嵌入叙事话语，主要是被告人对辩护人问话的答话。下面的对话是被告人对辩护人关于起诉书指控被告人的犯罪事实的发问的回答，可以看出辩护人问的都是开放式问题，都是引导被告人讲故事的问题（这涉及辩护人的问话策略，是与起诉叙事话语相对抗的方式之一，其目的和策略我们将在下一章详细讨论），那么很自然被告人的答话中"核心叙事"要素是必不可少的。

例30：

1. 辩1：2013年3月30日星期六那天晚上你与你寝室对面的413寝室中的学友相处时发生过什么事啊？

2. 被：就是（0.5s）受害者黄×过来跟我们聊天说愚人节要到了，他有一个整人的想法，然后边说就边拍顾××的肩膀说我整你整你怎么样之类的话（1s）当时我坐在旁边在玩电脑……

3. 辩1：(3s) 被害人黄×最终被导致死亡的结果你想到过没有？

4. 被：没有。

5. 辩1：(4s) 你为什么认为不会死？

6. 被：除了就是他喝进去的量很少，然后呢我实验中大部分大鼠是没有死的，而且呢越到后面那个越生龙活虎，因为他越到后面基本上都修复得差不多了。

例31[①]中辩护人的问话"你怎么到后面休闲区去的"就引导被告人叙述过去发生的事情的经过（话轮2和4），如果不是被审判长打断，被告人就会一口气讲完这个经过，是一系列完整的事件，按照时间顺序讲述，有明显的表示事件序列先后的衔接词，比如，"之后""然后"等，这些特征与拉波夫的叙事话语结构理论相吻合（参见Labov & Waletzky，1967；Labov，1972，1997）。

例31：

1. 辩1：那么，你在上诉理由当中说到，你不是强行将被害人拉到后面的休闲区去的，那么你和被害人是怎么到后面休闲区去的呢？

2. 被曹：我和那两个老板在前厅和那两个老板说之后，我就说在这里吵没用，然后就我就问他谁说了算，那个男老板说他说了算，我就说既然你说了算▲

3. 审长：▼曹××，你说话稍微说慢点，方便书记员记录。

4. 被曹：好。他说他说了算，然后就，我就说这样，然后就去后面谈，就是说坐下谈，然后他就同意了。

---

① 语料来自湖北省高级人民法院于2014年4月25日在黄石市中级人民法院公开开庭审理的"曹××，高××涉嫌故意杀人案"的二审现场记录。

例32来自例31的同一个案例。被告人讲述了一个完整的事件序列：(1)他打我；(2)他把我脸打破了；(3)他将我逼到墙角；(4)我拿刀出来；(5)我拿刀刺他大腿。事件序列中间用"然后""才""然后"连接。

例32：

辩1：那么，在后面休闲区发生矛盾以后，是在，在一种什么情况下，你拿刀刺杀刘××的？

被曹：就是他打我打到我没没没力气还手，把我脸都打破了，然后（……）将我逼到墙角，我才把刀拿出来，然后拿刀把他大腿（……）

再看几例。例33中被告人的答话叙述了这样一个事件序列：刘××倒地之后，姚××打了他——他（姚××）叫我们走——我们走了。例34中被告人叙述了几个被告如何去现场的以及去了现场看见了什么。例35中被告人答话话轮4叙述离开现场时的情况。这些叙事话语中都有"核心叙事"要素。

例33：

辩1：被害人刘××倒地以后，你们是在什么样的情况下离开的现场？（方言）

被戴2：后来后来那个倒地的时候，姚××打了，他叫我们走，我们就走了。（方言）

辩1：是姚××要你们走的？// 是不是的？（方言）

被戴2：// 呃。

例34：

辩4：你没有喊上其他人，// 是吧？那么你们去现场的时候这个是怎么个走法呢？你们这些人，这么多人，怎么怎么走的？

被裴：// 嗯。就是——戴文×，戴文×，还有——熊××，雷××，光头，当兵的，还有几个不认得，他们跑在前头，我也快跑在后面。（方言）

……

辩4：那么——第三个问题，就是你到了（这个）这个呃现场以后，啊，你看见了，这个呃怎么个情况呢？

被裴：就是看到他们围在那里打。（方言）

辩4：他们十几个人围着被害人在打，// 根本就拢不进去。(1s) 呃，那么，最后一个问题，刚才公诉人也问过你了，是啊，辩护人我我（——），那么你，有没有承认过你动手？

被装：// 呃。是。我以前，是为了——派出所你年纪轻啊，打打了也没有什么事啊，就是把态度放好啊。我为了争取这个好的态度，我就当时按照他们的话说说了。（方言）

例35：

1. 辩2：啊那么你离开现场是在什么情况下离开现场的？
2. 被2：离开现场就是她们出去打电话▲
3. 辩2：▼我说是最后发生了什么，什么时候知道离开的现场？
4. 被2：那个他老婆跟那个小姐出来以后把我一拦，就说你那个朋友把我老公杀了几刀，当时我感觉事情严重了，我就跑了。

（五）证人的答话[①]

辩护方申请出庭的证人对辩护人问话的回答中叙事性话语是辩护叙事话语的有机组成部分，它属于嵌入叙事话语。证人出庭作证与庭上宣读的证人证言不同，因为证人出庭可以接受直接询问和交叉询问，这种方式可以帮助检验证人证言的真实性和可信度。需要说明的是这里我们讨论的证人和前面提到的证人和鉴定人出庭（例11，例12，例13，例14）是因为讨论嵌入叙事话语我们主要关注己方（申请其出庭的一方）问话，而不是对方问话，也就是说，我们更多关注直接询问而不是交叉询问[②]。例36中证人的叙事性答话主要体现在话轮6和14，分别是由辩护人在话轮5中的开放式问话"城管队员对你们做了什么"和话轮13中的开放式问话"崔××跟城管说了什么"引出的，该答话中的叙事主要是"核心叙事"要素。

[①] 我们的语料中辩护方提供的证人出庭作证只有两例，另一例因为没有直接询问，只有交叉询问，我们将在叙事话语互动里再讨论。

[②] 叙事话语的互动将在下一章详细讨论。

例36：

1. 辩：赵××，你当天和崔××什么时候出摊？

2. 证：下午三四点左右。

3. 辩：后来你被一大帮人围起来，争夺三轮车是什么时间？

4. 证：下午四点半左右。

5. 辩：城管队员对你们做了什么？

6. 证：我们护着车，他们拉着，我哀求他们把车给我们留下，双方都在争那辆车，当我转身的时候发现那辆车已经被他们装上，我在那边大概待了三四分钟，当我转过身的时候不知道发生了什么。

7. 辩：他们要查抄车的时候有没有出示证件？

8. 证：没有。

9. 辩：是否填写了行政处罚决定书？

10. 证：没有。

11. 辩：是否出示扣押物品通知书？

12. 证：没有。

13. 辩：崔××跟城管说了什么？

14. 证：他说把车给我们留下，我们的生意不做了。

15. 辩：你有没有看见在混乱之中，崔××用刀扎向他们队员中的其中一人？

16. 证：没有。

17. 辩：我看过你的笔录，你怎么知道找到你们这些人是城管工作人员？

18. 证：我听崔××说的。

19. 辩：什么时候听到的？

20. 证：在城管来的时候。

21. 辩：没收三轮车和香肠是谁跟你说的？

22. 证：我不太清楚。

23. 辩：你有没有看到城管工作人员有几个人追他？

24. 证：七八个。

25. 辩：是在什么时间？是在三轮车被拉上执法车之前还是之后？

26. 证：之后。

125

27. 辩：审判长，辩护人询问到此。

第四节 判决叙事话语的结构特征

如果用 NA（Narrative of Adjudication）代表判决叙事话语，MNj（Master Narrative of judge）代表判决叙事话语中的审判人的主叙事话语，ENj（Embedded Narrative of judge）代表嵌入叙事话语，那么判决叙事话语的构成用公式表示就是 NA=NP+ND+MNj+ENj（1-n）。从结构上看，判决叙事话语比起诉叙事话语和辩护叙事话语都要复杂。我们还是从主叙事话语和嵌入叙事话语的构成分别来看判决叙事话语的结构特征。

一、主叙事话语的构成

判决叙事话语的主叙事话语指的是判决书里的叙事话语，因为判决书的形成主体是合议庭，我们认为判决叙事话语的主叙事话语的叙事主体是合议庭（而不是法院）[①]。我们先看判决书的结构和内容。

刑事判决书是指人民法院依据《刑诉法》规定的程序将刑事案件审理终结后，根据已经查明的事实、证据和有关法律规定，确认被告人是否有罪，何种罪名，使用何种刑罚或免除处罚等实体问题或者对审理刑事案件所涉及的诉讼程序问题作出的司法文书。刑事判决书内容上主要反映参与诉讼的主体、案件的由来、控辩双方平等对抗、法院居中裁判的刑事诉讼过程（周萍，2013：146）。结构上包括首部（包括法院名称、裁判文书名称、案号、控方的基本情况、辩方的基本情况、翻译人员、案件的由来和审判经过）、正文（包括事实、理由、主文或判决结果）和尾部（告知上诉权、合议庭与书记员署名、日期与法院印章）三个大部分。

一审公诉案件使用普通程序所用刑事判决书样式如下（周萍，2013：152-153）：

[①] 可参考前面起诉叙事话语的叙事主体的描述和解释。

×××人民法院
刑事判决书

（××××）×刑初字第××号

公诉机关×××人民检察院。

被告人……（写明姓名、性别、出生年月日、民族、出生地、文化程度、职业或者工作单位和职务、住址和因本案所受强制措施情况等，现羁押处所）。

辩护人……（写明姓名、工作单位和职务）。

×××人民检察院以×检刑诉字[××××]第××号起诉书指控被告人×××犯××罪，于××××年××月××日向本院提起公诉。本院依法组成合议庭，公开（或者不公开）开庭审理了本案。×××人民检察院指派检察员×××出庭支持公诉，被害人×××及其法定代理人×××、诉讼代理人×××，被告人×××及其法定代理人×××、辩护人×××，证人×××，鉴定人×××，翻译人员×××等到庭参加诉讼。现已审理终结。

｛首部｝

×××人民检察院指控……（概述人民检察院指控被告人犯罪的事实、证据和适用法律的意见）。

被告人×××辩称……（概述被告人对指控的犯罪事实予以供述、辩解、自行辩护的意见和有关证据）。辩护人×××提出的辩护意见是……（概述辩护人的辩护意见和有关证据）。

经审理查明……（首先写明经庭审查明的事实；其次写明经举证、质证定案的证据及其来源；最后对控辩双方有异议的事实、证据进行分析、认证）。本院认为……（根据查证属实的事实、证据和有关法律规定，论证公诉机关指控的犯罪是否成立，被告人的行为是否构成犯罪、犯的什么罪，应否从轻、减轻、免除处罚或者从重处罚。对于控辩双方关于适用法律方面的意见，应当有分析地表示是否予以采纳，并阐明理由）。依照……（写明判决的法律依据）的规定，判决如下：

｛正文｝

127

正文 { ……[写明判决结果。分三种情况：第一，定罪判刑的，表述为："一、被告人×××犯××罪，判处……（写明主刑、附加刑）。（刑期从判决执行之日起计算。判决执行以前先行羁押的，羁押一日折抵刑期一日，即自××××年××月××日起至××××年××月××日止）。二、被告人×××……（写明决定追缴、退赔、没收或者发还被害人财物的名称、种类和数额）。"第二，定罪免刑的，表述为："被告人×××犯××罪，免予刑事处罚（如有追缴、退赔或者没收财物的，续写第二项）。"第三，宣告无罪的，无论是适用《中华人民共和国刑事诉讼法》第一百九十五条第二项还是第三项，均应表述为："被告人×××无罪"。]

尾部 {
如不服本判决，可在接到判决书的第二日起十日内，通过本院或者直接向××××人民法院提出上诉。书面上诉的，应当提交上诉状正本一份，副本×份。

审判长×××
审判员×××
书记员×××
××××年××月××日
（院印）

可见刑事判决书格式相对比较固定，内容也有严格的规定。例37是"复旦大学宿舍投毒案"一审判决书，"首部"省略。从叙事话语结构要素上看，"首部"对应"背景"，"正文"对应"核心叙事"和"阐释"以及"观点"，"尾部"对应"结束"。

例37：

<核心叙事>
上海市人民检察院第二分院指控：被告人林××与被害人黄×于2010年9月分别进入复旦大学上海医学院攻读相关医学硕士专业，并于2011年8月起共同住宿于×××（以下简称"×××室"）后，林××因琐事与黄×不和，竟逐渐对黄×怀恨在心。2012年年底，林××因个人原因不再继续报考博士研究生，黄×则继续报考了博士研究生。2013年3月中旬，复旦大学2013年博士研究生入学考试初试成绩揭晓，黄×名列前茅。2013年3月底，林××决意采取投毒的方法杀害黄×。同年3月31日14时许，林××以取实验用品为名，从他人处取得钥匙后进入其曾实习过的复旦大学附属中山医院（以下简称"中山医院"）11号楼二楼影像医学实验室204室，趁室内无人，取出装有剧毒化学品二甲基亚硝胺的试剂瓶和注射器，并装入一只黄色医疗废弃物袋内随身带离。当日17时50分许，林××回到其与黄×共同住宿的421室，趁室内无人，将随身携带的上述剧毒化学品二甲基亚硝胺全部注入室内的饮水机中，随后将注射器和试剂瓶等物丢弃。同年4月1日上午，林××与黄×同在421室内，黄×从饮水机中接取并喝下已被林××注入了剧毒化学品二甲基亚硝胺的饮用水。之后，黄×即发生呕吐，于当日中午至中山医院就诊，并于次日下午起留院治疗，随即因病情严重于4月3日被转至外科重症监护室治疗。此后，黄×虽经医护人员全力抢救，仍于4月16日死亡。经鉴定，黄×符合生前因二甲基亚硝胺中毒致肝脏、肾脏等多器官损伤、功能衰竭而死亡。4月11日，林××在两次接受公安人员询问时均未供述上述投毒事实，直至次日凌晨经公安机关依法予以刑事传唤到案后，才逐步供述了上述投毒事实。

<观点>
上海市人民检察院第二分院认为，被告人林××因琐事与被害人黄×不和，竟采用投毒方法故意杀害黄×并致黄×死亡，手段残忍，社会危害极大，其行为已构成故意杀人罪，提请对林××依法予以严惩。

诉讼代理人认为，被告人林××犯故意杀人罪的事实清楚，证据确实、充分；林××到案后回避主观动机，没有悔罪表现，建议对林××依法予以严惩。

【观点】

被告人林××辩称，其只是出于"愚人节"捉弄黄×的动机而实施投毒，没有杀害黄×的故意。

辩护人对起诉书指控被告人林××犯故意杀人罪不持异议，但提出林××系间接故意杀人；林××到案后能如实供述罪行，有认罪悔罪表现，建议对林××依法从轻处罚。

【核心叙事】

经审理查明，被告人林××和被害人黄×均系复旦大学上海医学院2010级硕士研究生，分属不同的医学专业。2010年8月起，林××与葛某等同学同住于×××421室。2011年8月，黄×调入421室，与林××、葛某三人同住。之后，林××因琐事对黄×不满，逐渐对黄×怀恨在心，决意采用投毒的方法加害黄×。

2013年3月31日下午，被告人林××以取物为名，通过同学吕某进入中山医院11号楼二楼影像医学实验室204室（以下简称204实验室），趁室内无人，取出其于2011年参与动物实验时剩余的装有剧毒化学品二甲基亚硝胺的试剂瓶和注射器，并装入一只黄色医疗废弃物袋中随身带离。当日下午5时50分许，林××将前述物品带至421室，趁无人之机，将上述二甲基亚硝胺投入该室的饮水机内，尔后，将试剂瓶等物连同黄色医疗废弃物袋带出宿舍楼予以丢弃。

同年4月1日上午，黄×从421室饮水机中接取并喝下已被林××投入二甲基亚硝胺的饮用水。之后，黄×发生呕吐，于当日中午至中山医院就诊。次日下午，黄×再次至中山医院就诊，被发现肝功能受损严重，遂留院观察。4月3日下午，黄×因病情严重被转至外科重症监护室治疗。在黄×就医期间，林××还故意隐瞒黄×的病因。4月11日，林××在两次接受公安人员询问时均未供述投毒事实，直至次日凌晨经公安机关依法予以刑事传唤到案后，才如实供述了上述投毒事实。被害人黄×经抢救无效于4月16日死亡。经鉴定，被害人黄×符合二甲基亚硝胺中毒致急性肝坏死引起急性肝功能衰竭，继发多器官功能衰竭死亡。

观点、阐释｛

本院认为，被告人林××为泄愤采用投放毒物的方法故意杀人，致被害人黄×死亡，其行为已构成故意杀人罪，依法应予惩处。公诉机关指控的罪名成立。被告人林××系医学专业的研究生，又曾参与用二甲基亚硝胺进行有关的动物实验和研究，明知二甲基亚硝胺系剧毒物品，仍故意将明显超过致死量的该毒物投入饮水机中，致使黄×饮用后中毒。在黄×就医期间，林××又故意隐瞒黄×的病因，最终导致黄×因二甲基亚硝胺中毒而死亡。上述事实，足以证明林××主观上具有希望被害人黄×死亡结果发生的故意。林××关于其系出于捉弄黄×的动机，没有杀害黄×故意的辩解及辩护人关于林××属间接故意杀人的辩护意见，与查明的事实不符，均不予采纳。被告人林××因琐事而采用投毒方法故意杀人，手段残忍，后果严重，社会危害极大，罪行极其严重。林××到案后虽能如实供述罪行，尚不足以从轻处罚。辩护人建议对林××从轻处罚的意见，亦不予采纳。为保障公民的人身权利不受侵犯，依照《中华人民共和国刑法》第二百三十二条、第五十七条第一款之规定，判决如下：

结束｛

被告人林××犯故意杀人罪，判处死刑，剥夺政治权利终身。

如不服本判决，可在接到判决书的第二日起十日内，通过本院或者直接向上海市高级人民法院提出上诉。书面上诉的，应当提交上诉状正本一份、副本一份。

为节省篇幅上例中的"首部"，即叙事话语的"背景"要素省略了。从上例可以看出，判决叙事话语中首先叙述控方的叙事话语内容，这部分"核心叙事"与起诉书中的"核心叙事"内容相同，然后分别叙述控方、诉讼代理人、被告人和辩护人的"观点"，接下来就是合议庭（代表上海市第二人民法院）的"核心叙事"[①]讲述合议庭认定的案件事实，并提出自己的"观点"——判决结果及理由——"阐释"，最后是"结束"。叙事五核心要素在这段完整的判决叙事话语的主叙事话语里都有体现。

[①] 这里只讨论叙事话语结构，关于叙事话语的内容及叙事方式将在后文详述。

我们再看几例比较简洁的判决叙事话语。

例38是一起故意伤害案一审判决书,是当庭宣判的,形式上只有判决书正文部分的后半部,省掉了控方指控、辩方意见等内容①,所以从叙事话语结构上来说它只有"观点"要素呈现。

例38：

本院认为,被告人张×与其子发生矛盾后不计后果,持械故意伤害他人身体,致人死亡,其行为已构成故意伤害罪,应依法惩处。鉴于被告人张×能够主动投案,并如实供述了自己的罪行,系自首,故依法予以从轻处罚。依照《中华人民共和国刑法》第二百三十四条第二款、第五十五条第一款、第五十六条第一款、第六十七条第一款之规定,判决如下：被告人张×犯故意伤害罪,判处有期徒刑十年,剥夺政治权利二年。

例39是当庭宣判的口头判决,形式上非常简洁,类似例38,只有"观点"和"结束"要素。

例39：

【观点】审判长：现在宣判。一、被告人朱×犯抢劫罪,判处有期徒刑十年六个月,剥夺政治权利二年,并处罚金人民币一万元。二、被告人朱××犯抢劫罪,判处有期徒刑十年六个月,剥夺政治权利二年,并处罚金人民币一万元。三、被告人于×犯抢劫罪,判处有期徒刑十年六个月,剥夺政治权利二年,并处罚金人民币一万元。四、退缴的违法所得发还被害人,犯罪工具予以没收。

【结束】今天是口头判决,判决书五日内送达,如不服本判决,可在接到判决书的第二日起十日内,通过本院或者直接向上海市第二中级人民法院提出上诉。书面上诉的,应交上诉状正本一份,副本一份。

再看一例。例40是审判长当庭宣判的全过程,也只有"观点"和"结束"要素,两要素分开叙述,以对话形式展开。

---

① 本案是北京市平谷区法院一审审理的公诉案件,被告人自行辩护,整个庭审过程不长,被告人全程没有为自己辩解也没有辩护意见。

例40：

观点：
审长：下面休庭，待合议庭合议后进行当庭宣判。（20分钟后）继续开庭。经合议庭合议，查明事实与公诉人陈诉基本一致。根据以上查明事实和量刑情节，本案认为被告三人构成非法拘禁罪，公诉人提出证据充分、确实，应予以支持。三人均系主犯，其中被告人（朱××、钟××）属累犯应从重处罚，三人到庭认罪，可从轻处罚。根据《中华人民共和国刑法》第二百三十八条第一款、第六十五条第三款、第二十五条第一款、第二十六条第一款、第四款，判决如下：（书记员：全体起立）

朱××判处有期徒刑10个月。钟××判处有期徒刑9个月。杜××判处有期徒刑6个月。判决执行以前先行羁押的，羁押一日折抵刑期一日。被告人是否听清楚，对判决有什么意见？

被（三人）：没有意见。

结束：
审判长：如不服本判决，可在接到判决书的第二日起十日内，通过本院或者直接向湖南省岳阳市中级人民法院提出上诉。书面上诉的，应当提交上诉状正本一份，副本二份。你们听清楚了吗？

被（三人）：听清楚了。

审长：下面闭庭。

例41是一起故意伤害案件的一审判决书，由审判员在二审法庭上宣读的。除了"结束"要素外，其他四个核心要素都有呈现。

例41：

背景：
湖北省黄石市中级人民法院2013鄂黄石中庭初字第00031号刑事判决书：被告人曹××，绰号××，男，1985年11月4日出生于湖北省黄石市，汉族，初中文化程度，2002年4月6日因犯抢劫罪被判处有期徒刑7年，2007年2月7日刑满释放。2013年1月6日因涉嫌犯故意杀人罪被刑事拘留，同年2月7日被逮捕。被告人高×，绰号××，1975年10月27日出生于湖北省黄石市，汉族，高中文化程度，2013年1月6日因涉嫌犯故意杀人罪被刑事拘留，同年2月7日被逮捕。

{核心叙事} 湖北省黄石市中级人民法院经审理查明，2013年1月4日晚，被告人曹××、高×同几个朋友去豪泰168酒店开房休息时，曹××想起2012年12月中旬的一天在该酒店隔壁一休闲店找小姐按摩时，该店老板提前叫走小姐，而与对方发生争执一事，遂邀约高×一起到休闲店内找老板讨说法，高×表示同意。次日凌晨1时许，高×按曹××的安排去敲开休闲店的门时，独自在店的老板娘陈×称不会开门，曹××、高×便返回豪泰168酒店大厅等候，凌晨1时10分，曹××看见陈×的丈夫被害人刘××（男，或年45岁）带着该店小姐陈××回店，便和高×紧跟在后进入店内，在该店前厅，曹××为了之前找小姐按摩一事和刘××夫妇发生争执，并指示高×关上店门及拉上了门帘，高×帮助曹××向对方讨说法，争执中，高×看到陈×向店内后门方向走，遂强行将她拉回了前厅，接着当众掏出随身携带的折叠刀威胁刘××夫妻，随即将折叠刀放回口袋，因商谈不拢，曹××指示高×在前厅看住陈×和陈××，以防止她们报警求救，其本人强拉着刘××从过道往里面的休闲厅走，还关上了隔前厅的过道门，在过道里，曹××与刘××继续争执，继而发生打斗，一直打到休闲厅。打斗中，曹××掏出折叠刀朝刘××的胸部、腹部、手臂、腿部等部位连刺数刀，其间高×和陈××因听到打斗声，后陈×、陈××劝说高×打开前厅大门跑出门外呼救。高×跟着出来，后来站在豪泰168酒店停车场张望，之后陈×跑回休闲店，正在行刺刘××的曹××看到进来的陈×就推开刘××，丢弃折叠刀，从后门逃走，陈×再次跑出去抓高×（……），刘××因抢救无效死亡。

{阐释} 经法医鉴定，刘××符合因他人用锐器刺杀胸部、损伤胸部血管、脏器致急性出血性休克，呼吸功能衰竭死亡。上述事实，有证人证言，鉴定意见，被告人供述等证据证明。(2s)

{观点} 湖北省黄石市中级人民法院认为，被告人曹××、高×故意非法剥夺他人生命致一人死亡，其行为构成故意杀人罪。在共同犯罪中，被告人曹××是邀约者、指挥者及直接实施者，起主要作用，是主犯。被告人高×是受邀约者，按曹××的指示实施了关门、

> 第四章 中国刑事庭审叙事话语的结构特征

观点 { 拉门帘，帮助看管陈×、陈××，系从犯，依法应从轻处罚。根据《中华人民共和国刑法》及相关法律之规定，判决如下：被告人曹××犯故意杀人罪，判处死刑，剥夺政治权利终身。被告人高×，犯故意杀人罪，判处有期徒刑十年。

例42也是二审法庭上宣读的一审判决书，与例41相比较，"核心叙事"要素要简洁很多，省掉了很多细节性描述，也没有出现"阐释"要素。

例42：

背景 { 河南省新乡市中级人民法院刑事判决书2012新刑2初字第41号，公诉机关新乡市人民检察院，被告人陈××，男，1973年11月14日出生。

核心叙事 { 新乡市中级人民法院经审理查明1999年9月11日6时许，河南封丘县居厢乡安上集村村民陈××、杜××夫妇为家中排水问题与邻居陈×社夫妇及陈×典发生争执，被告人陈××随即从家中拿出一把刀，在被害人陈×社家院内向陈×社身上猛扎数刀，致陈×社当场死亡，又将被害人陈×勋的胸部扎伤，打斗中陈×典的胸部被扎伤，经鉴定，陈×社系被他人用匕首类利器刺中大动脉致大失血，失血性休克而死亡，陈×典胸部之损伤属重伤，陈×勋胸部之损伤属轻伤。

观点 { 新乡市中级人民法院认为被告人陈××故意伤害他人身体致一人死亡一人重伤一人轻伤，其行为已构成故意伤害罪。依照《中华人民共和国刑法》第二百三十四条第二款，第五十七条第一款的规定，判决被告人陈××犯故意伤害罪，判处死刑，剥夺政治权利终身。

结束 ——2012年9月27日。

完整的判决叙事话语的主叙事话语应该由合议庭的主叙事话语（体现在判决书上是由"经审理查明"引出的经合议庭确认的法律事实等"核心叙事"要素及由"本院认为"引出的判决意见和根据等"观点"和"阐释"要素，加上开始的"背景"要素和最后的"结束"要素），公诉人的主叙事话语（体现在判决书上是由"××××人民检察院指控"引出的证据事实"核心叙事"要素及由"××××人民检察院认为"引出的检察院意见等"观点"要素），被告人的供述、辩解性话语（体现在判决书上是由"被告人辩称"引出的"核心叙事"和"观点"）以及辩护人的主叙事话语（体现在判决书上是由"辩护人提出的辩护意见是"引出的证据事实、辩护意见和根据等"核心叙事""观点"和"阐释"要素）等综合而成，如例37。实际上很多的判决叙事话语中的主叙事话语会根据情况进行适当删减，没有提及公诉方指控的事实和意见，也没有提及辩护方的辩护意见，如例41、例42。最为简略的是当庭宣判的判决书，庭审叙事话语的五大核心要素很多都省略掉了，只保留"观点"和"结束"（如不服本判决……）要素，如例38、例39、例40。

二、嵌入叙事话语的构成

如前所述，判决叙事话语的嵌入叙事话语由当事人、证人和鉴定人的嵌入叙事话语统一构成。其实法庭上所有诉讼参与人的话语都会被书记员记录在案，都会被合议庭检验、审查是否有效并作为判决的依据。前面对起诉叙事话语和辩护叙事话语中的嵌入叙事话语做了结构上的归类，这里我们集中讨论审判长和审判员以及人民陪审员发起的与当事人、证人和鉴定人的对话，当事人的陈述和辩论意见就不再重复了。

庭审过程中，审判人员与当事人、证人和鉴定人的问答分为两种形式：一种是程序性问答，由审判长发问，当事人回答，主要发生在：（1）在审前序列中查明当事人是否到庭，宣布案由；告知当事人有权对合议庭组成人员、书记员、公诉人、鉴定人和翻译人员申请回避；告知被告人享有辩护权利。（2）公诉人宣读完起诉书后，询问被告人是否就起诉书指控的犯罪进行陈述。（3）举证质证阶段，询问当事人（主要是被告人）是否对出示的证据有异议，询问证人、鉴定人的基本情况、与当事人和案件的关系、出庭作证的目的，提醒证人、鉴定人如实陈述，询问当事人是否对证人、鉴定人发问，是否对公诉人提问，或者是否申请新的证人到庭。（4）法庭辩论阶段，询问当事人（主要是被告人）的辩论意见；法庭辩论结束，提醒被告人有做最后陈述的权利。另外一种是实体性问答，审判人员可以围绕案件事实与当事人、证人和鉴定人进行问答互动，主要发生在：就起诉书指控的犯罪讯问被告人、询问被害人，举证质证阶段询问证人和鉴定人。因为程序性问答互动中答话的叙事性较弱，本单元重点讨论审判人员发起的与当事人、证人和鉴定人之间的实体性问答互动中的答话。

（一）当事人的答话[①]

《刑诉法》第一百九十一条规定，公诉人宣读完起诉书后，审判人员可以讯问被告人。审判人员讯问被告人通常发生在被告人做完陈述、公诉人讯问、辩护人询问完被告人之后。

例43：

审长：下面由审判员就本案的事实向曹××发问（4s）

审1：曹××，现在有几个问题要向你核实。刚才提到关门的目的（2s）是什么。

被1：（……）我说就静下心来要谈就到后面去谈，在这种情况下▲

审1：▼我现在问你关门的目的是什么？

被1：就是说，外面（……）我就说把门关上坐下来谈。

审1：好，现在第二个问题是，在去休闲店之前，有没有跟高×说过，就说你们去做什么，他是怎么样回答的？

被1：我说当时那事没道理。

审1：到底什么事？请你说清楚。

被1：在那在按摩店老板把小姐叫走了（……）

审1：第三就是你刚才说到你没有强行拉被害人进去走廊后面的房间是不是？

被1：对。

审1：那就是说你的意思是指你是在得到被害人的允许或者与被害人商量的情况下与被害人共同走到走廊后的房间的是吗？

被1：对，当时我跟那个男老板，他说，我问他 // 男老板。

审1：// 你先听我说完。

被1：// 男老板，就是他▲

审1：▼你先听我的讯问。那我问你，在这个过程中就是你们共同走到走廊或者是房间的过程中，你们两个人有没有身体上或者肢体上的接触？

[①] 我们收集到的所有语料中没有被害人出庭的例子，所以这里当事人就是指被告人。

被1：没有。

审1：那就是在去走廊后面的房间之前你当时是否把随身的折叠刀拿出来过？

被1：(2s)(……)

审1：就在你进入发廊之后，与男老板走到发廊后面的房间之前这段时间。

被1：没有。

审1：你没有吗？

被1：在打斗过程中我拿出来了，之前没有拿出来。

审1：曹××，本庭提醒你注意：你在2013年1月5日，在黄石港分局的一份供述中曾经提到过："男男老板说他说了算，问我想怎么样，我我为了吓唬对方，从口袋里掏出一把匕首，一会我又把匕首装进口袋。"

被1：那是他们写掉了。

审1：什么叫写掉了？

被1：就是中间▲

审1：▼我现在问你，这个实际情况是如何的？有没有把匕首拿出来？

被1：拿出来，后面拿出来过。

审1：你为什么把匕首拿出来？

被1：他骂我。

审1：他骂你你就把匕首拿出来？拿出来的目的是什么？

被1：(2s)我当时拿出来的时候，刀子没打开，看一下就放在荷包里▲

审1：▼我就想问你，你看一下的目的是什么？

被1：(2s)他骂我，我生气了(……)

审1：请你直接回答本庭的问题，你的目的是什么？

被1：(9s)想吓唬他。

审1：再问一遍，你和被害人发生打斗的过程中，你捅刺了被害人哪些部位？捅刺了多少下？记得吗？

被1：记不得了，有三到四刀吧。

审1：(3s)但是从公安机关那个尸检鉴定意见来看，被害人身上有十一处刀痕，你如何解释？

被1：就是两个人打斗过程中，他把我按在（……）上，抓住我的抓住我的右手抢我的刀，还有其他的刀痕就是划的。

审1：案发后，你是怎么处理你的衣物，你的衣物鞋子以及裤子的，衣物？

被1：把衣服裤子脱下来，脱下来放在家里。

审1：衣服和裤子脱下来换了，鞋子呢？

被1：放在家里。

例43显示在这段审判员与被告人的问答互动中，被告人讲述了以下五件事情：（1）关门的目的是想和休闲店老板静下心来到后面去坐下来谈（如何处理之前来店消费小姐被中间叫走的事情）；（2）去休闲店之前对高×（本案从犯）说之前去按摩店消费，老板将小姐叫走没有道理；（3）在和店老板去发廊后面房间的走廊里掏出了匕首吓唬对方；（4）打斗中捅刺了店老板；（5）案发后将衣服鞋子脱下来放在家里。被告人的这种讲述不同于之前起诉书宣读完后或者辩论终结后的一次性的完整陈述，它是在审判员一步一步讯问中断断续续讲述所发生的事情，都是"核心叙事"，没有其他要素。

例44中被告人讲述之前和前女友有过吵嘴这件事情，并解释了自己撞墙行为的原因是"控制不了自己的情绪"，"感觉当时她在就像在逼我一样，我感觉当时就是人财两空被她玩儿了"，有"核心叙事""阐释"和"观点"等要素出现。

例44：

审：被告人袁××，刚刚公诉人和辩护人啊均向你进行了法庭提问，下面你如实回答法庭的提问。

那么在你和被害人啊之前交往的过程中你有没有过伤害或者相类似的啊那种故意的这种暴力行为，有没有？交往过程中有没有？// 有没有过？

被：// 就是吵嘴。

审：就是之前是经常吵嘴，// 但是没有伤害过被害人。

被：// 就是有过吵嘴，不是说经常吵。

审：有过吵架是吧？

被：嗯。

审：好。那么根据啊前期的这个侦查的结果啊，那么呃在此期间你有过自己撞墙的行为，为什么要这样做？

被：当时我挺（2s）也是自己控制不了自己的情绪。

审：嗯。

被：然后我感觉当时她在就像在逼我一样，我感觉当时就是人财两空被她玩儿了。

例45：

1. 审：那你委托他是委托他做什么呢？
2. 被：我不知道该要怎么做？他▲
3. 审：▼你跟他签合同，你看啊我们来用很正常的社会经济方式来解释这个问题啊。你这么大的金额还涉及境外开证是吧。第一点，你知道是为了融资，没有进口实际的设备。那你怎么来约定它呢？
4. 被：开始的时候我们没有约定，只是说华润公司借钱给我们，借我们钱。是华润借钱给我们。那他们怎么做呢，他只是讲给我听，但我没有参与他的整个操作。是华润内部，他不是借给我，那么他们转给我们，但我没有参与它的整个操作。

与公诉人讯问被告人以及辩护人询问被告人不同，审判人员讯问被告人的目的是核验证据事实，是有疑而问，所以审判人员提问既有开放式问题，如例45中的话轮1和3，就是要弄清楚被告人委托他人做什么和如何约定他人，但同时也有封闭式问题，如例46中的系列重复性问题就是确定"走廊后面的门是否是关着的"。开放式问题引出叙事性回答，封闭式问题得到的答话叙事性就低很多。

例46：

审1：走廊后面的门是谁关上的？

被1：我没有关。

审1：你没有关？

被1：对（……）

审1：你没关门？

被1：我没关门。

审1：那就是说你们俩在打斗过程中这个门是开着的？

被1：(3s)门是关着的，但是我没有关门。

审1：你没有关门？

被1：对。

审1：你不知道门是谁关的？

被1：不知道。

审1：(2s)打斗过程中这个门是关着的吗，这门？

被1：没听清楚。

审1：就是你和被害人打斗的过程中，走廊那扇门是关着的吗？

被1：是关着的。

审1：关着的？

被1：对。好像我走那个女老板进来的时候推开了这门。

（二）证人和鉴定人的答话

前面提到，我们语料中证人出庭3例（公诉方申请1例，辩护方申请2例），鉴定人出庭2例（都是公诉方申请出庭的），其中审判人员询问证人的只有一个案例（辩护方申请的证人，例47，例48），询问鉴定人的没有。

例47：

1. 审长：你今天到法庭上证明什么问题？

2. 证：证明这个我的证词（……）村民跟我说杜××这个杜××为什么做这个证词，我本身都不知道这个事，我我我会做这个证词？我当时▲

3. 审长：▼你在公安做那证言是不属实的是吧？

4. 证：对。

5. 审长：你看到的真实情况你现在陈述一下，如实陈述。

6. 证：看到了什么是吧？

7. 审长：嗯。

8. 证：就看到了陈继×在那儿死了，就在他家井口儿死的，冒着血，然后这一概不知道。

9. 审长：笔录内容是不是你说的？

141

10. 证：一般的有些部分不是我说的。

11. 审长：不是你说的为什么签字？

12. 证：（2s）我想着我我想我说的话我知道的我说，我不知道的不说，我不知道的我本身不知道的他咋有我这个证词？

13. 审长：就是说内容和你说的不一样，为什么你签字了？你当时发现了没有？

14. 证：当时没发现，因为这陈×同、杜××我们三个▲

15. 审长：▼当时你看到的内容和你说的内容是一致的是吧？

16. 证：啊？

17. 审长：当时公安人员问你那个讯问笔录那个内容你不都看了吗？

18. 证：对。

19. 审长：和你说的是不是一致？

20. 证：不一致。

21. 审长：不一致为什么你签字？

22. 证：不一致为什么，他这个证词我想着他改了，不改不会是我证词。

23. 审长：你说后来改了？

24. 证：对。

25. 审长：对吧？

26. 证：对。

例47中，辩护方申请证人出庭证明公诉方出具的他之前所做的证言不实，审判长询问证人他所看到的关于案件的真实情况，以便核实公诉方出具的证人证言的可信性。证人的答话中（话轮8）通过"核心叙事"讲述其看到的真实情况，并且表示了自己的"观点"——"其他的我一概不知"，也就是说公诉方提供的他的证言不属实。

例48：

1. 审长：杜××//合议庭问你一个问题。

2. 证：//到，嗯。

3. 审长：你的记忆力有问题没有？

4. 证：啊？

5. 审长：记忆力有问题没有？
6. 证：记忆力？
7. 审长：呃。
8. 证：现在记忆力有问题没？
9. 审长：对。
10. 证：没记没没啥问题啊。
11. 审长：你今天说的是不是实话？
12. 证：啊都是实话对。
13. 审长：那为啥你结婚的日期和离婚的时间都不记得，这么大的事？
14. 证：我不好记那个记那些东西。
15. 审长：你爱记什么东西？
16. 证：我爱干活掏力。
17. 审长：今天现场证明的情况属实不属实？
18. 证：属实。
19. 审长：好，你退庭吧（9s）你出去吧，不能坐这儿（2s）快一点动作。
20. 证：（……）（证人在法庭不愿离开，嘴里嘟噜着什么）
21. 审长：什么？
22. 证：（……）
23. 审长：叫你退庭了，刚才让你说你不说，出去吧，退庭。

例48与例47一样，是同一个证人，公诉方做完交叉询问后，审判长再次询问该证人以便确认其证言的可靠性，事实上证人答话的可信度因为其记忆力差而令人怀疑[①]。在这段问答互动中尽管审判长的问话应该引出叙事性回答，但是证人答话的叙事性并不强。审判长问话的目的是检验证人当庭作证的可信度。

---

① 证人在法庭上由于种种原因会表现出胆怯畏惧、说话犹豫不决或者没听清楚问话而忙乱错答、又或者因忘记不清以前的其他什么事情而给人以其言不可信的感觉，这一点经常在交叉询问中被对方律师利用，我们将在后文详述。

第五节 本章小结

本章讨论中国刑事庭审叙事话语的结构特征,现将描述和讨论小结如下:

(1)中国刑事庭审叙事话语结构上分为宏观、中观和微观三个层级。我们认为刑事庭审本身就是一个宏观大叙事话语,它为刑事庭审具体的中观和微观叙事话语提供话语语境和法律程序框架;中观层面的三大叙事话语构成庭审叙事话语的整体结构;微观层面由最小叙事结构嵌入叙事话语构成。这种话语层级观决定着本研究中叙事话语结构的分析基础是"叙事要素"。

(2)中国刑事庭审叙事话语分为起诉叙事话语、辩护叙事话语和判决叙事话语三大类,每一类都分别由主叙事话语与嵌入叙事话语构成。起诉叙事话语由公诉人为主体的主叙事话语(包括诉讼代理人的叙事话语)和被害人、证人以及鉴定人的嵌入叙事话语构成,用公式表示就是:$NP=MNp+ENp(1-n)$。辩护叙事话语由辩护人为主体的主叙事话语和被告人、证人以及鉴定人的嵌入叙事话语构成,用公式表示就是:$ND=MNd+ENd(1-n)$。判决叙事话语由合议庭为主体的主叙事话语,加上起诉叙事话语和辩护叙事话语,以及当事人、证人、鉴定人的叙事话语构成,用公式表示就是:$NA=NP+ND+MNj+ENj(1-n)$。三大类叙事话语的嵌入叙事话语各不相同,起诉叙事话语的嵌入叙事话语由公诉人发起的与被害人、证人以及鉴定人的问答互动引出;辩护叙事话语的嵌入叙事话语由辩护人发起的与被告人、证人以及鉴定人的问答互动引出;判决叙事话语的嵌入叙事话语除了由合议庭发起的与当事人、证人以及鉴定人的问答互动引出外,它还包括起诉叙事话语和辩护叙事话语的嵌入叙事话语(见图4.1)。

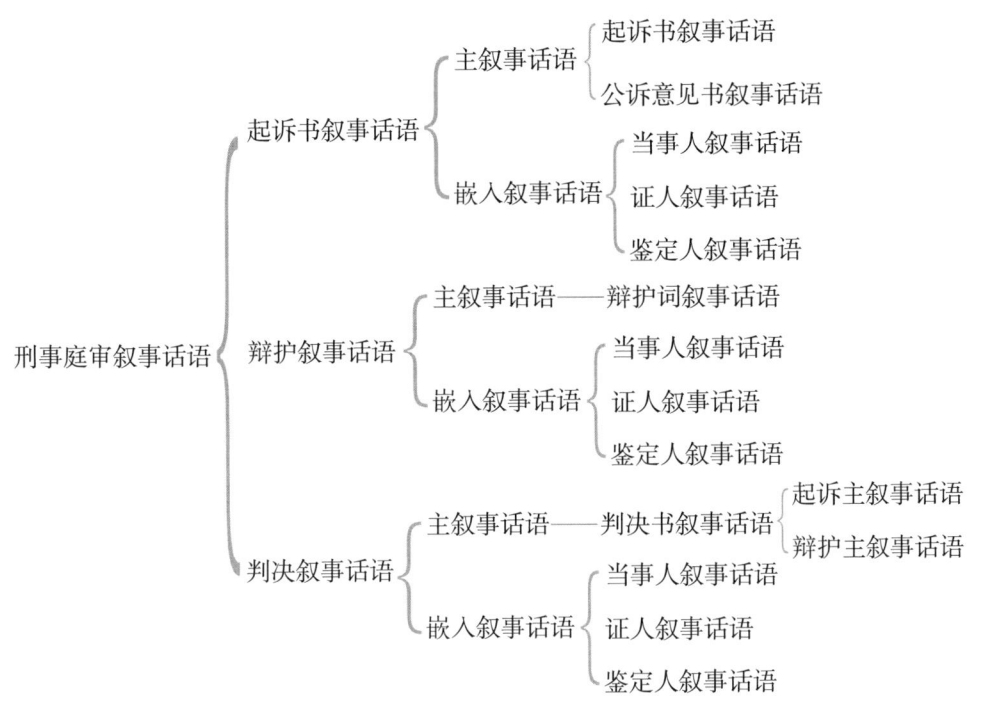

```
                                    ┌─主叙事话语┬─起诉书叙事话语
                                    │          └─公诉意见书叙事话语
                    ┌─起诉书叙事话语┤
                    │               │            ┌─当事人叙事话语
                    │               └─嵌入叙事话语┼─证人叙事话语
                    │                            └─鉴定人叙事话语
                    │
                    │               ┌─主叙事话语──辩护词叙事话语
刑事庭审叙事话语────┼─辩护叙事话语┤
                    │               │            ┌─当事人叙事话语
                    │               └─嵌入叙事话语┼─证人叙事话语
                    │                            └─鉴定人叙事话语
                    │
                    │               ┌─主叙事话语──判决书叙事话语┬─起诉主叙事话语
                    │               │                            └─辩护主叙事话语
                    └─判决叙事话语┤
                                    │            ┌─当事人叙事话语
                                    └─嵌入叙事话语┼─证人叙事话语
                                                 └─鉴定人叙事话语
```

图4.1　中国刑事庭审叙事话语结构图

（3）刑事庭审叙事话语结构上通常包含以下五个核心要素（OCPIE）：背景、核心叙事、观点、阐释和结束，其中"核心叙事"是最基本最核心的要素，它由时间、地点、人物、事件、起因、结果和动机七个成分组成。"要素"是以公诉人的主叙事话语为蓝本定义的，但大量实例证明其他类型叙事话语也适用，区别在于各类叙事话语在庭审不同阶段中要素出现的频率和数量不同。庭审叙事话语诸要素构成见图 4.2。

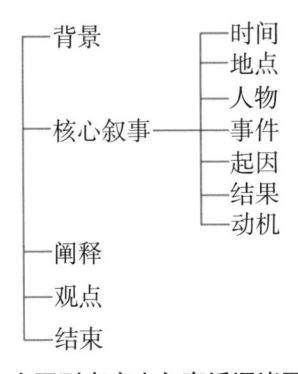

```
┌─背景
│              ┌─时间
│              ├─地点
│              ├─人物
├─核心叙事────┼─事件
│              ├─起因
│              ├─结果
│              └─动机
├─阐释
├─观点
└─结束
```

图4.2　中国刑事庭审叙事话语诸要素构成

（4）刑事庭审叙事话语可以第三人称也可以第一人称进行。"背景"和"观点"要素通常以第一人称形式出现；"核心叙事"因叙事主体不同而有差异：主叙事话语中的核心叙事一般是第三人称，嵌入叙事话语中的核心叙事通常是第一人称；"阐释"和"结束"要素的叙事人称比较灵活。需要说明的是，公诉人、辩护人和合议庭（审判人员）在叙事中通常会用第三人称形式指称自己，这是法庭机构话语正式语体中的独特语用功能，体现观点的严肃性和脱离个人主观意识的法律认知，这一理性叙事标记不同于一般日常话语中的指称用法，比如，女孩子对男朋友撒娇说，"人家不好意思嘛"，妈妈对顽皮的孩子说，"妈妈生气了"，三岁的小孩对妈妈说，"明明肚子饿"。

第五章

中国刑事庭审叙事话语的互动（上）：
两相互动——控、辩对抗

在第四章中国刑事庭审叙事话语结构特征的基础上，本章和下一章集中论述中国刑事庭审叙事话语的互动。中国刑事庭审叙事话语的互动从两个方向以三种形式展开。两个方向是：一个是向内，起诉、辩护、判决三大叙事话语主体内的互动，是主叙事话语与嵌入叙事话语之间的互动；另一个是向外，是三大叙事话语主体间的互动[①]。主体间的互动又以两种形式展开：第一种形式是起诉叙事话语和辩护叙事话语之间的互动，这种互动以对抗为主，它与刑事庭审中控辩双方合法权利和程序性主体地位[②]相契合，所以称为对抗式互动；第二种形式是起诉叙事话语和辩护叙事话语经合议庭的判决叙事话语的汇聚与融合，而形成三种叙事话语之间的互动，这种互动以融合为主，所以称为合作式互动。本章主要讨论主体间第一种形式的互动：起诉叙事话语和辩护叙事话语之间的对抗性互动。向外对抗的同时，两种叙事话语主体内同时分别进行合作性互动。主体间第二种形式的互动将在下一章讨论。

---

① 廖美珍（2012：24）将言语行为互动分为两大类：主体内互动和主体间互动，主体内互动是主体间互动的基础。本书承袭这一观点，因为叙事话语也是一种言语行为，不同的是，我们不是从言语行为角度而是从话语分析的角度来讨论叙事话语的互动。

② 刑事审判中，控、辩双方为着各自代表的利益（控诉方代表国家，辩护方代表被告人个人及其家属）表现出一种无论是在程序上还是在实体上都合法的对抗关系。

第一节 主体内互动：合作

上文讲过，叙事话语主体内互动主要是指主叙事话语与嵌入叙事话语之间的互动。互动的目的就是建构事实，建构故事，主叙事话语搭建故事的骨骼框架，嵌入叙事话语为这个骨骼框架提供支撑和原料填充（参见 Snedaker，1991：134；Heffer，2010：212）。具体而言，起诉叙事话语就是要建构一个被告有罪、罪重的故事，那么公诉人就通过起诉书和公诉书主叙事话语搭起一个故事框架来，当事人、证人和鉴定人通过嵌入叙事话语为这个框架提供证据材料，这样就形成一个完整的有说服力的故事版本——控方故事版本。与之相对立，辩护叙事话语建构一个被告无罪、罪轻的故事，那么辩护人就通过辩护词主叙事话语搭起一个故事框架来，被告人、证人和鉴定人通过嵌入叙事话语为这个框架提供证据材料，这样就形成一个完整的有说服力的与前一个故事相对抗的故事版本——辩方故事版本。两个故事版本①是一种建构与解构的关系，辩方在解构控方故事版本的基础上建构一个自己的故事版本。

下面我们分别描述这两个相互对抗的故事版本是如何通过叙事话语主体内互动建构起来的。为了方便看清楚控、辩双方叙事话语互动的全貌，我们对两个庭审案例做全面分析。在这一章和下一章如果没有特别说明，所有的例子都取自"复旦大学宿舍投毒案"和"崔××涉嫌故意杀人案"一审的庭审语料，该语料过程完整，包含起诉书、公诉意见书、辩护词和判决书②，有鉴定人（复旦案）和证人（崔案）出庭。

一、起诉叙事话语主体内互动：构建一个被告人有罪而且罪重的故事

理论上，起诉叙事话语主体内互动主要体现在公诉人与当事人、证人和

---

① 刑事庭审是刑事诉讼程序的最终环节，也是核心环节，中国新形势下的混合式庭审制度规定庭前控、辩双方充分享有关键事实证据，充分了解案情，对于被告人的犯罪事实也均已形成各自的故事框架。
② "复旦大学宿舍投毒案"于 2013 年 11 月 27 日上午由上海市第二中级人民法院刑事审判庭一审公开开庭审理，历时近八小时，没有当庭宣判，2014 年 2 月 28 日上午公开宣判。

鉴定人的问答过程中。在讨论问答互动之前，我们先看公诉人主叙事话语，因为这是公诉人与证人和鉴定人之间叙事话语互动的基础。

（一）公诉人主叙事话语：起诉书

根据《刑诉法》，起诉书制作的前提是人民检察院对公安机关侦查终结移送起诉的刑事案件进行审查后，认为犯罪嫌疑人的犯罪事实已经查清，证据确实、充分，依法应当追究刑事责任。起诉书有这样三重功能：第一，是人民检察院代表国家将被告人提交人民法院审判的重要法律凭证，是公诉人出庭支持公诉，参加法庭调查，对证据和案件情况发表意见并且进行辩论的重要基础；第二，是人民法院审理公诉案件的合法依据和基本内容；第三，是被告人和辩护人进行辩护的依据。也就是说，在法庭审判前，起诉书叙事话语就已经建构起了一个故事框架，这个故事框架是起诉的基础，是起诉叙事话语的蓝本。

从内容上讲，起诉书讲述了这样一个故事：被告人有罪，应当依法追究其刑事责任。

例49：

2010年9月，被告人林××与被害人黄×分别进入复旦大学上海医学院攻读相关医学硕士专业，并于2011年8月起共同住宿于复旦大学×××室后，林××因琐事与黄×不和，竟逐渐对黄×怀恨在心。2012年年底，在攻读硕士学位期间，林××因个人原因不再继续报考博士研究生，黄×则继续报考了博士研究生，2013年3月中旬，复旦大学2013年博士研究生入学考试初试成绩揭晓，黄×名列前茅，2013年3月底，林××决意采取投毒的方法杀害黄×，同年3月31日14时许，林××以去实验室取用品为名，从他人处取得钥匙后进入曾经实习过的×××医院×××室，趁室内无人，取出装有剧毒化学品二甲基亚硝胺的试剂瓶和注射器，并装入一只黄色医疗废弃物袋内随身带离，当日17：50许，林××回到其与黄×共同住宿的×××室，趁室内无人将随身携带的上述剧毒化学品二甲基亚硝胺全部注入室内的饮水机中，随后将注射器和试剂瓶等物丢弃。同年4月1日上午，林××与黄×同在×××室内，黄×从饮水机中接取，并喝下已被林××注入剧毒化学品二甲基亚硝胺的饮用水，之后黄×发生呕吐，于当日中午至中山医院救治，次日下午留院治疗，随即因病情严重，于同年4月3日被转至外科重症监护室治疗，此后，黄×虽经医护人员全力抢救，仍于同年4月16日死亡，经鉴定，黄×符合生前因二甲基亚硝胺中毒致肝脏、肾脏等多器官损伤而死亡。

同年4月11日，林××在两次接受公安人员讯问时，均未供述投毒事实，直至次日凌晨，经公安机关依法予以刑事传唤到案后才逐步供述了上述投毒事实。

例49是"上海复旦大学宿舍投毒案"起诉书的节选，这段叙事展示了以下七个核心事件，也就是公诉方提交给法院审理判定的七个案件事实：（1）被告人林××因琐事与舍友黄×不和，怀恨在心；（2）林××决定采用投毒方法杀害黄×；（3）林××弄到剧毒化学品二甲基亚硝胺；（4）林××将剧毒化学品二甲基亚硝胺投入宿舍饮水机内；（5）黄×喝下被林××注入剧毒化学品二甲基亚硝胺的饮用水；（6）黄×身体不适入院治疗；（7）医院抢救无效，黄×死亡。这七个核心事件按照时间顺序发展，形成一个逻辑链条，环环紧扣，构成一个完整的故事，这个故事中几个核心事件之间的法理逻辑关系是：因为（1）所以（2），既然（2）那么必须先（3），然后（4），预料中（5），于是（6），最终（7）。公诉方讲述这个故事的目的只有一个：请求法院审理并判定林××有罪而且罪重，建议以故意杀人罪追究林××刑事责任。

（二）嵌入叙事话语互动

起诉书叙事话语给被告人有罪故事建构了一个故事框架，并且提供了相关的事实证据，但是这还不够，为了证明故事的可信性以及相关事实证据的可靠性，还需要嵌入叙事话语的支持和补充。[①] 公诉人通过与当事人、证人和鉴定人的话语互动，为之前建构的故事框架提供细节性支撑，从而使控方故

[①] "'叙事+支持'结构"是赫弗（2005：71）提出的"复杂语体陪审团审判模型"的一部分。赫弗将证人分为"叙事性证人"和"支持性证人"两类，认为律师在证人询问过程中通过策略性地控制证人答话来引导"犯罪故事"的出现，比如，律师在直接询问中会给证人足够的空间进行叙事，而在交叉询问中则会大大压缩证人叙事的空间，甚至完全不让证人叙事。

事显得更加丰满，更有说服力。

1. 公诉人讯问被告人

刑事诉讼中，被告人属于辩护方，公诉人属于控诉方；在庭审中，被告人与公诉人不在同一个阵营，处于对立立场，尽管被告人通常不会与之合作，公诉人还是会依照《刑诉法》规定的程序就案件事实问题讯问被告人，对于公诉人的问题，被告人必须如实回答。[①]这种问答互动是公诉人对其建构好的"有罪故事"的有机组成部分，因为公诉人会有目地围绕起诉书指控的犯罪事实提问，尤其是围绕核心事件提问，以此来确认或者更准确地说让被告人自己承认被指控的犯罪事实，所以这里我们更多地关注公诉人的问，而不是被告人的答，问的方式和问的内容直接引导出答的内容，问答互动过程形成故事片段。从庭审的程序阶段来看，这种互动发生在起诉书宣读完后，举证质证之前。

比如，下面例50～例62是"复旦大学宿舍投毒案"庭审中公诉人围绕前面例49总结的核心事件讯问被告人的互动过程，该过程可以归纳为9个主题。需要说明的是真正法庭上公诉人与被告人的问答互动主题顺序并非如此（可参考本书附录中的语料样本），为了方便分析，本研究按照上面总结的七个核心事件顺序对公诉人和被告人的问答互动顺序做了相应的调整。[②]

例50：

诉1：你和黄×是不是从2011年8月起成为室友的？

被：(1s) 2011年对8月份。

诉1：你们两人关系怎么样？

被：关系(1s)一般，就是(1s)不是特别的铁，(2s)可能互相之间可能有点看不惯，比如说他可能觉得我这个人没什么生活情调，那我呢可能觉得

[①] 被告人的供述是法庭案件审判的重要证据之一。关于被告人的供述有三点需要说明：第一，公安机关在侦查阶段对犯罪嫌疑人的讯问作为重要依据写进起诉意见书提交给检察院审查；第二，检察院起诉书中被告人的供述作为案件的重要证据提交给法院审理；第三，被告人的供述和法庭上的陈述以及表现（包括对公诉人讯问的回答）作为定罪量刑的重要参考之一。

[②] 核心事件（7）"医院抢救无效，黄×死亡"在公诉人与被告人的这些问答互动中没有提及，后面公诉人与鉴定人的问答互动中会有讨论。

他有点自以为是，就这样。当然聊【平时也聊天】，聊到一些关于理想啊，关于个人的一些想法的问题。

诉1：那么在接近这个两年的了解当中你和黄×在人生观价值观以及性格上是相同相近的吗？或者说是有很大的差异？

被：(1s)我(0.5s)因为跟他关系不是特别铁，所以我认为这个应该(0.5s)不是特别地相近。

诉1：那么你认为黄×是什么样的人？

被：他也是一个很聪明的人(2s)勤奋好学，但是呢可能我认为他有点自以为是▲

审长：▼被告人你对着话筒声音大点。

被：呃他(0.5s)他也是很聪明很优秀的人，嗯，个人为人上面我可能觉得他有点自以为是或者说可能有点自私了一点。

诉1：那么你认同他的这样的为人以及处理方式吗？

被：(4s)我对这个没什么(0.5s)没什么认同不认同的。

诉1：或者说在同寝室相处期间你和黄×存在着直接的矛盾和冲突吗？

被：没有。

诉1：那么你对黄×牵涉到你的言行是否存在有不满的情况？

被：(1s)基本上也没有。

诉1：(1s)黄×平时喜欢开玩笑吗？

被：(1s)偶尔。

诉1：他会针对你开玩笑吗？

被：(1s)以为比较少。

诉1：如果他对你开玩笑你能接受吗？

被：有些可能可能不接受的。

诉1：比如说哪些你是不能接受的？

被：(4s)我现在让我想我也想不起来，我可能这个人比较注重公平，所以就是说相互之间的(1s)一些开玩笑可能会比较注重公平，这样的。

诉1：你说的公平你认为他在跟你开玩笑的过程当中，他对你不公平吗？

被：不是，我就认为应该对人对己的标准是一样的，我觉得是这样的。

诉1：那也就是说你认为他对你和对自己的标准是不一样的吗？

<<< 第五章 中国刑事庭审叙事话语的互动（上）：两相互动——控、辩对抗

被：少。

诉1：有这种情况是不是？

被：对。

诉1：那你对这点是不满意的是不是？

被：（2s）对，可以这么讲。

诉1：你知道黄×打算考博吗？

被：他跟我讲过。

诉1：他【你】是什么时间知道的他打算考博？

被：应该是我（1s）从广州面试回来之后，就是13【12】年的年底，12月份，11月、12月这样子。

诉1：他的初试成绩怎么样？

被：英语是七十几分。

诉1：这个成绩算好吗？

被：对，在我们那边几个同学里面算很高的。

诉1：那么如果按照这个成绩的话他能够顺利考上博士吗？

被：其实他就算不考，当时想转博读博士肯定没问题。

诉1：噢，这是指之前曾经就是说有个转博机会？

被：对。

诉1：他之前就有这个机会的，是吗？

被：是的。

诉1：那么也就是说现在他考到这个成绩的话，按照你的想法的话他也是应该能够顺利考上博士的，是不是？

被：对，他读博士肯定没问题。

诉1：那么你有过考博打算吗？

被：原来有，但后来放弃了。

诉1：是什么原因呢？

被：就考虑到（1s）经济啊，个人的一些前途方面原因。

例50是公诉人和被告人围绕被告人与被害人黄×的关系的问答互动，公诉人一系列问题就是要被告人讲述他和舍友黄×的关系以及他对黄×的

153

看法，印证核心事件（1）"被告人林××因琐事与舍友黄×不和，怀恨在心"。

例51：

诉1：（3s）那么你为什么要对黄×实施这一次投毒行为呢？按照你刚才向法庭所陈述的内容的话，你跟他没有非常严重的矛盾和冲突，你为什么要对黄×实施这次投毒行为？

被：我个人认为这个事情是一个巧合。当时就是30号【29号】我同学吕×呢就是约我31号的下午去给他当实验的硕士对象，然后呢30号晚上我的同学黄×就在我们几个同学那边我们在玩游戏的时候，他就在那里说愚人节要到了，他会整人，而且他还边说边拍着我同学顾××的肩膀，然后当时看到他这个样子很得意的样子，我当时就想那我愚人节我就来整你一下。那么刚好第二天去我当时实验过的地方，那再加上以前听到过另一位同学讲过的以前其他地方有人拿着个毒药整【搞】同学的事情，所以当时就阴差阳错地就做了这么一个事情。

诉1：那么你当时就想到采用二甲基亚硝胺投毒而不是其他的方式吗？

被：就是头脑里当时就可能就是有过说以前有人用这个毒物搞同学的事情，然后也没想后果。

例51中公诉人的问话引导出被告人对其投毒行为的目的的讲述，此轮问答互动印证核心事件（2）"林××决定采用投毒方法杀害黄×"。

例52：

诉1：2013年的3月31日下午你是否去过×××实验室×××室？

被：对，去过两次。

诉1：你第一次去是做什么？

被：第一次到医院之后，我是跟我同学吕×说上去看一下我上次实验的手套等东西还在不在，但实际上我想去看我当时实验的这个药还在不在。

诉1：你说的药是指什么？

被：就是指这个二甲基亚硝胺。

诉1：第一次去的时候吕×是陪你上去的吗？

被：对，他陪我上去的。

诉1：是谁用钥匙打开的门？

被：吕×用钥匙打开的门。

诉1：你本人有钥匙吗？

被：我没有钥匙。

诉1：你刚才向法庭陈述说你第一次是和吕×一起去的×××实验室，但是当时没有拿二甲基亚硝胺，是不是这样？

被：对。

诉1：当时没有拿的原因是什么？

被：原因就是（1s）首先也没有准备什么东西装，而且没（0.5s）没跟吕×说要拿这个东西。

诉1：你是担心吕×看到是不是？

被：对。

诉1：那么你第二次进入×××实验室的时候是怎么跟吕×说的？

被：我说，我现在上去拿东西，你给我一个装的袋子。

诉1：然后呢？

被：然后他就（0.5s）从（0.5s）里面给我找了一个我们医院比较多的那个黄色的医疗废弃物袋，并跟我说钥匙就放在我（他）手机旁边那个桌上，让我自己拿过去，然后我就自己上去了。

诉1：你进去之后拿的一些什么东西？

被：拿了（0.5s）装有二甲基亚硝胺的原液瓶，它是用一个纸盒子装着的，还有那旁边放着一个透明的塑料袋，里面装有一支注射器，注射器里面大概有2～3毫升的黄色液体，我我当时猜测这应该是我们当时做实验留下来的二甲基亚硝胺。

例52中的问答互动是关于核心事件（3）"林××如何弄到剧毒化学品二甲基亚硝胺"[①]。这些内容其实已经作为证据提交给了法庭，公诉人讯问的目的有两个：一是查看被告人的态度，看他是否在法庭上"讲实话"；二是通过被告人自己的回答来印证起诉书中所说的"林××以去实验室取用品为名，

[①] 林××在回答中回避"剧毒"二字，甚至都不用"化学品"这个敏感词汇，他用了一个中性词汇"药"，这是被告人有意识的责任规避策略，后文对抗部分将详述。

从他人处取得钥匙后进入曾经实习过的×××医院×××室，趁室内无人，取出装有剧毒化学品二甲基亚硝胺的试剂瓶和注射器，并装入一只黄色医疗废弃物袋内随身带离"这一事实，所以这种问是无疑而问，是检验性讯问：无论被告人怎么回答，答案已经知晓，就看被告人的态度了。

例53：

诉1：当时这个二甲基亚硝胺的这个试剂瓶是怎么样【是多少容量的】？

被：容量我当时也没看，但是后来经过公安机关的这个调查应该是100毫升的一个瓶子。

诉1：这个100毫升的瓶子是给你辨认过的，是不是？

被：对，后来我辨认过，还签过字。

诉1：那么你当时拿到的试剂瓶它其中的原液占到这个瓶子的百分之多少？

被：我当时看它的高度的话大概是从底部往上大概1/5到1/4这个高度。

诉1：之后也做过侦查实验的，是吗？

被：对的。

诉1：那么侦查实验做出来的容量是多少？

被：侦查实验做出来是50毫升。

诉1：这个是经过你确认的，是不是？

被：对，我签过字的。

例53是公诉人和被告人关于被告人取得的剧毒化学品二甲基亚硝胺的容量的一轮问答互动。公诉人的重复性问题"你辨认过、确认过的，是不是？"引导被告人自己说出实情并且承认法庭上讲的话与公安机关侦查的内容是一致的。

例54：

诉1：你拿了这些二甲基亚硝胺的原液之后去了哪里？

……

诉1：你们就直接返回寝室了，是不是？

被：对的。

例54和例55中的公诉人与被告人的问答互动是对核心事件（4）"林××将剧毒化学品二甲基亚硝胺投入宿舍饮水机内"的印证与支撑。

例55：

诉1：你回到寝室的时候里面有人吗？

被：里面没有人。

诉1：之后你做了什么？

被：之后我就（0.5s）把（0.5s）这个（0.5s）原液以及这个注射器里面的这个二甲基亚硝胺都倒进了这个饮水机里面，然后边上溅了几滴黄色的液体，所以我就用我桌上的一瓶农夫山泉矿泉水把它冲了进去。

诉1：你当时是把这个原液和注射器内的这个原液一起倒入了这个饮水机，是吗？

被：对的。

例56：

诉1：你查了它哪方面的信息？

被：（2s）我有点忘了，应该是就百度了一下这个药，把药名输进去就百度了一下。

诉1：就是把二甲基亚硝胺这个作为一个关键词进入百度搜索，是这样吗？

被：对。

诉1：除了用这个做关键词还用过其他的吗？

被：（3s）我忘记了。

诉1：但是总的是关于二甲基亚硝胺的，是不是这样？

被：应该是。

诉1：那么你查到的这个情况怎么样？百度上是怎么说这个二甲基亚硝胺的？

被：当时只是稍微浏览了一下就关掉了，就（0.5s）大致看到了肝损害（1s）还有，后来公安机关我们确认过了，严重者可致死亡。

例57：

诉1：上述（0.5s）包括你的学术论文和毕业论文内容当中都有关于二甲

基亚硝胺毒性的说明，同时基于上述实验结果的情况，你对二甲基亚硝胺的毒性以及造成死亡结果的情况是明知的，对不对？

被：对。

例56和例57中公诉人问话的目的是想要被告人自己承认他是知晓二甲基亚硝胺的剧毒危害性以及严重后果的。

例58：

诉1：你在这个寝室饮水机内啊投入这个二甲基亚硝胺，你是为了做什么的？是想达到什么目的的？

被：（1s）主要是（1s）其实就是想到（0.5s）可能他会难受，当时▲

诉1：▼他是指谁？

被：就黄×会难受，但是也没想到会有这种这么严重的后果。

诉1：你是想让他喝下这个注入二甲基亚硝胺的水，是不是这样？

被：对的。

诉1：那么你在上网查询后知道这个东西会造成肝损害并且会造成死亡，你有没有想过要放弃？

被：（3s）性格不够果断（3s）▲

审长：▼被告人你说什么？说得大声一点，法庭没听清楚。

被：就是其实我做完这个事情之后我就知道这个事情肯定会发现的，因为黄色的液体，然后气味又很浓，但是我个人感觉我性格不够果断，就想让它去吧，然后就这件事情就这样发生了。

诉1：也就是你也没有选择放弃，是不是？

被：对的。

我们将例58中的问答内容串联起来，结合例54和例55，可以形成这样一个故事情节：被告人明知道投入宿舍饮水机里的二甲基亚硝胺会造成舍友黄×肝损害甚至死亡的严重后果，还依然坚持这么做，没有选择放弃他的犯罪行为（停止往饮水机内投入二甲基亚硝胺或者投入后处理掉饮水机内的水），其目的是很明显的，这就叫作"故意"，是公诉人想要得到的答案。

例59：

诉1：那么你为什么要将这个二甲基亚硝胺投入饮水机不直接投入黄×的饮水杯呢？

被：30号晚上我有这个念头之后，我就回去看了一下，刚好饮水机当时里面没水了，然后呢因为黄×的水杯我是知道的，他的水杯是白色的，所以当时就有了这么一个想法。

诉1：白色的这个意思是二▲

被：▼太显眼。

诉1：啊，放进去的话会很显眼？// 是吗？

被：// 对，因为你这个液体是黄色的。

例60：

诉1：那么他当时是几点的时候喝的水啊？

被：他大概是八点多起床的时候。

诉1：嗯，当时的具体情况怎么样，向法庭陈述一下。

被：当天早上（1s）当天早上我在床上睡觉他起床了，然后我就知道他起床了，然后他就跟平常一样拿着他那个白色的杯子里面有个铁调羹的，接了一点水，然后给那个杯子这样（手势，勺东西的动作）勺了勺，有那个铁碰击那个陶瓷的声音，所以我就知道他然后他就喝了就吐出来了，然后就在那里有点干呕，想把那个东西呕出来的这种感觉，然后我当时就知道他发现了，所以我就躺在床上，没有动，就怕他问我，我就假装在睡觉，我就怕他问我。然后直到（1s）然后接下来他就把桶去拿去盥洗室去洗了，声音很大我都知道的。然后洗完后回来也在那摆弄那个桶。然后这个时候我的手机响了，我们那天是跟一个同学约好了，要去浦东办一个事的，我我就马上跳下来接了手机，然后避免跟他讲话我就出去了，知道他走了之后我才又回到宿舍。

诉1：也就是说在黄×喝水的过程当中你没有阻止他，是不是这样？

被：呃，对。

诉1：你也没有在他喝这个水之后告诉他这个水你注入过二甲基亚硝胺，是不是？

被：没告诉。

159

在例59和例60中，公诉人想要被告人自己承认四件事情：第一，被告人不想其投毒行为被黄×发现；第二，黄×喝了被告人已投入二甲基亚硝胺的宿舍饮水机内的水，而且被告人在场；第三，黄×喝完被投了毒的水后身体明显感觉不适，而且被告人在场；第四，被告人没有阻止黄×喝已被被告人投入二甲基亚硝胺的宿舍饮水机内的水。这也是一个对被告人犯罪故事的"主观故意"的印证。

例61：

诉1：(2s)在4月2日的17点，你为黄×做过B超检查吗？

被：对。

诉1：(2s)你具体是给他做了些什么部位啊？

被：我给他做了胃以及肝脏。

诉1：那当时黄×是个人来的还是有同学陪他一起来的？

被：有几个人。

诉1：呃你告诉黄×以及陪同他前来的几个同学这个检查结果是什么？

被：我说胃应该是没问题的，然后说这个我补充了一句，肝脏也没问题，然后随即意识到自己说多了，就再把这个话扯开了。

诉1：你当时为什么要跟他们说肝也没有问题啊？

被：这种主要就是自己做过的事就（1s）心虚吧。

诉1：你没有向他们说明黄×发病的原因是吗？

被：没有告诉。

例62：

诉1：那么你在这种情况下还是没有向其他人提起过黄×的真正病因，是不是？

被：没有提起过。

诉1：也没有提供过切实可行的治疗方案，是不是？

被：也没有。

诉1：你为什么在知道他病情在这样一种恶化的情况下不说出他病发的真实原因？为什么不尽力挽救弥补自己的行为造成的危害后果？

被：我认为可能（0.5s）几方面的原因吧：第一就是自己我知道他喝下去

的很少的量，另外我试验中大部分老鼠是不死的，所以我就一直认为这是可能只是一个病程，他（0.5s）熬过去就好了。

通过例 61 和例 62 中的互动，公诉人想让被告人自己承认黄 × 在喝了被他投入二甲基亚硝胺的宿舍饮用水后造成身体不适入院治疗，被告人知晓全过程，而且故意隐瞒黄 × 发病原因，印证了核心事件（6）"黄 × 身体不适入院治疗"。

以上分析让我们明白，公诉人和被告人的这一系列问答互动就像一帧帧电影画面，将被告人的犯罪经过清晰而完整地展现在观众面前。

2. 公诉人与鉴定人的互动

鉴定意见是案件事实的重要证据之一。鉴定意见一般分为两种，一种是公诉方聘请/委托鉴定人所做的鉴定意见，另一种是辩护方聘请/委托鉴定人所做的鉴定意见，第二种只发生在辩护方对第一种鉴定意见有异议，认为有必要的情况下进行的重新鉴定或者补充。例 63 中是公诉方与其申请出庭的鉴定人之间关于黄 × 死亡原因所做的重新鉴定意见进行说明的问答互动。公诉人询问了检验方法，黄 × 的死亡原因，导致黄 × 急性肝坏死的其他因素，黄 × 入院治疗情况，重新鉴定的最后鉴定意见五方面的问题，鉴定人进行了全面和完整的叙述，充分证明了黄 × 死亡的原因是 N 二甲基亚硝胺中毒导致的急性肝坏死和急性肝功能衰竭，这就直接印证了前面总结的核心事件（7）"医院抢救无效，黄 × 死亡"。

例 63：

诉 3：鉴定人陈 ××，公诉人注意到您作为上海市人身伤害司法鉴定委员会专家之一，参与了对黄 × 死亡原因重新鉴定的整个过程，为此公诉人专程请您到庭，就重新鉴定中涉及的一些专业性的问题做详尽的解答，接下来请您针对公诉人提出的以下五方面的问题进行专业性的解答，是否可以？

鉴：可以。

诉 3：第一方面的问题，关于本次重新鉴定所采用的检验方法。请问当时专家们对黄 × 死亡原因进行重新鉴定的过程中，参与鉴定的专家均查阅了哪些材料？具体采用了哪些检验方法？

鉴：（2s）在做这个鉴定的过程当中，我们这个所有的专家首先是查看上海市人民检察院二分院提供的卷宗材料七册。第二，我们解剖了【重新解剖了】黄×的这个尸体，第三▲

诉3：▼你指黄×的尸体。

鉴：黄×的尸体。第三，我们重新检查了黄×的器官。第四，我们重新检验了黄×的组织学切片。

诉3：呃除了查阅了有关公诉方提供的相关材料以外，专家们是否还另外查询了相关的文献资料？

鉴：（话筒原因声音很低……）我们查阅了相关文献。

诉3：接下来第二方面的问题，也就是关于被害人黄×的致死原因。请问经过鉴定，造成被害人黄×死亡的原因是什么？

鉴：黄×死亡的原因，直接原因啊，他是急性肝坏死造成肝功能衰竭并多器官功能衰竭。

诉3：也就是急性肝坏死然后造成急性肝功能衰竭，然后再导致其他的器官功能损害和衰竭，是不是？

鉴：是的。

诉3：那么造成黄×急性肝坏死引起急性肝功能衰竭的直接原因是什么？

鉴：他的引起急性肝坏死和急性肝功能衰竭的直接原因我们鉴定报告上写得很清楚，是 N 二甲基亚硝胺中毒。

诉3：那么你是不是可以比较详尽地呃解释一下当时判定的这个这方面的依据是什么？

鉴：第一（……），第二我们要解剖他的尸体，第三我们要检查他的器官，第四点对他的器官进行病理性切片▲

审长：▼呃鉴定人，请你对着话筒尽量声音大一点。

鉴：好，那么最后我们要对前期司法鉴定留下的问题、鉴定意见（……）综合这几方面的原因我们最终确认造成黄×急性肝坏死继而急性肝功能衰竭的原因是 N 二甲基亚硝胺中毒。

诉3：那么从你们对黄×的肝部损伤的状况进行鉴定的过程当中，那么对于当时他受损这种情况是不是还存在一种具有可逆性？

鉴：可逆性？

诉3：对。

鉴：你指的可逆性▲

诉3：▼也就是他肝细胞自我修复的可逆性，存在吗？

鉴：我们在黄×的尸体拍照中没有发现黄×肝细胞可逆（……）可逆性概率较小。

诉3：接下来第三方面的问题也就是是否存在其他因素导致黄×急性肝坏死的这种状况产生？

鉴：啊这个问题的话我们在鉴定意见书当中的话已经非常明确地指出来，就是肝坏死的原因本质我们鉴定【在我们的鉴定意见】当中已经排除了，第一是由于他自身的一个肝脏疾病导致的急性坏死的这么一种可能，第二我们也排除了他的那个除了病毒性感染，缺血性改变以及他的代谢紊乱和他自己自身原患有的一个自身免疫性这个疾病所导致他肝坏死的可能，我们全部予以排除。

诉3：那么对于外部损伤是不是可能造成？

鉴：外部损伤，因为我们在黄×的尸体当中的话是没有发现明显的这个机械性损伤的存在，也没有发现他的机械性窒息所导致的他的本身一个//缺血缺氧的肝功能▲

诉3：//你当时▼当时也排除了，是不是？

鉴：完全排除了。

诉3：那么有没有排除其他疾病造成的呢？//就是打比方//胰腺炎方面。

鉴：//嗯//我们在鉴定书上的表述的话啊是我们排除了黄×生前患有胰腺炎的//病的可能。

诉3：//也排除了，是不是？

鉴：排除了，同时排除了他原有的心、脑、肺主要器官存在疾病而导致死亡的可能性。

诉3：是全部予以排除？

鉴：全部予以排除。

诉3：第四方面的问题也就是关于黄×入院以后的诊治问题。请问经查询黄×的一些病理状况，黄×发病入院以后医院在诊疗过程当中对黄×的诊治的一系列的手段是否及时并且具有针对性？

鉴：根据我们这个审阅了黄×入院以后的全部的病例啊，我们的意见是这样的：医院在诊疗过程当中它的诊疗是及时的，是有针对性的，整个的医疗行为符合诊疗常规。

诉3：最后一个也就是第五方面的问题，关于黄×进入重新鉴定以后的最终的鉴定意见。那么专家委员会对黄×重新鉴定以后最终的鉴定意见是什么？

鉴：我们最终的鉴定意见：黄×符合N二甲基亚硝胺中毒致急性肝坏死引起急性肝功能衰竭，继发多器官功能衰竭死亡，// 汇报完毕。

诉3：// 也就是这个最终鉴定意见 // 与上海市物证鉴定中心出具的法医尸体检验鉴定书所得出。

鉴：// 对。

诉3：的鉴定意见是一致的，是不是？

鉴：是一致是一致的。

至此，公诉方建构的"被告人林××因琐事与被害人黄×不合，采用投毒方法，故意伤害黄×，并致黄×死亡"的犯罪故事框架中的七个核心事件得到了初步印证，有了一定的说服力。但这还不够，要使得这个有罪故事版本有更高的可信度，让辩护方和合议庭都能接受，还需要对相关证据进行展示，接受辩护方的质疑，并且就相关事实证据问题与辩护方展开辩论。但是因为本案庭审中没有证人出庭作证，证人证言都是当庭宣读的，自然就没有公诉方对己方证人的直接询问了[①]。

（三）公诉人主叙事话语：公诉意见书

起诉主叙事话语赖以建构被告人有罪的故事框架还体现在公诉人在法庭辩论阶段的公诉意见书叙事话语中。公诉意见书是公诉人在法庭辩论阶段第

[①] 这应该是中国刑事审判制度需要进一步改进的地方，由于证人不出庭而不能接受公诉方的直接询问和辩护方的交叉询问，证人证言无论是对于公诉方的"被告人有罪/罪重"故事还是对于辩护方的"被告人无罪/罪轻"故事的可信度都会产生一定程度的影响。

一次系统的发言，是对指控被告人犯罪的证据和案件情况集中发表的意见。公诉意见书对起诉书指控的犯罪，结合法庭上辩护方的质证意见，做进一步的阐述。所以公诉意见书是对公诉方已经建构的"被告人有罪/罪重"故事版本的加强与延伸。

例64：

诉2：为方便合议庭评议，并对本案作出公正的判决，公诉人对本案主要争议的三个焦点：第一，被害人黄×的死亡是不是林××投毒行为造成的；第二，林××投毒的目的是伤害黄×的身体健康，是开一个玩笑还是为了杀死黄×；第三，林××为什么要杀死黄×，他这样做的动机是什么。

公诉人就这三个焦点发表三点公诉意见，阐述公诉机关的主要观点和依据，供合议庭在评议本案时参考。

一、起诉指控被告人林××故意投毒杀害黄×的犯罪事实清楚，证据确实充分。（列举的九方面的事实细节略）

二、被告人林××明知自己的投毒行为必然造成黄×死亡的结果，而决意实施并希望这一结果发生，林××的这种行为构成故意杀人罪。（列举的三方面的事实细节略）

三、被告人林××故意采用投毒的方法杀害黄×，具有明确的犯罪目的和犯罪动机。（事实细节略）

例64是公诉意见书的摘录，省略了细节阐释部分（完整内容可参考附件中的语料样本）。我们可以看到，公诉人阐述了公诉方的主要观点和依据，围绕三个争议焦点对控方故事版本中的七个核心事件进行了整合提炼，从刑法学的角度详细阐释了被告人的犯罪事实、犯罪结果、犯罪目的和犯罪动机。发表完公诉意见，控方故事版本已经完全呈现了出来。

通过上面的分析我们发现公诉方的故事版本的构成过程表现在庭审程序上是：首先是公诉人在起诉书里的主叙事话语勾勒出故事骨骼框架，然后是公诉人引导的嵌入叙事话语为故事框架填充事实素材，最后是公诉人在公诉意见书主叙事话语里对这个故事进行提炼和升华。

165

二、辩护叙事话语主体内互动：构建一个被告人无罪或者罪轻的故事

理论上，辩护叙事话语主体内互动主要体现在辩护人与被告人、证人和鉴定人之间的问答形式上，但实际情况是证人不出庭，辩护人无法与之面对面互动；鉴定人即使出庭了，因为鉴定机构的权威性，鉴定意见往往令辩护方无疑可质，辩护人与鉴定人之间自然就没有互动了。"复旦大学宿舍投毒案"一审没有证人出庭[①]，公诉方申请鉴定人出庭，但辩护方没有与之互动。所以这部分我们所说的辩护叙事话语主体内互动就只有辩护人和被告人之间的互动了。

同起诉叙事话语主体内互动相似，辩护叙事话语主体内互动的目的有两个：一是建构案件事实；二是对抗公诉方建构的"被告人有罪"的故事版本。辩护方在以对抗的方式解构公诉方故事版本的同时，也在建构自己的故事版本，这个故事版本的形成在庭审程序上表现为先是辩护人引导的嵌入叙事话语，然后才是辩护人的辩护词主叙事话语。

（一）辩护人与被告人的互动

辩护人和被告人都是辩护主体，同属于辩护方，他们之间的互动是高度合作的，是同向的，因此辩护人与被告人之间的互动完全不同于公诉人与被告人之间的互动，这从辩护人和公诉人的问话方式以及被告人的答话内容可以清楚地看出（比较例 50～例 62 与例 65），问话者的内容导向性非常明确。无论是公诉人还是辩护人，他们的问题都是无疑而问，形式上的问题以及对问题的回答对于提问者来说并不重要，因为他们心里已经有答案。

例 65：

辩 1：林××。

被：你好。

辩 1：我们作为你的辩护人想问你一些与本案的犯罪事实与情节，请你来回答。（上海腔普通话）

被：好。

[①] 一审判决后被告人不服提起上诉，上海市高级人民法院于 2014 年 12 月 8 日公开开庭进行本案二审，允许专家证人出庭作证，这是一种非常可喜的变化。

辩1：嗯你与周围的人相处关系如何？

被：（1s）应该算是不错的。

辩1：不错的啊？

被：嗯。

辩1：2013年3月30日星期六那天晚上你与你寝室对面的413寝室中的学友相处时发生过什么事啊？

被：就是（0.5s）受害者黄×在过来跟我们聊天说愚人节要到了，他有一个整人的想法，然后边说就边拍顾××的肩膀说我整你整你怎么样之类的话（1s）当时我坐在旁边在玩电脑。

辩1：（5s）当时有几个人在一起？

被：当时应该是我、付××、盛×以及黄×四个人。

辩1：那么根据你刚才的呢叙述等于是黄×先开了一个玩笑，是不是？

被：是的。

辩1：（2s）那么请问你黄×当时的那个上述语言触发你什么想法？

被：就触发我想整他的一个想法。

辩1：（3s）你在本案当中投放的二甲基亚硝胺是出于什么那个追求目的啊？

被：主要就是想让他难受（1s）仅此而已。

辩1：叫他身体不适痛苦是吧？

被：对。

辩1：身体不适啦。

被：嗯。

辩1：你发表的那个十几篇论文是研究什么方向的？

被：超声诊断。

辩1：超声诊断是吧？

被：对。

辩1：啊你对实验用的化合物，也就是说本案涉及的二甲基亚硝胺有过独立研究分析过吗？

被：没有。

辩1：（3s）你对当时投放的剂量多少有什么概念吗？

被：其实是没有概念的。

辩1：(3s)被害人黄×最终被导致死亡的结果你想到过没有？

被：没有。

辩1：(4s)你为什么认为不会死？

被：除了就是他喝进去的量很少，然后呢我实验中大部分大鼠是没有死的，而且呢越到后面那个越生龙活虎，因为他越到后面基本上都修复得差不多了。

辩1：你就通过一个阶段的呢持续的观察，有很多是可能会肝脏自行修复的，是不是？

被：是这样的。

辩1：最后一个问题啊，想问你：事发以前你是否已经被录取了从事医生这一类的工作单位啊？

被：是。

通过例65中的问答互动，辩护人和被告人共同建构了这样一个故事脉络："(1)被告人林××与周围人的关系不错，包括其舍友被害人黄×。(2)愚人节前他们四个同学在一起聊天玩耍，黄×的'整人玩笑'让林××产生了要在愚人节那天整黄×的一个想法。(3)于是林××将其实验用的化合物二甲基亚硝胺投入宿舍饮水机内，目的是想让黄×难受。(4)林××的研究方向是超声诊断，对二甲基亚硝胺没有做过独立研究分析，对其毒性不是很了解，而且大鼠实验结果显示动物肝脏损伤可以自行修复，不会造成严重后果。(5)在这之前林××已经找到从事医生职业的工作单位。"因为这一问答互动是围绕起诉书指控被告人的犯罪事实进行的，这个故事脉络与控方故事很明显是对抗的，后面会有详细对比。

（二）辩护人主叙事话语：辩护词叙事话语

本案辩护方做的是罪轻的辩护，也就是说承认部分犯罪事实，即如辩护人所说的"准确地认定被告人罪行不仅对被告人的量刑，对被告人的服判有重要的意义"，因此辩护词叙事话语围绕被告人罪轻从"犯罪行为间接故意"和"依法应从轻处罚"两方面进行阐述（见例66），辩护人先陈述辩护观点，然后逐一例举事实加以佐证，形成了"被告人因为一个临时起意，想捉弄被害人的想法，而过失地导致了被害人的死亡"这样一个间接故意杀人的故事版本。

例66：

辩1：现正式发表对被告人林××罪轻的辩护意见如下。

本辩护意见分两部分。

一、被告人林××的主观故意属间接故意，而非决意杀害的直接故意。辩护人认为，就起诉书所指控的内容而言，公安机关定性是正确的。在此辩护人不表异议。其所展示的相关证据也是严谨且相互印证的。辩护人也予认可。但起诉书有关被告人主观故意中意志态度方面的阐述，辩护人不能同意。（列举的五方面的事实细节略）

二、被告人林××具有量刑的法定从轻即酌情的从轻情节。（事实细节略）

第二节　主体间互动：对抗

起诉叙事话语和辩护叙事话语主体间互动的过程是最复杂同时也是最精彩的过程，对抗性是两大叙事话语主体间互动的最明显的特征。根据叙事话语的构成，中国刑事庭审两大叙事话语之间的对抗性互动体现在两个层次上：主叙事话语的对抗性互动和嵌入叙事话语的对抗性互动。虽然与陪审团制度的庭审方式不同，中国混合式刑事庭审制度下很少有证人出庭，因此验证证据事实的证人询问环节通常处于缺省状态，马雷和法伊（Maley & Fahey, 1991）提出的"控方故事"和"辩方故事"以及赫弗（Heffer, 2010：205）提出的"论点对立结构"（见第二章文献综述里的介绍）仍然适合本研究的叙事话语对抗分析。我们认为中国刑事庭审一样存在"控方案子"和"辩方案子"之分，不同的是中国刑事庭审中证人证言呈现的方式主要是由公诉方当庭宣读完成的，但是这并不影响辩护方对控方故事版本的拆解和解构，也不影响辩护方建构自己的故事版本。所以辩护叙事话语和起诉叙事话语之间的对抗就是辩方故事和控方故事之间的对抗。

分析互动对抗之前需要说明的是，前面讲过，在"复旦大学宿舍投毒案"庭审中辩护人为被告人做罪轻辩护，辩护方对控方故事的七个核心事件中的后三个是认可的，所以辩方故事和控方故事的互动对抗主要集中在前四个核心事件上，被告人和辩护人叙事话语对抗的焦点也就是这四个核心事件。

一、被告人嵌入叙事话语[①]

前文（第四章）有介绍，被告人嵌入叙事话语主要分布在法庭调查阶段的公诉人起诉书宣读结束后的陈述环节，接受公诉人的讯问环节，举证环节，法庭辩论以及辩论结束后的最后陈述环节。

（一）陈述环节

公诉人宣读完起诉书后，被告人就起诉书指控的事实向法庭做陈述，他是这么说的：

例67：

被：（2s）起诉书上检察院关于我采用的投毒方法最终导致了我同学黄×的死亡，这个事实讲得很清楚，我没有任何异议，但是关于起诉上的我与黄×因琐事不和继而对黄×怀恨在心，以及我决意杀害他，这两点不是事实。

这是辩护方的第一次对抗，是被告人的嵌入叙事话语对起诉叙事话语的对抗。被告人直接否认公诉方"有罪故事"中指控他的犯罪动机（"与黄×因琐事不和继而对黄×怀恨在心"）和犯罪主观故意（"决意杀害他"）。

（二）接受公诉人讯问环节

在接受公诉人的讯问中，被告人形式上是很配合的，但是实体上的对抗还是很明显的，比如，他用"药""东西"来指公诉人指控他杀害黄×所用的"剧毒化学品二甲基亚硝胺"（例68，例69，例70），这是一种隐性对抗

[①] 这部分所引例子与5.1.1.2.1节一样，都是公诉人讯问被告人的问答互动，但前面5.1.1.2.1节关注的是公诉人的问话，这里我们更多关注被告人的答话。

方式①。从实验角度来讲，二甲基亚硝胺是作用于大鼠肝纤维化的一种实验药物，但是这种实验用的化学品如果被人服下就会造成致命的后果，被告人通过词汇语义的场域概念巧妙地回避了他被指控用来杀害黄×的"剧毒化学品二甲基亚硝胺"。而用词的准确性是法律的语言特征之一，因为它会直接影响到定罪的性质和量刑的力度，所以公诉人会反复询问："你说的这个药/东西指的是二甲基亚硝胺吗？"

需要说明的是，这里所说的对抗并不是指被告人的答话对公诉人问话的对抗，而是被告人通过形式上配合回答公诉人关于起诉书中指控其犯罪事实的讯问来策略性地对抗公诉方的"有罪故事"。

例68：

诉1：你第一次去是做什么？

被：第一次到医院之后，我是跟我同学吕×说上去看一下我上次实验的手套等东西还在不在，但实际上我想去看我当时实验的这个药还在不在。

诉1：你说的药是指什么？

被：就是指这个二甲基亚硝胺。

例69：

诉1：你做完了这些事之后你到哪里去了？

被：做完这些事之后我就回到寝室了，回到宿舍楼。

诉1：你做了什么？

被：我就（2s）有那么一小时不知道做了什么，但是平静下来之后我就去网上查了一下这个药物。

诉1：你查了这个药物还是指二甲基亚硝胺，是吗？

被：对。

诉1：你查了它哪方面的信息？

被：（2s）我有点忘了，应该是就百度了一下这个药，把药名输进去就百

---

① 刘少军（2009：61）从诉讼法学视角在两个维度上对控辩双方的对抗关系进行分类：一是对抗涉及问题性质上的实体性对抗与程序性对抗；二是表现方式上的消极对抗与积极对抗。本书研究视角不同，主要关注庭审叙事话语的互动，所以只涉及话语层面的对抗，不做严格的法学分类。

度了一下。

诉1：就是把二甲基亚硝胺这个作为一个关键词进入百度搜索，是这样吗？

被：对。

例70：

被：我就（0.5s）很慌张，然后在网上又查了一下这个东西。

诉1：查了二甲基亚硝胺吗？

被：对。

在回答公诉人讯问没有将从实验室拿出来的二甲基亚硝胺原液带去食堂的原因时，被告人的回答（见例71）不仅是答话内容上的对抗，叙事方式是明显的反诘问话"你总不可能带着一个东西吃饭吧？"，从语气上和内容上都是一种直接的对抗，这属于显性对抗，就是表明不想说"我不想让盛×发现我将二甲基亚硝胺原液从实验室带出来，况且用黄色医疗废弃物袋装着太显眼了，很容易被发现"，所以当公诉人点明其意图时，被告人才回复"你可以这么认为"，这后一个回答仍然是一种对抗，属于中性对抗，意思是表示"不承认也不反对"。

例71：

诉1：你们是在哪里碰面的？

被：（2s）我们应该是直接在医院的食堂碰面的。

诉1：那么你当时有没有把这个原液带过去呢？

被：没有。

诉1：为什么没有带过去？

被：你总不可能带着一个东西吃饭吧？而且是黄色医疗废弃物袋装着的。

诉1：因为你带这个东西过去被盛×发现了不方便，是不是这样的？

被：你可以这么认为。

例72：

诉1：你在这个寝室饮水机内啊投入这个二甲基亚硝胺，你是为了做什么的？是想达到什么目的的？

被：(1s) 主要是（1s）其实就是想到（0.5s）可能他会难受，当时▲

诉1：▼他是指谁？

被：就黄×会难受，但是也没想到会有这种这么严重的后果。

被告人在例72的答话中用模糊限制语"可能"来消解"犯罪行为的主观故意"这个指控，而且目的是让被害人难受，"黄×最后死亡这么严重的后果"是意料之外的。这是被告人对控方故事中犯罪目的的显性对抗。

例73被告人直接否认了公诉方对他的"与被害人黄×因为琐事关系不和，怀恨在心"的犯罪动机的指控，也是显性对抗。

例73：

诉1：你们两人关系怎么样？

被：关系（1s）一般，就是（1s）不是特别的铁，（2s）可能互相之间可能有点看不惯，比如说他可能觉得我这个人没什么生活情调，那我呢可能觉得他有点自以为是，就这样。当然聊【平时也聊天】，聊到一些关于理想啊，关于个人的一些想法的问题。

诉1：在同寝室相处期间你和黄×存在着直接的矛盾和冲突吗？

被：没有。

诉1：那么你对黄×牵涉你的言行是否存在有不满的情况？

被：(1s) 基本上也没有。

例74中被告人详细叙述案发前的晚上几个同学玩游戏时黄×的整人的玩笑令其萌生整黄×的想法，否认公诉方故事对他"主观故意，决意杀害黄×"的犯罪行为的指控，印证了其在陈述中所说的话，证明其犯罪行为是"临时起意，不计后果的"。

例74：

诉1：(3s) 那么你为什么要对黄×实施这一次投毒行为呢？按照你刚才向法庭所陈述的内容的话，你跟他没有非常严重的矛盾和冲突，你为什么要对黄×实施这次投毒行为？

被：我个人认为这个事情是一个巧合。当时就是30号【29号】我同学

173

吕×呢就是约我31号的下午去给他当实验的硕士对象，然后呢30号晚上我的同学黄×就在我们几个同学那边我们在玩游戏的时候，他就在那里说愚人节要到了，他会整人，而且他还边说边拍着我同学顾××的肩膀，然后当时看到他这个样子很得意的样子，我当时就想那我愚人节我就来整你一下。那么刚好第二天去我当时实验过的地方，那再加上以前听到过另一位同学讲过的以前其他地方有人拿着个毒药整【搞】同学的事情，所以当时就阴差阳错地就做了这么一个事情。

诉1：那么你当时就想到采用二甲基亚硝胺投毒而不是其他的方式吗？

被：就是头脑里当时就可能就是有过说以前有人用用这个毒物搞同学的事情，然后也没想后果。

例75和例76中被告人的叙事话语说明黄×的死亡是他没有想到的，因为他觉得黄×喝下去的被投入二甲基亚硝胺的饮用水的量很少，加上大鼠实验结果和网上查询结果让他存有一种"黄×可能不会死"的侥幸心理，从而直接对抗了公诉方故事中关于"被告人决意杀害黄×"的说法。

例75：

诉1：那么你除了刚才向法庭陈述的在3月31日和4月1日都曾上网查询过关于二甲基亚硝胺的信息之外，你在其他的时间是否还查询过二甲基亚硝胺的信息呢？

被：从黄×住进重症监护之后，我应该是查过很多的，陆陆续续应该查过很多。

诉1：那么你查这些信息的目的是什么？

被：主要是一方面是当时因为检测不出来，所以觉得奇怪，就查了。另外就是自己一直有一种侥幸心理，就是说我认为这个只是一个病程，他可能不会死，那就想去找一点这方面的一点自我安慰，就一直在那里查。

例76：

诉1：你为什么在知道他病情在这样一种恶化的情况下不说出他病发的真实原因？为什么不尽力挽救弥补自己的行为造成的危害后果？

被：我认为可能（0.5s）几方面的原因吧：第一就是自己我知道他喝下去

的很少的量，另外我试验中大部分老鼠是不死的，所以我就一直认为这是可能只是一个病程，他（0.5s）熬过去就好了。

（三）质证环节

被告人嵌入叙事话语与起诉叙事话语的对抗还体现在法庭调查阶段的举证质证环节。《刑诉法》规定用于证明案件事实的所有材料必须提供法庭调查，经查证属实后才能作为定案的根据。证人证言必须在法庭上经过控、辩双方质证并且查实以后，才能作为定案的根据。所以对公诉方举证的内容进行质疑是对控方故事直接的对抗，因为驳斥或者否认了控方的有效证据就拆解了其赖以建构故事的基础。

例77：

审长：被告人对公诉人宣读出示的该组证据有没有意见？

被：关于马博士跟吕博士的实验浓度以及操作过程中的一些细节可能有点不同，我在我的笔录里都有体现，笔录里面有。

审长：有什么不同你可以当庭提出来。

被：我刚才听下来跟我应该印象中的不一样，具体怎样我笔录里面应该都有【都有写】。

审长：有哪些不一样，你现在想得起来吗？

被：就比如说吕博士说在配药【配药浓度】的时候我在场，当时实际情况应该不是这样的，应该是他配好之后我赶到实验室，我从超声科赶过来，当时我还问了他这个浓度怎么配，他跟我讲了一下，但我当时没听懂，然后觉得这是一个数学问题，所以当时也没有深究，就往动物房走了。另外我印象中做实验中应该他没有说什么戴面罩啊口罩啊这些东西，这个应该那个照【照片】他的证言也可以证实。

上例是公诉人宣读的证人吕××的证言，证实被告人明知二甲基亚硝胺会致人死亡的事实。被告人最后一个话轮的叙述的目的是证明他不知道二甲基亚硝胺的毒性，从而对抗公诉方对他"犯罪的主观故意"的指控。

例78：

诉4：第5项，证人徐×（×××医院××科医生）于2013年4月

21日所做的证言证实：2013年4月6日，徐×到××医院重病监护室看望黄×后，在回自己科室的通道里遇到黄×的父亲，在二人谈论黄×的病情的间隙，林××与黄×父亲搭话，还告诉徐×其曾为黄×做过B超，查胃穿孔，林××还称黄×有可能是重金属中毒。

第6项，证人黄××（被害人父亲）于2013年4月16日、4月25日所做的证言证实：黄××于2013年4月3日20时左右飞抵上海，之后直接到××医院重病监护室看望儿子黄×，当晚22时，黄××在王×的陪同下，进入黄×的寝室，当时寝室内仅林××一人在场。4月6日下午，黄××在重症监护室外的走道上遇见徐×，在二人交谈期间，林××上前与黄××说话，并跟徐×说黄×有可能是重金属中毒。4月16日15时23分黄×被宣告死亡。黄××随即同意公安机关对黄×进行尸检。

审长：被告人对该组证据有没有意见？

被：徐医生跟黄伯伯他重金属的这个话我应该要说明一下：就是当时是这样的，我问徐医生说医生现在考虑的病因是什么，他呢就跟我说可能是感染，那么当时我觉得这是不对的，我就说应该还是中毒，但这句话一说完之后我就发现黄伯伯眼神看的时候他一紧，我马上就扯了一句会不会是重金属呢，就是这样的。

对于公诉方在法庭上宣读的徐×和黄××的证人证言来证明"被告人明知被害人病情危重而坐视危害结果发生"，被告人叙述的说明实际情况与证人的证言有不同，以此证明他并没有坐视危害发生，而是积极主动向医生建议应该考虑被害人中毒（不是重金属中毒，重金属是被告人害怕被被害人父亲黄××发现破绽才随便说的）的可能性（例78）。

（三）被告人的辩解

按照《刑诉法》的规定，被告人有权为自己辩护，可以对与定罪、量刑有关的事实、证据提出自己的辩解意见。

例79：

审长：被告人林××，你还有什么需要为自己辩护的？

被：我也，我听完公诉人讲的话就而且我也有点话想讲，有可能【可以】

回答一下这边律师（被害人亲属委托的诉讼代理人）的一个疑问：我认为我的犯罪根源可能是这样的，首先在接受高等教育的这几年时间里，可能因为我的性格可能内向或者其他方面，再加上我对为人处事这方面重视不够，不不怎么学习这方面，无论是从其他人或者是纸质的电子版的这种来源上面，所以我对为人处事方方面面有一些对或错可能缺少一个正确的认识，就是我这个年龄本应该有的一个正确认识。第二，我觉得可能是我已经有点形成了一个讲话或者做事不计后果这种习惯，而且我遇上事情之后，可能有种逃避这样一个习惯，我不知道这话讲出来是不是可以回答一下那律师的这个疑问？①

上例被告人通过回答诉讼代理人的疑问来为自己辩护：他并没有主观杀人的动机，只是对自己缺少正确的认识，形成了做事不计后果的习惯，所以对于因为自己的过错导致被害人的死亡，他现在有了清醒的认识，这应该算是"认罪态度较好，交代较好"。

从被告人的陈述、接受公诉人的讯问、对公诉方举证的质疑、自我辩护意见等叙事话语可以看出，他对自己的犯罪事实是认可的，只是对于公诉方指控的犯罪动机和犯罪目的不承认，所以他对抗的主要是控方故事的"被告人林××因琐事与舍友黄×不和，怀恨在心"和"被告人林××决定采用投毒方法杀害黄×"这两个核心事件，以此达到部分拆解控方故事的目的。

二、辩护人主叙事话语

对控方故事的对抗起主要作用的应该是辩护人，他在法庭上的角色就是代表被告人的利益并依法为其辩护。尽管被告人也可以为自己辩护，如上文分析的，真正集中完整的辩方对抗故事形成于辩护人，这一点可以从下面几方面清楚地看出（当然还有前面讨论过的辩护人与被告人的问答互动）。

---

① 被害人亲属委托的诉讼代理人在第二轮辩论发言中表达了这样一个疑问："林××在本案过程中他应该不算主动交代，认罪态度也不能算好，因为直接地讲他的主观动机对他自己来讲都是很含糊的，他到底深层次的原因是什么，仅仅是一句玩笑还是其他的，他就动了对黄×的杀意【杀心】，所以这一点的话，可能外人只有猜测，那么这一点他如果没有认识清楚的话怎么能算交代很好的呢。"

（一）质证环节

在这一环节，辩护方对于公诉方呈现的证据有异议的，会围绕该证据的真实性、有效性、证明的关联性三方面提出质疑，形成叙事话语的对抗性互动。为了节约篇幅，下面所举的例子都没有列出公诉方的话语内容。

例 80：

审长：辩护人对该组证据有没有意见？

辩 2：辩护人对这份证据呃公诉机关想要证明的问题我觉得不是异议的，但是在这里边呢我要提出一点呢就是说在第一份证人证言里边呃证实了被告人呢在刚才法庭调查的时候说他在 4 月 1 日的早晨听到这个听到这个被害人黄 × 啊喝水喝下含有这个二【二甲基亚硝胺】的水的这个情况，那么这情况呢我这里要强调的是这样啊，他说呢这个水啊是有刺鼻的气味的，另外呢是喝下去以后呢马上吐出来了，只喝下去小部分，这样一个情况呢呃是证实了林 ×× 的这个刚才的这个供述，这样一个事实呢请法庭呢注意。

审长：公诉人对此有什么需要说明的？

诉 2：(3s) 公诉人尊重辩护人刚才的意见，没有其他的不同意见。

例 81：

审长：辩护人对公诉人宣读出示的这一组证据以及诉讼代理人的补充说明有没有意见？

辩 1：对公诉机关出示的该组证据的证明对象没有异议，但请法庭注意到由孙 ×× 的证言由机构宣读[①]，我们想证明的是孙 ×× 同样在证言当中有明确的叙述，就说，"据我所知，黄 × 没有喝水"，有过较为明显的冲突矛盾，这点请法庭注意，其他没有异议。

审长：公诉人对此有需要说明的吗？

诉 2：(2s) 公诉人注意到刚才参与诉讼的各方对公诉人宣读的证据没有不同的意见，公诉人也没有新的意见。

[①] 直接言词证据原则的实施情况在目前中国离预期还有很大的差距，主要原因是证人不出庭。庭审中由机构宣读的证人证言虽然经过辩护方的质证无疑后才能作为定案根据，也体现了控辩对抗，但是却因缺少了辩护方与信息源头的互动，话语对抗程度明显减弱。

上面两例都是辩护人对公诉方宣读的"证实了被害人黄×因饮入被告人林××注入二甲基亚硝胺的饮用水而死亡"的证人证言的质疑。辩护人分别通过引用被告人在法庭上的供述和指出公诉方证人证言的矛盾性来对抗控方"被告人有罪"的故事。被告人的供述证明黄×喝水量很少，不足以致死；而"证人证言的矛盾性"则提醒法庭排除该证据，因为它是无效的、可疑证据。

例 82：

审长：诉讼代理人对公诉人出示宣读的该组证据有没有意见？

代 2：嗯，诉讼代理人对公诉人出示的六份证据没有异议，在公诉人证明的基础之上，特别提请法庭关注以下内容：第一，关于吕××的证词除了说明林××投毒的那个二甲基亚硝胺的来源以外，特别提请关注在这个实验当中，吕××称林××和他是主要的实验者；第二，在实验的过程当中，实验前吕××和林××通过查询相关的文献对二甲基亚硝胺的特性应该有非常清楚的了解；第三，在实验的过程当中，二甲基亚硝胺的浓度是由吕××和林××一起商量还算过的，那么林××对二甲基亚硝胺在实验过程当中的浓度非常清楚；第四，在林××和吕××的实验过程当中，尤其是在第一次预实验的时候，由于使用的二甲基亚硝胺的浓度换算可能偏高导致一只老鼠当场死亡，这一点，林××对这个药品的性能也非常清楚；第五，在后面的第二次试验当中，林××和吕××都知道在第一次预实验的基础之上对这个药进行了进一步的稀释，所以说就提请法庭对这一节的事实特别关注；第二（六），关于孙××的证词也请法庭注意这样的内容：孙×建作为二甲基亚硝胺的研发者对二甲基亚硝胺的性能做了特别的描述：如果二甲基亚硝胺在瓶装密封的状态下它的性能是不易挥发；第二点，孙×建对该厂生产的二甲基亚硝胺的浓度做了一个明确的提示，是 99% 以上。就这些内容，(2s) 完毕。

审长：辩护人对公诉人宣读出示的证据以及诉讼代理人所做的补充有什么意见？

辩 1：对公诉人出示的证据所证明的对象没有意见，对诉讼代理人刚刚补充的意见有不同意见。因为诉讼代理人刚刚强调了她说林××对这个二甲基亚硝胺的浓度是非常清楚的，那么我想呢也就是这组证据当中我要向法庭说明两个问题：第一个问题呢也就是吕××博士，他作为一个博士来讲，他当时做实验，他做实验跟林××做实验大家要研究的方向是不同的，所以在相关吕××的证人证言当中同时也证明了他这个实验是用二甲基亚硝胺成功建立了大鼠肝纤维化铁沉积的模型，并不是对这个该物的那个毒性分析，也就是林××研究的方向是大鼠纤维化【大鼠肝纤维化】而吕××是铁沉积的模型问题，是吧，那么就连吕博士吕××来说，他当时这个具体的配比证人证言当中呢显示反映得很清楚他也不是非常清楚。那么第二点我向法庭说明的就是说就关于那个出卖的那个张××的证人证言当中，请法庭注意到张××的证人证言当中同样也明确说明了这瓶所谓的二甲基亚硝胺是最后的一瓶，他们说这个厂家已经早就不生产了，同时他也在表述【在证言表述当中】说明了这是有挥发性强烈挥发性的物质。呃记得很清楚就是张××也明确表示这个原液瓶的那个当中存放量大约只有75%。其他没有了。

审长：诉讼代理人对此有什么要说的？

代1：(7s)就是关于吕××的证词的话其实这个实验是吕××跟林××一起做的，虽然他们实验的方向不一样，但他们的试剂是一样的，而关于试剂啊的浓度，其实这两个人他是非常清楚的，整个过程我们不一一说了，这个过程其实能够说明本案的被告人林××对二甲基亚硝胺它的毒性是非常清楚的啊，当时做的时候第一次预实验的时候，这第一次实验还死了一只老鼠。

诉讼代理人虽然代表的是被害人及其家属，但是他与公诉方诉讼的对象和诉讼的目的是一致的，那就是请求法院判决被告人有罪而且罪重，依法应对其进行加重处罚，所以当公诉人举证二甲基亚硝胺的来源，诉讼代理人进行了补充，证明被告人对这种化学品的毒性是非常了解的。我们将诉讼代理人的叙事话语视作控方故事的有机组成部分。辩护人的质证意见不是针对公诉方的证人证言，而是针对诉讼代理人的补充叙述，所以它仍然是对控方故事的一种对抗。被告人对二甲基亚硝胺毒性的不了解和证人关于二甲基亚硝胺的75%的浓度的叙述都是辩护方对控方关于"被害人黄×因饮入被被告人林××注入二甲基亚硝胺的饮用水而死亡"的叙述的驳斥。

例83：

审长：辩护人对公诉人宣读出示的该组证据有没有意见？

辩1：对该组证据没有意见，但是有几点要说明一下，因为该组证据公诉机关是想证明被告人的主观故意问题，那么关键的一点是二甲基亚硝胺会致人死亡要推出这个概念，我们觉得呢这个二甲基亚硝胺可能会死、应当会死或者不会死，这都是法律去认定的一个要求的标准。那么事实上面呢有三点东西，因为现在证明很清楚，就是林××做实验是对大鼠做实验的，而且的确有大鼠经过二十几天以后有自行修复的实质，有这个情况，这是第一点；第二点从人这个角度出发，他不可能用二甲基亚硝胺去对人体去做实验去；第三点，人的体量，那么刚才通过庭审已经知道了，黄×（……）跟大鼠之间有不可比的实验的限制性。这个请法庭注意下，其他没有了。

审长：公诉人▲

辩1：▼呃等会等会。

辩2：呃我补充一点啊，呃林××做这个实验的论文啊作为辩护人来理解呢，他是通过建立一个模型，然后呢利用超声对这个肝纤维化，然后呢在解剖它的解剖的大鼠啊他的超声这个判断的效果，呃这是辩护人对这个他的这个实验的理解，那么因此呢在他的这个第一部分里边啊第一部分里边写到了就是说建立这个模型建立模型这个过程，然后呢他是知道用这个用这种这个化学物质可以建立这个模型，那么仅此而已，那么因此说呢他对这个建立模型使用这个化学物质产生的这个现象呢他是认识到，但是不能够因此就推出来他对这个药物的毒性啊，还有什么呃（3s）这个毒性（3s）对这个是很了解，其实从这个吕××这个证言里边也可以知道他们对这个化学物质啊，甚至在第一次用的时候啊连这个稀释应该怎么计算包括这个博士都搞不清楚，呃结果造成一只大鼠死亡，呃当时呢呃刚才这个被告人也讲了他呢对这个细节的叙述他是，但是我想说明的问题是什么呢？就是说请法庭注意呃被告人的这个研究方向是通过这么建立这个模型啊来检验他这个超声的这个诊断的效果如何，重点在这里，啊，至于更展开的一点会在辩论阶段跟大家讲。

审长：公诉人对此有需要说明的吗？

诉2：（2s）公诉人讲两点：第一，公诉人注意到参与诉讼的各方对公诉人宣读和出示的上述证据没有根本的不同意见；第二，关于辩护人刚才提出的意见公诉人认为这是辩论当中的内容，公诉人在辩论的时候呃发表我们的意见，这里就呃不重复了。

例83是两位辩护人对公诉方关于"被告人林××的犯罪的主观故意"的指控的反驳意见。例84也是同类意见，辩护方认为：第一，被告人上网查阅二甲基亚硝胺的目的不是确认该物质的高毒性；第二，查询结果的正确表述是可能致死，不是必然致死，从而消解公诉方"犯罪的主观故意"的说法。这种对抗得到了公诉方的回应。这种对抗互动的结果留待合议庭审查评判。

例84：

审长：辩护人对公诉人出示宣读的该组证据以及诉讼代理人的补充说明有没有意见？

辩1：呃基本上没有意见，但是有两点说明一下，有两点：第一点呢林××在查阅电子信息的时候同时他也查阅了有关这个资料方面的信息，第二呢我不同意刚才公诉人讲的就是林××这个查阅是确认的二甲基亚硝胺是高毒的物质，这个"确认"这个表述是不太正确的，其他没有问题。

辩2：呃我补充一点，对于公诉人提出的这个要证明的这个问题呢呃我呢要强调一点，他说的是对人呢是可能致死，不是必然致死，这就呃他这个查阅呢呃这个证明的问题呢我认为呢就是不正确的。

审长：公诉人对此有什么需要说明的？

诉2：(4s)公诉人讲两点：第一点，公诉人注意到参与诉讼的各方对公诉人宣读和出示的证据没有提出它的真实性和有效性没有提出异议；第二点刚才辩护人说他不同意公诉人讲二甲基亚硝胺系高毒类的呃物质，林××通过上网进一步做了确认，他不同意公诉人的这个说法，公诉人简单地表述，根据刚才出示的证据，在2013年3月31日18点25分，也就是被告人投毒以后被害人黄×还没有饮用之前，投毒的当晚他在访问了百度百科以"二甲基亚硝胺"为关键词这个页面显示不是公诉人，是这个页面显示"二甲基亚硝胺摄入、吸入或经皮肤吸收可能致死，接触可引起肝、肾损害，系高毒类物质，急救误服者的措施为洗胃就医"，这是这个页面显示，公诉人现在看到了，辩护人应该也看到了，我们也确信被告人当时就看到了。其他没有了。

下面三例都是辩护人与公诉人关于"被告人林××与被害人黄×的平时关系以及林××的作案动机"的对抗性互动，辩护人在三例中关于被告人与被害人的关系不错的意见，以及例85和例87中辩护人的"同学送检"和"嫉妒考博"的疑问，都得到了公诉方的积极回应，属于有效对抗。这种互动就是冲突中的一种理性互动。

例85：

审长：辩护人有没有意见？

辩1：辩护人想说一下啊，对公诉人宣读的证据的证明对象是没有异议的，但是因为公诉人宣读的证人证言这个（……），我想向法庭说明的是这样的，其中孙××相关的证言当中也有明确的说法，有孙××的说法就是说，"我们一致以为黄×和林××的关系还不错，但是依旧不能相信，因为一致认为黄×和他的关系不至于到这个地步"，这是我向法庭说明的第一点，第二点呢，关于同学去送检的这个情况，请法庭注意到这些同学毕竟不是司法的鉴定人员，请法庭注意，严格审核这个相关过程证据的鉴定，其他的没有了。

审长：公诉人对此有什么需要说明的？

诉2：（5s）公诉人注意到啊参与诉讼的各方对公诉人这个宣读和出示的有关证据没有提出不同的意见，公诉人想补充的是，公诉人尊重辩护人刚才就本案当中有关的医生、研究生在黄×发病以后因为怀疑黄×中毒而采集了黄×的血样、尿样及水样送这个有关的司法机关鉴定的过程，公诉人也对此进行了呃仔细的甄别，并且也详细地宣读了涉及这些鉴定过程的医生、研究生等人的这个证言，啊公诉人同意辩护人刚才的呃意见。公诉人这个也建议法庭在公诉人举证的基础上认真地对这个过程进行甄别。其他意见没有了。

例86：

审长：辩护人对该组证据有没有意见？

辩1：对该组证据是没有意见的，但是对相关的几个证人证言我想向法庭说明一下，特别是对张×的证言当中因为是机构宣读没有全面啊，所以张×另外一组说法也有，就是"林××很客气，进进出出都会和我们宿舍管理员打招呼，所以我对他印象也很深，他和他对门寝室的一个学生关系较好，经常一起进出"，同样是证人证言的那个陈××，因为是机构宣读没有那个说明出来，我们也想说明一下，陈××的说法是"林××很客气，进进出出不管有没有事和我们打交道，都会和我们宿舍管理员打招呼，叫'阿姨好'，所以我对他印象很深"，对于另外一位那个付××的证人证言，她同时在卷宗当中反映的还有，付××说"平时对那个林××叫×哥，相处不会不开心，更不会吵架，关系总体来说一直很好，林××与他人相处还可以，挺随和，我和盛×经常去中山医院食堂吃饭，都是刷的他的医院饭卡，他从来没有向我们要过饭钱，弄得我都有点不好意思"，其他没有。

审长：公诉人对此是否需要说明？

诉2：(5s)公诉人注意到参与诉讼的各方对公诉人宣读和出示的证据没有提出不同的意见，辩护人刚才补充了一些这个证人证言当中说被告人林××以往的表现这个和同学们之间的关系的一些证言部分，呃，公诉人对此并没有不同的意见。

例87：

审长：辩护人对公诉人刚才宣读和出示的该组证据有没有意见？

辩1：总的来说这组证据对证明林××的那个动机【作案动机】是没有异议的，但证人证言当中有关谈到考博问题或是考博士的成绩问题，那么辩护人认为这个是与他的作案动机是没有关联性的。

审长：(2s)有关作案动机的这个不同的意见可以在法庭辩论的时候提出来。

例88是关于案发经过和被告人主体身份情况的互动，辩护人1的对抗属于无效对抗，因为对抗的内容不相关，辩护人2的对抗是有效对抗，关于被告人的供述的准确表述对于量刑有直接的影响，所以辩护方指出被告人交代的是"主要"而不是"部分"犯罪事实。

例88：

诉1：本组证据证实2013年4月11日8时许，孙××、王×等人向复旦大学保卫处报告称，该学校学生黄×疑似被人投毒，校方遂向公安机关报案，并于同日下午向警方通报在黄×的饮用水中检出二甲基亚硝胺的情况。公安机关经走访黄×周边师生，检查林××的个人笔记本电脑，结合其他抽查情况，确定林××有重大犯罪嫌疑。同年4月12日公安机关依法立案侦查并传唤了林××，林××到案当日交代了部分犯罪事实，提请法庭将该组证据予以质证。

审长：辩护人对该组证据有没有意见？

辩1：对该组证据是没有意见的，但是有两个说明：第一个说明，请法庭高度注意到，林××在作案前的电脑查询与本案作案时的情况不是一回事情，也就是说他作案前的电脑查询和本身的这次的作案是无关的。我要说明这一点。

审长：辩护人，公诉人刚才宣读的这组证据是案发经过……

辩1：对，有案发经过。

审长：和孙××，王×等人，主要是证明一个案发经过情况和司法医学鉴定，嗯还有这个基本身份情况，户籍资料证明一个基本身份情况，辩护人对该组证据有没有意见？

辩1：对审判长讲述的这组证据是没有异议的。

辩2：嗯，我补充一点说明啊，啊，我认为就是说他当日作的供述是供述了主要的犯罪事实，不仅仅是部分。

（二）辩论环节

辩论环节是起诉叙事话语和辩护叙事话语互动的最后环节，也是两大故事版本以最完整的形式直接对抗的环节，这一环节对抗的核心是双方对被告人犯罪事实争议的焦点问题，也就是两个对立的故事版本证明其说服力、可信度的环节。在这一环节，控辩双方还就被告人的犯罪事实向合议庭提出相应的处罚意见，也就是说故事版本与法律的契合性也是双方对抗的内容之一。

下面我们对照两个故事版本及其结论，以便弄清楚控辩双方是如何在辩论环节对案件事实和法律适用性两方面的问题进行对抗的。

起诉书中公诉方"被告人有罪而且罪重"的故事里包含七个核心事件，法庭调查阶段公诉方又通过讯问被告人、询问鉴定人、展示证人证言反复证明这七个核心事件的真实性，在法庭辩论阶段公诉人又从九方面对这七个核心事件进行了事实性重述。综合起来看，控方故事包含以下十方面的事件，并且都有证据证明：

1. 被告人林××因琐事与被害人黄×不和，怀恨在心。
2. 林××目睹吕××将剧毒物二甲基亚硝胺存放在××医院204室的柜子里。
3. 林××亲身参加用上述剧毒物做动物实验的过程，他熟知该剧毒物的毒性，以及实验所需的动物建模剂量。
4. 林××在作案前取得了上述剧毒物。
5. 林××将上述剧毒物带回了自己的寝室，并趁室内无他人之机，将这些剧毒物注入寝室内的饮水机中。
6. 林××在场时，黄×喝下被注入了二甲基亚硝胺的饮用水之后发生呕吐、就诊直至死亡。
7. 相关鉴定报告证实，黄×死因符合二甲基亚硝胺中毒。
8. 林××投毒后频繁上网查询二甲基亚硝胺的味道、如何检测等信息内容。
9. 林××被揭露并归案的过程，自然、正常。
10. 被告人林××到案后，直到刚才的法庭调查中，对起诉书指控其故意投毒杀害黄×的犯罪事实做了供述。

控方故事的结论是：被告人林××因琐事与黄×不和，竟采用投毒方法故意杀害黄×，导致黄×死亡，犯罪事实清楚，证据确实充分，应当以故意杀人罪追究其刑事责任，并依法予以严厉的惩处。被告人林××在公安机关立案并依法予以传唤后，虽然逐步供述了实施投毒的犯罪事实，但依法不构成自首，而且林××犯罪手段残忍，犯罪情节特别严重，社会危害极大，依法不应对林××予以从轻处罚。

对于控方故事列举的这十方面的事实，辩护方除了1、3、8条以外，对其余七方面的事实都表示认同，所以辩护方建构的就是一个被告人罪轻的故事，即如辩护人所说：

辩护人认为，就起诉书所指控的内容而言，公安机关定性是正确的。在此辩护人不表异议。其所展示的相关证据也是严谨且相互印证的。辩护人也予认可。但起诉书有关被告人主观故意中意志态度方面的阐述，辩护人不能同意。

因此辩方的故事脉络是：(1)被告人与被害人黄×关系不错，不存在嫉妒甚至怀恨被害人；(2)被告人投毒的目的只是为了整一整黄×，只是为了让黄×吃一些苦头而不是为了杀死黄×；(3)被告人认为黄×中毒以后，经过治疗会慢慢自行恢复，所以黄×死亡的结果是他投毒时没有想到也不愿看到发生的结果。事实理由是：

例89：

1. 林××与师长、学友、周围人的相处状态。林××的说法，"对面413寝室住了三个人，我跟盛×和付××关系很好，我经常跟他们两人玩，他们寝室还有一个人叫郑××关系也好"，见《侦查卷第三册》94页；孔××的说法，"我们一直以为黄×和林××关系还不错，但是依旧不能相信，就一致认为他和黄×的关系不至于到这个地步"，见《侦查卷第六册》137-138页》；丁×的说法"他在科室里的总体表现还算可以，对老师都是尊重的"，见《检察卷对丁×的讯问笔录》；孙××的说法"据我所知，黄×没有和谁有过较为激烈明显的冲突跟矛盾"，见《检察卷对孙××的讯问笔录》；盛×的说法"关系不错，我平时喊他浩哥，我和林××其实有时候有些学术观点不同，都会分别讲出自己的观点和理由，但不会发生不开心和吵架，关系还是很好的。黄×比较喜欢开玩笑，林××与他人相处也还可以，也愿意帮助别人，与我们寝室同学相处关系很好"，见《检察卷对盛×的讯问笔录》；吴××的说法"我没看出来他们两人关系不好，因为有时我和黄×在421寝室聊天时，林××如果在的话偶尔也会插进来一起聊几句，如果关系不好的人之间应该不会这样，黄×也没跟我提起过他跟林××关系不好"，见《检察卷对吴××的讯问笔录》；张×的说法"林××很客气，进进出出都会和我们宿舍管理员打招呼，所以我对他印象也很深，他和他对面寝室的一个学生关系较好，经常一起进出"，见《检察卷对张×的讯问笔录》；陈××说法"林××很客气，进进出出不管有没有事会和我们打交道，都会和我们宿舍管理员打招呼，叫'阿姨好'，所以我对他印象很深"，见《检察卷对陈××的讯问笔录》；王×的说法同孙××，见《检察卷对王×的讯问笔录》；付××的说法"平时叫浩哥，相处不会不开心，更不会吵架，总体关系来说一直很好，林××与他人相处也还可以，挺随和，我和盛×经常去中山医院食堂吃饭，都是刷的他的医院饭卡，他从来没有向我们要过饭钱，弄得我都有点不好意思"，见《检察卷对付××的讯问笔录》。

2.上海精神卫生中心司法鉴定组鉴定人的分析说明（2s）引述的内容为："被鉴定人自述'此次作案仅是想造成受害人一定痛苦，以示教训，没想到导致对方死亡'，该陈述有一定可信性"，见《侦查卷第四册》第53-54页。

3.本案缘由并非怀恨在心的起意。盛×与付××的证言印证了林××的说法，即2013年3月30日晚，黄×对413寝室的人员开玩笑：想到一个整人的办法，就在人睡觉的时候，把人的脚放到热水中，可以使其尿床，林××听黄×的玩笑话后，其潜意识里就想用这种方法捉弄一下黄×，"我就是想第二天是愚人节，想捉弄一下黄×"，这也正好能证明林××所思行为是一种临时起意的在愚人节开玩笑、恶作剧，带有戏谑的动机，但又都未计后果，这个有玩笑开大了的主观状态。

4.林××没有故意杀害黄×的目的追求。林××所投的化合物是有色暨伴特异性刺激嗅觉的液体，从黄×饮水时存在可能喝可能不喝，也可能只喝一口的情况，事实证实黄×也只是喝了一点。吴××的证言为"在回去的路上黄×对我说他早上起床后在寝室里喝饮水机里的水时喝第一口就发觉杯子里接的水有异味，于是主动吐了一部分，但已经咽下去一些"。有鉴于此，有理由相信，黄×在接触该饮用液体，有色且伴有弱特异性刺鼻气味的情况下也有可能不会饮用，这也从另一方面正好说明一般的人在通常的状态下能予以认可林××的戏谑动机的主观状态。

5.匪夷所思的处理表现。从林××的平时表现来看，复旦大学党委研究生工作部曾出具一份其获奖情况的证明材料：林××，学号××××，××××专业硕士研究生，曾获复旦大学硕士新生奖学金二等奖；2011—2012年度复旦大学硕士学业奖金二等奖，2012—2013年度复旦大学硕士学业奖学金一等奖，2011—2012学年复旦大学第13届顾子月奖学金，2012年国家奖学金和2011—2012学年复旦大学优秀学生荣誉称号。学习上勤奋刻苦，工作上踏实吃苦，政治上进步向上，发案时是中共的预备党员，对父母双亲孝敬尊重，对同学间较为友爱。

因为罪轻，辩护人建议合议庭从轻处罚被告人，事实理由是被告人林××的供述如实交代了犯罪事实，不仅有助于公安机关搜集定罪证据，对于定案证据的搜集亦有重要作用，构成坦白，依法应当从轻处理。

例90：

起诉书第三页第一段叙述：同年4月11日在两次接受公安人员的讯问时均未供述投毒事实，只是次日凌晨经公安机关依法予以传唤到案后才局部供述了投毒事实。起诉书所叙述的两次询问时间及地点是2013年4月11日13时20分至2013年4月11日15时10分，地点在复旦大学保卫处×××办公室，及2013年4月11日19时10分至2013年4月11日20时05分，地点在上海市公安局文保分局。见《公安卷宗第3册》。几小时后，2013年4月12日0时10分至2013年4月12日5时30分，地点是上海市公安局文保分局，公安机关依法对林××进行讯问，在这次讯问中，其交代了犯罪的动机和犯罪事实，这次讯问的笔录有10页，讯问过程中林××详细叙述了犯罪的事实过程。

公安机关讯问：你有没有犯罪行为？你如果如实供述自己罪行，根据法律规定可以从轻或者减轻处罚。林答：有的，我于2013年3月31日在寝室的桶装水里注射了二甲基亚硝胺，造成了目前寝室的同学黄×因喝了桶装水后肝部损伤住院。问：你既然明知二甲基亚硝胺的危害，那你将该试剂注入桶装水，造成同学黄×进医院的动机是什么？答：我就是想第二天是愚人节，想捉弄一下黄×，同寝室的葛××这几天不在寝室住，剩下的水不多，这水肯定是黄×一个人喝。因为黄×曾向我表露过他愚人节要捉弄一下【要捉弄人一下】，他表示把一个人的脚泡在热水里会使人尿床，所以我的潜意识里就想用这种方法捉弄一下黄×。问：你所使用的二甲基亚硝胺的来源？答：是我于2013年3月31日下午到中山医院11号楼2楼影像研究所实验室大鼠标本柜子里取来的。问：你把具体的事实经过如实交代一遍。林××的回答中详细叙述了他取得二甲基亚硝胺的经过，将二甲基亚硝胺注入饮水机的时间和地点及被害人喝下桶装水的情况。

辩护方的故事版本说明辩护方承认被告人的犯罪事实，也即认可控方故事版本中对被告人犯罪的定性，但不认可其量刑意见，因此辩护故事版本的结论是：被告人间接故意杀人，到案后供述主要犯罪事实，认罪态度较好，依法应从轻处罚。

第三节　崔案中的控、辩叙事话语对抗互动

我们再来看"崔××涉嫌故意杀人案"[①]庭审中控、辩叙事话语对抗互动的全过程，相比"复旦宿舍投毒案"，崔案控辩对抗激烈程度要高得多，尤其是被告人的对抗性叙事话语。

一、控方故事（起诉书节选）

公诉方在起诉书中叙述了被告人犯罪的事实经过，提出了案件的性质和刑责建议，构建了完整的"被告人有罪而且罪重"的故事版本。

例91：

经依法审查查明，被告人崔××于2006年8月11日17时许，在北京市海淀区中关村科贸大厦西北角路边，因无照经营被海淀区城管大队查处时，即持刀威胁，阻碍城管人员的正常执法活动，并持刀猛刺海淀城管队副分队长李××（男，殁年36岁）颈部，伤及李右侧头臂静脉及右肺上叶，致李急性失血性休克死亡。

本院认为，被告人崔××无视国法，以暴力手段妨害城管执法人员依法执行公务，并持刀行凶，致人死亡。犯罪性质极其恶劣，情节、后果特别严重，社会危害性极大。其行为触犯了《中华人民共和国刑法》第二百三十二条，犯罪事实清楚，证据确实充分，应当以故意杀人罪追究其刑事责任。

二、辩方对抗

针对控方的有罪故事，辩护方从六方面进行了激烈的对抗，对抗的焦点

[①] "崔××涉嫌故意杀人案"一审于2006年12月12日上午在北京市第一中级人民法院公开开庭审理，没有当庭宣判，2007年4月10日上午公开宣判。语料来源于网址http://www.yuganren.org/forum.php?mod=viewthread&tid=92383，访问时间：2014年7月15日。

主要是犯罪的性质（定罪）和刑罚的力度（量刑）。一连串的对抗叙事话语最终形成完整的"被告人罪轻"的故事版本（辩护人的辩护词）。

（一）被告人崔××的陈述

被告人在庭审中有四次陈述，第一次是起诉书宣读完后对其被指控的犯罪事实的陈述（例92），第二次是回答公诉人的讲述交代事情经过（例93），第三次是为自己辩解（例94），第四次是辩论结束后的最后陈述（例95）。四次陈述中被告人始终坚持自己并非故意杀人，对伤人的结果并无刻意期待，对所造成的伤害表示悔恨并且愿意接受惩罚。

例92：

审长：你对公诉机关指控你的犯罪事实有什么意见？

被：有。我不是故意杀人，我当时因为追那辆车没追上，返回来的时候，我的刀一直握在手里，我急于脱身，在跑的同时已经忘记了手里还有那把小刀。扎了被害人后，扎成什么样子我都不知道，我根本就不知道会造成这么大的后果，我的行为不能构成故意杀人，绝对是个意外。

例93：

我家比较穷，来北京打工，我没有文化干了保安，却不开工资，我没钱减轻家庭负担，又兼了一份外卖，可感觉还是改变不了我的生活，所以我就当上了小贩。就在2006年8月11日，我和我父亲带的小女孩一起来到科贸西北角的胡同口，在那里摆摊的时候，来了城管人。我跟他们说，把三轮车给我留下，这是我新买的，我只听见一句话：不行，车必须带走。我拿了划肠的小刀吓唬他们，我看人越来越多，我感觉不可能打过他们，这时候我准备离开，决定不要了。我直接走出了人群，走出去以后我发现小女孩没有跟过来，我又返回来去看，找那个女孩，结果没找到女孩看见他们一大帮人把我的车往他们的车上装，我非常心痛，跑过去想把车要回来，当我跑到车跟前的时候，车已经启动了。迎面上来一大帮人，我急于脱身，向左侧跑去，直接挨着的人就是李××，我感觉他在抓我，我就用手上的刀扎了被害人，扎完就跑了。

例94：

审长：被告人崔××为自己的行为有什么要辩解的吗？

被：首先，向被害人和被害人的家属表示深深的忏悔，我知道说什么也没有用了，我承认我有责任。至于公诉人说我是故意杀人，我是一个没有文化的人，独自来到北京，想靠自己的双手改变家里的生活条件，我选择了保安这一行，由于公司不景气，一直没有发工资。我回到家，想找到出路，没想到家里发生了很大的变化，家里很困难。我承诺给我父亲，一定不做违法的事，靠自己的劳动给家里修三间房子。今天跟大家说，我不是一个十恶不赦的人。我向被我连累的其他被告人说对不起，是我的错误连累了你们。我想对我的父母说，你的儿子绝对不是那样的暴徒，绝对是一个合法的公民，既然事情走到这一步，我也不想做过多的解释。

例95：

审长：被告人崔××，你还有什么向法庭说的吗？

被：对我的行为感到后悔，对被我牵连的朋友以及我的家人，我真的要说声对不起，对我的行为我愿意承担责任，我希望法庭给我一个机会，我愿意去补偿他们。

（二）被告人回答公诉人的讯问

从被告人对公诉人的讯问的回答可以看出（例96），公诉人认为被告人没有讲实话（见例92被告人的陈述），提醒他要尊重客观事实，被告人在程序上是合作的，但是答话内容始终在为自己辩护，与公诉方的指控相对抗。公诉方指控被告人阻碍城管人员正常执行公务，暴力抗法，故意持刀杀害城管人员，被告人的叙述表示他不知道对方是正在执法的城管人员，以为是社会流氓找麻烦（话轮15，18，20，22，40），离开后又返回现场伤害对方是一种本能的反抗，无意间伤了人他很害怕（话轮34，42，46，50，52），想过要自首（话轮58，60），承认自己犯了罪，并如实交代（话轮64，66），但伤人并不是故意的，愿意承担法律责任（话轮68）。

例96：

1.诉：今天刚刚开庭，你就表示忏悔。提醒你注意，<u>你要尊重客观事实，</u>

你明白吗?

2. 被:明白。

3. 诉:你跟本案被害人认识吗?

4. 被:不认识。

5. 诉:你跟他以前有过矛盾吗?

6. 被:没有。

7. 诉:今年8月11日你因为什么问题,和什么人发生冲突了?

8. 被:我不知道。

9. 诉:你摆摊经营什么项目?

10. 被:卖烤肠。

11. 诉:有营业执照吗?

12. 被:没有。

13. 诉:过去无照经营的行为是否受过有关部门的查处?

14. 被:是的。

15. 诉:<u>什么人查处的</u>?

16. 被:<u>当时我不知道</u>。

17. 诉:8月11日当天,你进行无照经营的时候,有什么人干扰你的经营活动?

18. 被:<u>不知道是什么人,就是过来一帮人</u>。

19. 诉:有什么人跟你说什么了?

20. 被:<u>过来一句话都没有说,直接拉我的车</u>。

21. 诉:你当时有什么反应?

22. 被:<u>我感觉可能是碰上社会上的人了,我问他们,他们没有说话,我就哀求他们,他们说不行,比较坚决,意思是必须把车带走</u>。

23. 诉:你当时手里拿着什么东西?

24. 被:我正在切肠,拿着小刀。

25. 诉:你有什么行为?

26. 被:我吓唬他们。

27. 诉:后来呢?

28. 被:后来我就离开了。

29. 诉：这些人对你人身有什么举动吗？

30. 被：当时没有注意。

31. 诉：后来你为什么要离开现场？

32. 被：我一看人越来越多，我感觉要车是没有希望了，他们要就要了吧，我就离开了。

33. 诉：后来为什么又返回现场？

34. 被：我回去找那个女孩。

35. 诉：当时手里拿着什么？

36. 被：一直拿着切肠的小刀。

37. 诉：返回现场之后遇到了什么人？

38. 被：我看见他们正在把我的三轮车往他们的车上装。

39. 诉：当时被害人李××的衣着和体貌特征看清楚了吗？

40. 被：没有。

41. 诉：为什么要用刀扎他？

42. 被：我没有特定的目标，他距离我最近，对我最有威胁。

43. 诉：他怎么威胁你了？

44. 被：我们擦肩而过的时候没有太看清楚。

45. 公诉：怎么扎被害人的？

46. 被：我当时没有看，就是一划，我怕他抓我，顺手一扒拉就扎了他。

47. 诉：怎么扒拉的？

48. 被：记不清楚了。

49. 诉：你作为一个成年人，是否知道用刀扎被害人的要害部位会造成什么后果？

50. 被：当时不知道扎了什么部位。

51. 诉：扎完人手里的刀什么样子？

52. 被：扎完人以后就直接松手了。

53. 诉：为什么逃跑？

54. 被：毕竟我伤人了。

55. 诉：你不是说随手一推吗？

56. 被：我知道我伤人了，而且我感觉他们要抓我。

57. 诉：你说想去自首，为什么去天津自首？
58. 被：<u>当时我想如果事大了去自首</u>。
59. 诉：你觉得这次事大还是事小？
60. 被：<u>我现在知道事非常大，当时我想看看他伤是否严重，再回家看看</u>。
61. 诉：被公安机关抓获以后是否如实交代了全部犯罪事实？
62. 被：第一份口供是，后来都是随便就签字了。
63. 诉：你什么时候说的是实话？
64. 被：<u>在检察院跟你说的是实话</u>。
65. 诉：你过去说的和今天说的，有很大的出入，以哪一次为准？
66. 被：<u>这一次为准</u>。[10：35：19]
67. 诉：现在对你的问题怎么认识？
68. 被：我给被害人造成巨大的损失和伤害，我现在说什么也没有用了，我想告诉他，<u>我根本不想伤害他，我愿意承担责任，我认罪，我知道我触犯了法律</u>。
69. 诉：提醒你，你有忏悔之意，<u>首先必须在尊重事实的基础上，才能争取宽大处理</u>。

（三）辩护人与被告人的问答互动

作为辩护主体，辩护人和被告人为着共同的利益和目标高度合作，共同对抗公诉方对于被告人指控的犯罪事实。通过问答互动（例97），辩护人和被告人合作想说明这样几件事情：(1) 城管队员粗暴执法（话轮1-8，17，18）；(2) 被告人并非故意伤人（话轮9-16，19-32），已达到对抗、消解控方对被告人的指控的目的。

例97：
1. 辩：当时在城管队员在现场处罚你的时候，他们有没有出示证件？
2. 被：没有。
3. 辩：他们在处罚的时候是否出具了行政处罚决定书？
4. 被：没有。
5. 辩：是否出示了扣押物品通知书？

6. 被：没有。

7. 辩：你跟城管说了什么？

8. 被：我求了他们，希望他们把东西拿走，把车留下。

9. 辩：你的身高是多少？

10. 被：1.78 米。

11. 辩：伤人用的刀是从哪里弄的？干什么用的？

12. 被：在西苑市场买的，用来切肠用。

13. 辩：原来受过什么专业训练？

14. 被：我在济南军区，学的专业是通信，曾经荣获优秀士兵。

15. 辩：你在天津发信息询问朋友被害人的伤势，这是什么意思？

16. 被：我想问问牛××，被我伤的那个人怎么样，如果不重或者怎么样，我想去自首。

17. 辩：城管队员执法的时候，他们是否问过你有无执照？

18. 被：没有。

19. 辩：你当时手上拿的刀，是否就跟这把刀一样？（出示）

20. 被：是的。

21. 辩：刀刃也是一样的？

22. 被：是。

23. 辩：从你看见三轮车被装的时间，到你扎被害人逃跑的时间一共有多长？

24. 被：记不清楚了，最多几秒钟，不到一分钟。

25. 辩：你做了什么？看到其他人做了什么？

26. 被：没有看到其他人做什么，我直接就跑了。

27. 辩：你有没有听到李××当时说什么？

28. 被：没有。

29. 辩：你见到张×以后，你说对被害人的伤情不知情？

30. 被：是。

31. 辩：你也没有告诉张×你伤的是什么人？

32. 被：是。

（四）辩护方质疑公诉方所举证人证言

庭审控辩双方对抗的焦点一般有两个：定罪和量刑，而对这两个焦点产生直接影响的就是证据（包括证人证言），证据事实是合议庭对被告人定罪和量刑的依据，所以辩护方对公诉方证据的真实性、有效性和证明的关联性进行质疑和排除，从而达到对抗控方的"被告人有罪且罪重"的目的。

例 98：

诉：审判长，首先宣读被告人崔××的供述与辩解。证明内容为被告人崔××作案的全部过程。

（宣读略）

审长：被告人对此项证据有什么意见？

被：有。他们一开始就来了四五个，后来又来了四五个，人越来越多，在我哀求的时候，他们只说了一句话，不行，必须带走，我准备离开的时候，有一个穿制服的，我也不知道是城管还是保安。我当时不知道扎了被害人什么部位，对那份口供我根本就没有仔细看过，我当时脑子一片空白。

审长：辩护人有意见吗？

辩：被告人崔××当庭的陈述是事实，被告人崔××的当庭供述与预审的供述没有什么差异，绝大多数差异就是崔××的行为是否为故意杀人，最终的结果就是导致李××死亡，他当时脑子一片空白，在这种情况下做笔录存在一定的随意性是可信的；请合议庭注意一个重要的事实，李××外表能看到的伤是颈部，并不是胸部，但是在公诉人所宣读的证词里面所强调的部位都是胸部。

例 98 中公诉人宣读的被告人的供述和辩解是在公安机关侦查阶段和检察机关审查阶段做的笔录，被告人在法庭上进行了翻供，辩护人表示支持，强调被告人法庭上的叙述的真实性，从而否认先前的部分供述，进一步阐述崔××的伤人行为并非故意。

例 99：

1. 诉：审判长，宣读证人崔某某的证言。证明内容，崔××作案的经过。
2. 审长：被告人对此项证据有什么意见？

3. 被：之前他们说什么我都不知道，我一转身距离被害人很近，我要走的时候，他做出一个举动，要抓我的意思，我一随手就扎了被害人，我绝对不是有意扎的被害人。

4. 辩：崔某某是什么身份？

5. 诉：他是海淀城管大队的工作人员，有国家公务员的身份，他是否能够成为证人不取决于他是否为公务员，而是其能够证明案件事实经过。

6. 辩：我想让公诉人出示崔某某的身份证。

7. 诉：我现在出示不了。

8. 辩：公诉人确定不了崔某某的身份。从这份证言里面我们清楚地看到一个基本事实，崔××第二次又出来的事实已经很清楚，他就是为了追车，想在三轮车被拉走之前，做最后的努力，想要回来。他出来是追车而不是追人，更不是追杀，所以我认为崔某某的证言能够证明这一点。崔××也说了，他当时跟李××发生了冲突，最主要的原因是他发现有很多人向他追过来，他担心自己不但车被拉走，可能还会被他们带走，我认为结合崔××的说法，崔某某的说法与崔××是一致的。

9. 诉：针对辩护人提供的意见，当时李××确实有追赶崔××的行为，但是这种行为并不是要对崔××采取什么人身限制，因为城管执法是对物，对人没有强制措施，李××追崔××是因为他看到崔××手持尖刀冲向城管车，有明显的人身危害性，为了防止其他同志遭受意外，提醒同志们注意，所以李××追上前去，高声喊叫，注意这个人，手里有刀！关于这个内容，公诉人将会出示视听资料。

崔某某的证言证明被告人作案的经过，被告人对此表示否认，再次强调其伤人的非故意性（例99中话轮3）。辩护人从质疑证人的身份（话轮4,6,8）开始攻击该证人证言的真实性和可靠性（话轮8），达到解构控方有罪故事的目的。攻击对方证人证言的证明力，反而认为该证人证言与被告人说法一致，这种反证是典型的对抗策略，于是辩护方形成这样一个故事情节：被告人担心车被拉走，与李××发生冲突，在人多混乱中为了车的安全，也为了自身安全，被告人情急出手伤人。话轮9是公诉人对辩护人的对抗回应，证明被告人所讲为假，一如前面公诉人屡次告诫被告要"尊重事实"。

例100：

诉：狄某某证明，李××带着执法人员把三轮车按住，接着其他几名执法队员也上前执法，崔××上前抗拒执法，不让没收他的三轮车，后来几个队员把三轮车推了过来，抬上城管执法车。崔××扎了李××的颈部，扎完以后崔××把刀刃向下折断，之后就跑了。

审长：被告人对此项证据有什么意见？

被：有。当时我没有看见一个穿制服的，当我离开的时候有两名穿制服的过去，我也不知道是城管还是保安；我不是迎面上去猛刺，我当时没有看，扎的什么位置我也不知道，因为刀是一元钱买的，是一个软铁片，我回手的时候扎上就松手了。

审长：辩护人呢？

辩：请公诉人出示他的身份证号码，明确他的身份。

诉：我认为没有必要。

审长：关于证人的身份问题，公安机关在找他们作证言的时候会核实的，请辩护人就质证问题发表意见。

辩：我认为这个证人的证言是不客观的。关键的事实，他说，我将车向前开了两米左右，刚停车就听李××说小狄快走，刚说完他转身，男性商贩右手持匕首，给了李××一刀。按照他说的，李××应该是和他在一起的，崔某某的证言已经明确地说清楚，这辆车已经开走了，崔××是追那辆车，李××和崔某某在崔××的后面追赶崔××，根本不是他所说的。

诉：公诉人持不同意见，我认为狄某某的证言是真实可信的，可以和视听资料相互印证。辩护人在无法判断的情况下，称狄某某的证言是伪证，公诉人认为是不严肃的。

这一轮质证，被告人否认证人证言对案件经过的讲述，表示：(1)他不知道对方身份；(2)他并不是有意冲上去猛刺被害人，而是情急之下伤人，都不知道伤在哪里；(3)伤人的刀是劣质的软铁片水果刀。

例100中，辩护人再一次攻击对方证人证言的可靠性，认为其作伪证。公诉人进行了回应。这种多回合的对抗互动是举证质证环节的典型特点（当然如果证人出庭当面接受质证，则对抗性会更直接、更激烈）。同样地例101

中控、辩双方就证人证言进行了激烈的对抗，争执不下，孰是孰非只有留给合议庭去评议，去确认，正如审判长最后所说（法庭控、辩对抗过程中审判人员处于中立，不予实体内容干涉，审判长只是进行程序性组织，以维护庭审的正常程序和高效审判），"对控辩双方的意见本法庭已听明白，待合议庭评议、研究后再行确认"。

例101：

诉：审判长，证人芦某某的证言（略）。证明内容，他在执法时，遇崔××暴力妨害，后李××被刺伤的情况。

审长：被告人对此项证据有什么意见？

被：有。当我要离开的时候看见两个穿制服的人过来，他们也没有跟我说什么，当我过去的时候他也没有跟我说话，当我扎他的时候他跟我也没有语言交流。

审长：辩护人呢？

辩：这份证言不符合客观事实，我希望请公诉人把视听资料播放一下。

诉：我同意辩护人的看法。希望法庭改变质证顺序，播放有关的视听资料。

审长：下面请书记员出示视频资料。

书：（播放）

诉：审判长，视听资料证明内容了，在2006年8月11日，海淀城管大队查处崔××无照经营活动时，崔××先是持刀阻挠城管人员查处，又在城管执法车装载其使用的三轮车离开现场时，崔××持刀冲向执法车的情况。从三方面证明崔××在法庭上说的是假话：他说有一群身份不明的人，从视听资料可以看出，城管队员身着制服，发生问题的原因就是查抄他的三轮车，并不是崔××所说以为是社会闲散人员进行勒索，崔××原来也供述，就是因为城管队员查抄他的三轮车。二、崔××所说城管队员上来什么都没说就查抄他的三轮车，视听资料证明李××反复耐心地劝阻，让其不要妨碍执法人员执行公务。三、崔××说他要离开的时候有人阻拦，视听资料证明崔××逃跑后又回来，手持尖刀，越过护栏，向执法人员猛扎，扎完人后逃跑。

审长：被告人有意见吗？

被：有。开始一群穿便衣的人过来，他们没有录，我没有看见穿制服的人过来，到我走的时候，我只感觉有人拍我肩膀。

审长：辩护人呢？

辩：请问公诉人，视听资料的来源。

诉：首都城管执法工作越来越严谨，在对执法活动有相应的录像资料，一方面是对城管人员执法活动有利的监督手段；另一方面，在发生纠纷的情况下，为了更好地说明现场情况所记录的资料。

辩：所谓的穿制服，在视听资料上看见两个穿制服的是保安制服，而不是城管制服，他们是附近无业保安，其他的协管员没有穿制服。崔××说他们在争夺三轮车的时候什么都没有说就来抢夺车，指的是上来以后就争抢车，而不是说争执过程中保安、协管人员没有说话。视听资料明确地表现出当时的现场一片混乱。录像的全部过程我没有看到，我请公诉人或法院提供全部录像。

诉：辩护人提出的意见，我不能持同样看法，什么行为是野蛮执法？什么行为是文明执法行为？我们认为不能以个人的好恶任意解释。应该以是否超越了法律授权的权限，对行政行为的相对当事人的合法权益造成的损害理解。通过视听资料，城管队员严格执法办事，并不存在野蛮执法，当时的执法活动体现于查获崔××使用的三轮车，崔××的行为非常不冷静，手持尖刀向执法人员挥舞，大喊大叫，使执法人员无法接近他的三轮车，后来他又自己弄翻三轮车，在这种情况下如果城管队员情绪不够冷静，往往会因为反馈加剧的作用造成矛盾的升级，但是我们看到城管执法人员以冷静的态度，耐心地劝说崔××，这种情况下任何一个人都会得出一个结论，就是海淀城管队员是文明执法，而不是野蛮执法行为。

审长：对控辩双方的意见本法庭已听明白，待合议庭评议、研究后再行确认。请公诉人继续举证。

（五）辩护方申请证人出庭

庭审过程中，辩护方可以依法申请新的证人出庭。己方证人的出庭可以帮助辩护方更加有力地对抗公诉方的指控，如例102，证人的叙事话语证明了城管粗暴执法（查抄车没有出示证件，没有填写行政处罚决定书，没有出示扣押物品通知书）。

例102：

辩：城管队员做了什么？

证：我们护着车，他们拉着，我哀求他们把车给我们留下，双方都在争那辆车，当我转身的时候发现那辆车已经被他们装上，我在那边大概待了三四分钟，当我转过身的时候不知道发生了什么。

辩：<u>他们要查抄车的时候有没有出示证件</u>？

证：<u>没有</u>。

辩：<u>是否填写了行政处罚决定书</u>？

证：<u>没有</u>。

辩：<u>是否出示扣押物品通知书</u>？

证：<u>没有</u>。

辩：崔××跟城管说了什么？

证：他说把车给我们留下，我们的生意不做了。

辩：你有没有看见在混乱之中，崔××用刀扎向他们队员中的其中一人？

证：没有。

（六）辩方故事（辩护词节选）

经过前面的五轮对抗，辩护方对公诉方的"被告人有罪"故事中的部分事实予以了否定，从而直接对抗了起诉书中对指控的犯罪的定性：并非故意杀人，而是情急之下的伤人。对此公诉方在辩论中再次强调了其"被告人暴力妨碍公务，故意杀人"的故事真实性和被告人应当为此受到严厉的刑罚惩处的建议（例103）。

例103：

通过今天的法庭调查，被告人在庭上的陈述及辩解，能够证明本案的事实就是崔××在进行无照经营的情况下，城管队员对其进行查处，其妨害城管队员的执法执行公务，持尖刀扎了城管队员。我认为崔××在对被害人身份的辨别方面并不存在错误。其认为李××等人对其构成威胁与事实不符，城管人员的执法活动并不包括对执法相对人人身的控制，尽管崔××情绪暴躁，但城管人员对他进行说服教育，并没有对他人身采取任何强制措施。崔××说他并不想对执法人员进行伤害与事实不符，从视听资料中可以看到，崔××是主动冲出扎向城管队员，我认为崔××的有关辩解是违背事实的，尽管崔××在法庭上表示出忏悔，但是其忏悔在叙述犯罪事实的过程中避重就轻，我认为这种忏悔也是虚伪的，也是不可能得到有关当事人的谅解。

通过法庭调查说明，本案基本事实清楚，公安机关依法取得的证据充分、有效，本案诉讼活动合法。被告人崔××以暴力手段阻碍城管人员的执法活动，非法剥夺城管人员的生命，其行为严重危害了社会治安秩序，依法应当受到法律的严惩。通过法庭调查，证明了本院起诉书指控的犯罪事实清楚。

公诉人认为，崔××实施了故意杀人行为，有以下两点情节，应该成为对其从严惩处的理由：一、故意杀人的行为具有暴力妨害公务的性质，今天在法庭上崔××极力回避的就是这一点，但是从大量的证据来看，其行为都是妨害公务过程中，崔××与李××没有个人恩怨，只是因为他的个人无照经营被查处就产生了报复念头，其报复念头并不是单单指向李××一个人，而是指向在场的城管队员，其行为反映出无视国法的主观恶性。二、被告人崔××的犯罪手段特别凶残，其犯罪行为在光天化日之下实施的，不仅造成被害人的死亡，而且严重违反了社会治安秩序。

今天我们必须对被告人崔××所实施的犯罪行为进行惩处。被告人崔××无视国法，以暴力手段妨害城管人员依法执行公务，并持刀实施杀人，致人死亡，社会危害性极大，其行为已经构成我国刑法第232条的规定，构成故意杀人罪。希望合议庭根据被告人犯罪的性质、社会危害程度，对他的行为做出公正判决。

作为第六轮也是最后一轮对抗，辩护人以完整的故事形式全面阐述了其对抗性态度：被告人犯了罪，但并不是控方所说的暴力妨害公务、故意杀人，而是"激情犯罪"，因此得出结论：起诉书指控的罪名证据不足，指控的犯罪不能成立。

例104：辩护词（节选）

一、关于起诉书指控的妨害公务

我们认为，本案中崔××实施了妨害的行为，但其妨害的并非公务。理由如下（证据细节略）：

（一）现行国家法律、行政法规没有规定城管类组织具有行政处罚权。

（二）控方未能证明北京市城市管理综合行政执法局的设立已经法定程序报请国务院批准并在北京市人民代表大会常务委员会备案，未能证明北京市城市管理综合行政执法局是适格的行政机关。

（三）控方未能证明参与当天现场执法的人员具有国家机关工作人员或者事业编制人员的身份。

（四）北京市城市管理综合行政执法局执法人员缺乏执法依据并且严重违反执法程序。故而，起诉书所指控的妨害公务并不成立。

二、关于起诉书指控的故意杀人

在本案中，由于案件的突发性、不可重复性，要查清被告崔××主观故意的具体内容，必须对与案件有关的各种事实与情节进行具体、全面、客观的分析，以对被告崔××予以正确的定罪量刑。

（一）事件的起因

从本案来看，被告崔××与被害人李××素不相识、无冤无仇，只是因为现场混乱，城管在追赶被告，被告担心不只是三轮车被没收，自己的人身也可能受到强制，急于脱身的情况下随便挥了一刀。而且从公诉人提供的视听资料来看，被告第二次进入现场时曾经经过李××的身边，并没有对李××实施任何行为。在这种情况下，指控被告具有杀害李××的故意，于理不通，于情不合。

（二）被告所使用的刀

必须注意到，刺中李××的刀是用来切香肠的、一把从西苑早市上花一元钱买的刀，质量如何可想而知，这把刀并非管制刀具。而且混乱之下、情急之中刺到了什么位置，被告并不清楚。被告崔××身高一米七八，李××身高一米七五，以崔李二人的身高、相对位置和被告的反手握刀姿势分析，由上而下斜划一刀就是当时被告最顺手的姿势，并非刻意为之。被害人受伤的部位并不是被告追求的结果。

（三）被告崔××对受害人李××死亡结果的态度

当被告离开案发现场到达天津之后，曾经发短信询问被害人的伤势状况，因此可以证明其确实没有预见到被害人死亡的后果，对被害人的死亡结果无主观上的希望或放任态度。

（四）典型的激情犯罪

从犯罪心理学来说，本案是典型的激情犯罪。被告崔××是在混乱之中，情急之下，奔逃途中，顺手一刀。其实施犯罪，完全是在一种强烈的感情支配下导致的犯罪。

故而，起诉书指控的故意杀人不能成立。

三、被告人崔××其情可悯

崔××一贯表现良好，无打架斗殴，也无前科，确系良民。在部队还是优秀士兵。在城市生活艰辛，为生存挣扎。另外调查还证明，崔××没有暴力倾向，不是天生犯罪者。

第四节　本章小结

本章以"复旦大学宿舍投毒案"和"崔××故意伤害案"为例，具体分析了中国刑事庭审起诉叙事话语和辩护叙事话语之间的互动，分析表明两大叙事话语互动中既有合作也有对抗，互动的基本形式是叙事话语主体内的合作与主体间的对抗，主体内合作互动是主体间对抗互动的基础，对抗性是两大叙事话语互动的本质特征。

庭审中公诉方叙事话语以主体内合作的形式形成被告人有罪而且罪重的故事版本，从宣读起诉书开始拉开与辩护叙事话语主体间对抗的序幕，经过讯问被告人，展示证人证言，询问鉴定人，发表公诉意见等环节多层次多角度、循环往复地阐述被告人有罪而且罪重的事实观点。

辩护方则从被告人的陈述开始发起与起诉叙事话语的对抗性互动，经过辩护人询问被告人，质疑证人证言，发表辩护意见直至最终形成被告人罪轻的故事版本等环节多层次多角度、循环往复地阐述被告人罪轻的事实观点。

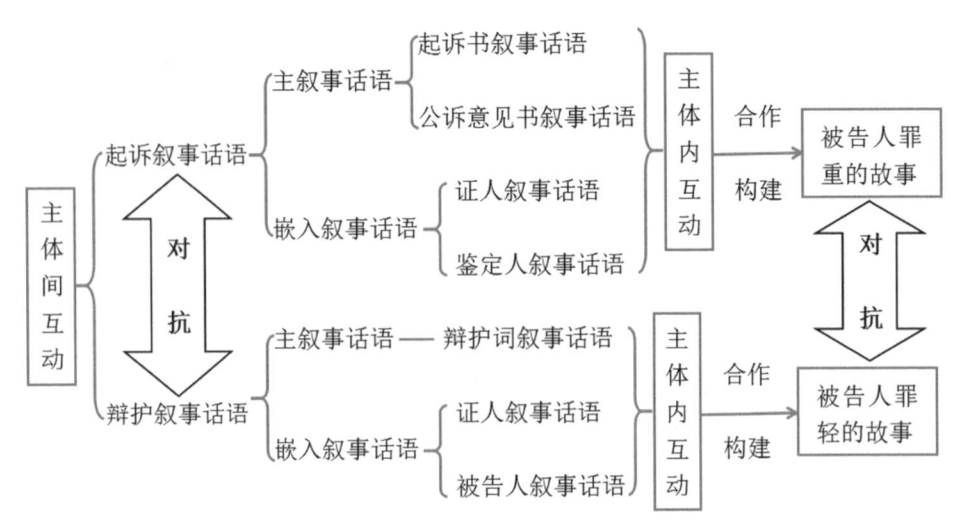

图5.1　起诉叙事话语与辩护叙事话语互动结构图

两大叙事话语对抗性互动实质上就是两个故事版本之间的对抗互动。控方的"被告人罪重故事版本"以故事框架形式亮相,以举证方式增强故事的可信度,最后以公诉意见的形式重述故事,同时提出被告人犯罪故事的刑罚建议。辩方的"被告人罪轻故事版本"以嵌入叙事话语形式在法庭调查各个环节逐步解构控方故事,最终以辩护意见形式呈现完整的对抗故事版本,同时向法庭提出相应的减轻被告人刑罚的建议。

从图5.1可以看出,两大叙事话语整个互动的过程是故事建构的过程,其实质上也是事实建构的过程,故事的可信度来自证据的真实性和可接受性,所以叙事话语互动中的对抗就是证据事实的对抗,法律契合性的对抗。互动是以事实为基础的互动,围绕法律契合性的互动,当然也是理性的互动。

本章分析的两例刑事庭审中控、辩双方叙事话语对抗互动模式一致,具有一定的代表性。

第六章

中国刑事庭审叙事话语互动（下）：
三相互动——控、辩、审融合

第四章中国刑事庭审叙事话语结构特征的描述告诉我们判决叙事话语在结构上是起诉叙事话语和辩护叙事话语的汇聚与融合。第五章起诉叙事话语与辩护叙事话语的对抗互动的分析显示公诉方和辩护方都基于证据事实建构关于案件事实的相互对立的两个故事版本。庭审中控、辩双方相持不下的对抗故事需要合议庭来评议和裁判，所以本章讨论判决叙事话语如何生成裁判事实，也即讨论在裁判事实支持下的第三故事版本是如何建构的，这一故事版本的建构是控、辩、审叙事话语三相互动的结果，是判决叙事话语对起诉叙事话语和辩护叙事话语对抗的消解与融合。

"法律叙事是一个通过语言活动不断建构裁判事实的过程"（王彬，2013：87）。诉讼法学中事实的概念含义广泛，极为复杂，因此在讨论判决叙事话语如何建构裁判事实之前，首先有必要弄清楚几个有关"事实"的概念。

第一节 事实的概念

一、哲学意义上的事实

"事实是事情的真实情况。"[①] 维特根斯坦（1996：25）说，"世界是事实

---

① 见《现代汉语词典》第1153页"事实"词条。北京：商务印书馆，2001.

的总体。"所谓事实，就是所发生的事情，即维特根斯坦所说的诸事态的存在。"严格地说，事实是不能定义的"①，罗素概括事实的根本特性是"客观存在性"，他认为"事实的意义就是某件存在的事物，不管有没有人认为它存在还是不存在"（罗素，1983：177），但是金岳霖却认为有些事实"存而不在"，他所说的存而不在指的是"以命题形式表述的事实"。赵承寿（2002：12）认为"作为存在的事实"和"以命题形式表述的事实"的区分在司法裁判中有重要意义，因为在司法程序中，证据表现为存在的事实，而裁判事实则表现为事实命题。

一般来说，哲学意义上的事实有三种定义：自然存在、主观认知和社会客观存在（杨建军，2007：19）。"自然存在观"认为事实就是外在于人的事物、事件及其过程，即罗素所说的"客观存在"，包括自然的存在与社会的存在，静态的事物与动态的行为、生活状态等。"主观认知观"将事实定义为主体关于客观事物、事件及其过程的反映或把握，即事实等同于对事实的认知（孙伟平，2000：77）。"实践唯物主义观点"认为事实是不依赖于主体主观意识的客观存在状态，强调事实的根本特征在于其客观实在性，既包括客体性事实，也包括主体性事实，即通过主体的存在和变化而表现出来的事实。它不但肯定一切客体的存在是事实，而且肯定人、社会、主体本身的存在与客观状况以及主体与客体之间的关系也是事实（杨建军，2007：19）。

综合以上三种定义，可以看出哲学层面的事实具有客观性和主观性双重属性。

二、法律事实

"以事实为依据，以法律为准绳"是我国长期以来坚持的一项司法原则，刑事诉讼的目的是查明事实，惩罚犯罪，保障无罪的人不受刑事追究，而法庭审判判决的依据是已经查明的事实、证据和有关法律规定，所以贯穿刑事诉讼全过程的核心概念是"事实的认定"和"法律的适用"，这里所说的"事实"指的就是法律事实。

关于法律事实的定义众说纷纭，莫衷一是，综合起来大致有以下八种观

---

① 维特根斯坦.逻辑哲学论[M].贺绍甲，译.北京：商务印书馆，1996：7.

点：法律关系的关系说，法律事实的客观说，法律规定的构成要件说，因果关系说，法律规范之事实说，法律适用的前提说，实证法之规范说，综合说（杨建军，2007：40-45）。

杨建军（2007：45）认为法律事实是法律适用的首要步骤，也是法官裁判的逻辑起点，他将法律事实定义为"由法律所规定的，被法律职业群体证明、由法官依据法律程序认定的'客观'事实"。这一定义既体现法律事实的"哲学属性"，又"将之限定在法律的框架内，更重要的是站在解决案件即司法裁判的立场上，运用法律方法，探究法律事实在法律实践中释放的司法意义"。

克利福德·吉尔兹（1994：80）的人类学研究表明："法律事实并不是自然生成的，而是人为造成的，一如人类学家所言，它们是根据证据法规则、法庭规则、判例汇编传统、辩护技巧、法官雄辩能力以及法律教育成规等诸如此类的事物而构设出来的，总之是社会的产物。"

从上面的介绍可以看出法律事实是一个大概念，它涉及法律规范、证据规则、法官心证，因此我们认为它是规范事实（法律领域）、证据事实、裁判事实的统称。

（一）规范事实

规范事实也叫制度事实，它实际上是指在社会生活中存在的规则和规则体系。这种规范事实就"好像是铸模，我们的行为必须由此铸造出来，甚至这种必然性往往是我们所不能逃避的。即使我们经过努力战胜了它，我们所遇到的反抗也足以说明，我们面临的那个事实是不以我们的意志为转移的"。（涂尔干，1999，转引自赵承寿，2002：19）

规范事实最典型地存在于法律领域，与诸如政府机关、法院、立法机关等社会制度形式紧密相连，以规则的形式，分配和矫正着人们之间的权利义务关系，形成并维护着特定的法律秩序。狭义的规范事实是指作为制度的法律事实或者叫规范的法律事实。

作为一种客观事实，规范事实同生活事实和自然事实一样，是不以人的意志为转移的，不同的是生活事实是一种结果事实或者已然事实，而规范事实作为一种客观事实则是一种前提事实或先在事实。（赵承寿，2002：21）

（二）证据事实

我国诉讼法学关于证据的定义是"以法律规定的形式表现出来的能够证明案件真实情况的各种事实，也叫证据事实"。根据《刑诉法》，证据包括：物证；书证；证人证言；被害人陈述；犯罪嫌疑人、被告人供述和辩解；鉴定意见；勘验、检查、辨认、侦查实验等笔录；视听资料、电子数据。《刑诉法》规定证据必须经过查证属实，才能作为定案的根据。证据具有客观性（证据必须客观真实）、关联性（证据必须与待证案件事实相关联）和合法性（证据必须为法律所允许）三个特性。证据确实充分是认定被告人有罪和处以刑罚的必要条件，证据确实、充分，应当符合三个条件：（一）定罪量刑的事实都有证据证明；（二）据以定案的证据均经法定程序查证属实；（三）综合全案证据，对所认定事实已排除合理怀疑。

从证据的收集、举证、质证、认证活动来看，证据都带有明显的主观性。但是证据的收集、举证、质证、认证活动的主观性并不改变证据材料本身是客观的这一事实。

（三）裁判事实

"裁判事实是事实审理者通过法定程序，在证据的基础上，对案件涉及的客观事实所作的一种认定或推定。从程序的角度看，裁判事实是经过程序法规范过滤了的事实；从证据的角度看，裁判事实是在客观事实的基础上，依据证据规则再现或建构的事实；从规范事实的角度看，裁判事实则是依据实体法规范裁剪过的事实。"（赵承寿，2002：I）裁判事实是一种相对事实，有真假，因为裁判事实是事实审理者通过证据来认定的，而由于种种原因，事实审理者赖以认定裁判事实的证据反映的可能会是客观事实的一种假象。尽管建立在客观的证据事实基础上，在对这一相对事实的判别和确认过程中主观因素起着重要的作用，所以裁判事实同时具有主观性和客观性的特点。裁判事实的这种二重性决定着裁判事实必须同时竞合客观事实和规范事实，因为"在司法裁判过程中法律问题经常和事实问题纠缠在一起"。（赵承寿，2002：25）

司法审判通常被简化成一个运用三段论进行推理的过程。在这个推理的过程中，法律规范是大前提，事实是小前提，通过大小前提推导出来的结论就是判决。作为大前提的法律依据就是我们前面说到的规范事实。法律依据实际上也是一种事实，不过它是一种规则，一种法律文件，一种制度事实，从逻辑上讲，它由行为模式（包括假定的事实状态）和法律后果两部分构成。作为小前提的事实依据就是这里所讲的裁判事实（赵承寿，2002：21）。裁判事实的认定是一个在证据的基础上进行论证的过程，如果推理出现错误，即使是真实反映客观事实的证据，推导出来的结论也可能是错误的，所以裁判事实的认定在一定程度上需要由证据制度和证据规则来保证。

由于司法裁判活动的特殊性，通过证据来认定裁判事实，应当满足以下四个要件：（1）每个证据材料必须具有客观性、关联性和合法性；（2）各个证据材料的内容经过排列、组合、分析，必须与案件的发生、发展过程，即案件事实相符合；（3）借助证据材料进行的推理必须正确，必须符合逻辑规则；（4）全案证据事实必须达到"三统一"，即证据自身统一、证据与证据统一、证据与案件统一（樊崇义：2000）。

三、法律事实与客观事实的关系

法律事实与客观事实是经常在刑事诉讼中同现的一对概念。客观事实是指诉讼涉及的案件事实曾经发生或者实际存在的状态，是该事实的真实状态或者实然状态；"法律事实是在诉讼过程中由法官按照法律手段（如法定程序、证据规则、推定和拟制）认定的案件事实。法律事实基本上是客观事实与法官主观认识的统一，具有主客观的统一性"。（孔祥俊，2005：249）

"法律事实与客观事实的关系，本质上是追求真实与追求社会政策目标之间的关系。中国法律界尤其是司法实践界，基本上已对法院据以裁判的依据为法律事实而非客观事实的结论达成了共识。"（孔祥俊，2005：245-246）2001年12月17日，最高人民法院院长肖扬在《在全国高级法院院长会议上的讲话》中指出："司法公正的体现，应当是在当事人举证、质证后，人民法院根据查证属实的证据，认定案件事实，依法做出裁判。人民法院应当努力做到法律事实与客观事实的一致，但由于司法机关和当事人收集证据的局限性，人民法院通过公正、公平程序，根据证据、事实和法律作出的裁判结果可能与客观实际不完全吻合。但是，在正常情况下只要做到了法律上的真实，裁判结果就应当认为是公正的。遵循和尊重司法活动这一客观规律，是实现司法公正的前提条件。"

根据孔祥俊（2005：249-250）的研究，法律事实与客观事实具有以下几种基本关系：

第一，客观事实是法律事实的基础。在诉讼中需要查明的事实，都是已经时过境迁的客观事实，这些事实属于案件当事人争议的对象，或者与案件当事人的争议有关，需要在诉讼过程中通过法律手段进行认定，而在诉讼中对案件事实的认定结果就成了法律事实。如果缺乏客观事实，法律事实就成为无源之水，无本之木，就失去了依托。

第二，法律事实是客观事实的再现或者反映。这种再现或者反映是通过法律手段来实现的，一般而言，法律事实的认定有三种基本手段：审判程序规则、证据规则和法官心证（内心裁量）。但是由于各种主客观条件的局限，法律事实对客观事实的"再现"或者"复原"存在局限性和主观性，也就是说，法律事实是经过主观认定的客观事实，是客观事实在诉讼过程中的反映。

第三，法律事实必须以客观事实为追求目标。衡量审判程序和证据规则是否科学合理的重要标准，就是是否能够在最大程度上确保通过其认定的事实（法律事实）与客观真实相一致，或者最大限度地确保对客观事实的发现。法律事实与客观事实相一致是一种理想目标，实际情况是两者常有不一致发生。

第二节　裁判事实的建构：
控、辩、审三大叙事话语的析取和融合

李安（2009）提出了司法实践中的事实认知过程图（见图2.8），作者认为从证据感知而言，控、辩双方获得的证据事实理论上都来自"原初事实"[①]，但实践中原初事实往往难以复原，所以法庭上案件事实的抽取，来自控、辩双方对原初事实的证据事实的构建，也就是说裁判事实是对控、辩双方在原初事实的证据事实构建基础上的二次构建。这一构建过程就是叙事过程。本研究大致认同李安的司法实践中事实认知的过程，但是对于控、辩双方对原初事实的构建持不同观点。正如第五章分析的，双方相互对抗的故事版本就

[①] 所谓"原初事实"就是指案件的事实真相。

是基于各自对案件原初事实的构建方式的不同，形式上表现出来的是相互对抗的叙事话语，实质上是对事实的不同理解和对涉案事件在故事中的不同组合方式，因此控、辩双方构建的原初事实是不同的。图6.1是我们修改后的裁判事实认定过程图，它将反映判决叙事话语对相互对抗的起诉叙事话语和辩护叙事话语的析取和融合过程。

```
控方获得的证据 ─────────────→ 构建原初事实
        ↘               ↗           ↘
         呈现在法庭中的证据            抽取案件事实
        ↗               ↘           ↓
辩方收集的证据 ─────────────→ 构建原初事实
                                    合议庭认定裁判事实
```

图6.1 裁判事实认定过程图

从叙事话语角度讲，作为判决叙事话语基础的裁判事实的构建是对起诉叙事话语和辩护叙事话语的析取和融合，这也正好解释了作为司法规范文书的判决书结构里为什么必须包含控、辩双方的案件事实陈述和法律适用意见表述。本研究采用的是话语分析的路径，因此我们不做（当然也无力做）刑法或者诉讼法学理上的探讨，着重对判决叙事话语与起诉叙事话语和辩护叙事话语的互动关系做一个话语层面的分析。

一、争议事实的形成——控、辩双方叙事话语对抗的结果

控、辩双方叙事话语的对抗实质上是利益冲突的话语表现形式，同一个案件事实，因为立场的不同，代表不同利益的主体会在庭审中表现出不同的陈述方式，而对抗的结果一般都以争议事实的形式在法庭上呈现。为了方便讨论，我们仍然以"复旦大学宿舍投毒案"和"崔××涉嫌故意杀人案"为例。

（一）"复旦大学宿舍投毒案"

这个案件的原初事实是"被告人林××的投毒行为导致其室友被害人黄×死亡"[①]。控方以"被告人罪重"的故事版本呈现，与之相对，辩护方以"被告人罪轻"的故事版本呈现，争议的焦点事实主要有三个：第一，被告人

[①] 我们认为这是原初事实是因为控、辩双方相互对抗的故事里都有这一共同的事实构建，下同。

林××行为的主观故意是直接故意还是间接故意；第二，林××作案的动机是因琐事与被害人黄×产生不和怀恨在心，决意杀死黄×，还是仅仅想捉弄黄×；第三，对林××的量刑是依法严惩还是可依坦白等相关法律规定从轻处罚。前两个焦点是案件事实问题，第三个焦点是法律问题，事实问题决定被告人是否有罪，法律问题决定如何定罪以及如何量刑。

控方通过收集到的证据事实构建的原初事实是：被告人林××因琐事与舍友被害人黄×不和，逐渐怀恨在心，便决定采用投毒方法杀害黄×，于是林××弄到剧毒化学品二甲基亚硝胺，投入宿舍饮水机内。黄×喝下被林××注入二甲基亚硝胺的饮用水后因身体不适入院治疗，经医院抢救无效死亡。黄×住院期间，林××明知其中毒后果严重而不向医生提供任何信息，听任黄×死亡。

由此控方的观点是：第一，被告人林××故意投毒杀害黄×的犯罪事实清楚，证据确实充分；第二，被告人林××明知自己的投毒行为必然造成黄×死亡的结果，而决意实施并希望这一结果发生，林××的这种行为构成故意杀人罪；第三，被告人林××故意采用投毒的方法杀害黄×，具有明确的犯罪目的和犯罪动机。这些观点均有证据事实支撑。

而辩方构建的原初事实是：被告人林××与舍友被害人黄×关系不错，被害人在愚人节前关于整人的玩笑引发被告人想投毒整一整被害人，让被害人吃一些苦头。被害人中毒住院期间被告人认为被害人经过治疗会慢慢自行恢复，没有料到被害人会死亡。

由此辩方的观点是：第一，被告人林××的主观故意属间接故意，而非决意杀害的直接故意；第二，被告人林××供述自己的罪行，具有量刑的法定酌情从轻情节。这些观点也有证据事实支撑，不同的是支撑的证据事实除了被告人在法庭上的陈述和质证意见外，都是对控诉方呈现的证人证言和其他证据事实的质疑。

（二）"崔××故意杀人案"

这个案件的原初事实是"被告人崔××无照经营，持刀伤人致被害人李××死亡"。与"复旦投毒案"一样，控方以"被告人罪重"的故事版本呈现，与之相对，辩护方以"被告人罪轻"的故事版本呈现，争议的焦点事实主要有两个：第一，被害人的身份不明，被告人行为是否属于妨害公务；第二，被告人持刀伤人行为是否构成故意杀人。

控方通过收集到的证据事实构建的原初事实是：被告人因无照经营被海淀区城管大队查处时，即持刀威胁，阻碍城管人员的正常执法活动，并持刀猛刺海淀城管队副分队长李××颈部，伤及李××右侧头臂静脉及右肺上叶，致李急性失血性休克死亡。事后被告人逃离现场直至被警方抓捕。

由此控方的观点是：第一，被告人崔××以暴力手段阻碍城管人员的执法活动，实施了故意杀人行为，构成故意杀人罪，证据确实充分；第二，被告人非法剥夺城管人员的生命，其行为严重危害了社会治安秩序，依法应当受到法律的严惩。这些观点均有证据事实支撑。

而辩方构建的原初事实是：被告人崔××因生活所迫在街头摆摊，被不明人士纠缠，为了保护赖以维持生计的出摊三轮车和保护自己以及同伴不受伤害，急于脱身而随手挥动手里的非管制刀具扎伤被害人，离开现场后关心并发短信询问被害人伤势。

由此辩方的观点是：第一，被告人并不知道被害人是执行公务的城管队员的身份；第二，被告人既往优秀的表现和当下悲惨的境况令人同情；第三，被告人崔××的伤人行为属典型的激情犯罪，起诉书指控的罪名证据不足，指控的犯罪不能成立。这些观点也有证据事实支撑，除了被告人在法庭上的陈述和质证意见外，辩护方申请出庭的证人证言，以及辩护律师的辩护意见与控方形成激烈的对抗。

二、争议事实的消解——判决叙事话语对控、辩双方叙事话语的析取

混合式庭审模式下，法官在庭审前不主动收集证据，在庭审中也保持中立，一般不参与实体调查，只在程序上进行主持和组织。证据事实一般由控诉方提供，经辩方质证，但是如果有必要，审判人员可以询问证人和鉴定人。"法庭审理过程中，合议庭对证据有疑问的，可以宣布休庭，对证据进行调查核实"[①]。

---

① 新《刑诉法》第一百九十六条。

上述两个案例中控、辩双方构建的原初事实明显对抗，相持不下。合议庭此时的任务就是消解双方的争议事实，消解的方式之一是询问当事人和证人。例105是"复旦大学宿舍投毒案"庭审中审判人员与被告人的问答互动，互动的内容是关于被告人投毒行为的目的是让被害人难受还是故意致其死亡。

例105：

1. 审1：被告人林××。（审判员就起诉书指控内容对被告人进行讯问）

2. 被：你好。

3. 审1：你从204实验室取的注射器里面是原液吗？

4. 被：应该是原液。

5. 审1：这个原液是你们当时实验的时候（0.5s）直接从【用】注射器从那个瓶里面吸的，是吧？

6. 被：应该是的。

7. 审1：那么按照你之前在回答公诉人和辩护人提问的时候讲，你在黄×他平时所用的这个饮水桶里注入水给他开个玩笑，你主要达到的目的是让他感觉到难受，对吧？

8. 被：对。

9. 审1：那么4月1日早上你听到他喝水以后发出这种干呕，那么事实上他已经觉得难受了，你为什么不把原因告诉他？

10. 被：我可能表达有点失误，不是干呕，就是说我们呛到鱼骨头这种想把它抠出来这种感觉。

11. 审1：他是想要把东西抠出来的感觉。

12. 被：对。

13. 审1：那么你觉得这是难受吗？

14. 被：（5s）我当时不认为这是难受。

15. 审1：你当时没有意识到这是一种难受了，所以你还是没有把原因告诉他，是吗？

16. 被：对。

（3s）

17. 审2：被告人林××，你是何时知道黄×发病的？

18. 被：4月1日的下午。

19. 审2：你是否知道这种病能够好转？

20. 被：（3s）实验的话有这么一个（1s）一种推论吧，我认为是推论。

21. 审2：有这种推论？

22. 被：对。

23. 审2：但实验做出来过没有？

24. 被：没有。

25. 审2：呃在这个呃稀释二甲基呃亚硝胺的时候是否要采取这个防护措施？

26. 被：当时因为稀释不是我稀释的，我们自己做实验的时候主要是防老鼠的咬，所以呢就是戴这个防护手套主要是为了防大鼠咬伤。

（3s）

27. 审长：被告人林××。

28. 被：你好。

29. 审长：你们在就是对这个大鼠进行二甲基亚硝胺这个实验的时候是否要采取一些保护措施？

30. 被：主要▲

31. 审长：▼你说戴手套主要是防大鼠咬伤，其他有没有戴口罩之类的？

32. 被：没有戴口罩。

33. 审长：就是戴了副手套▲

34. 被：▼对。

35. 审长：防大鼠咬伤▲

36. 被：▼对。

37. 审长：是这样吗？

38. 被：是的。

39. 审长：4月1日早上8点左右你说你听到黄×喝水的这个声音，或者是他吐出来的时候这个声音，这个时候当时寝室里有几个人？

40. 被：就我跟黄×。

41. 审长：就你们两个人当时在寝室？

42. 被：是。

43. 审长：此外，你知道黄×的体重是多少？

44. 被：（1s）不知道。

45. 审长：大概是多少？

46. 被：大▲

47. 审长：▼你和他是室友，// 他的身高体重大致是多少？

48. 被：// 大致……大致应该就60公斤。

49. 审长：60公斤左右？

50. 被：对。

下例是"复旦大学宿舍投毒案"庭审中审判长就证人证言中关于被告人与被害人关系问题的讲述对被告人的讯问，这也是控、辩双方故事版本主要事实差异所在，他决定着被告人投毒行为的动机和目的。

例106：

审长：被告人，你对该组证据有没有意见？

被：没意见。

审长：被告人，法庭注意到公诉人刚才宣读葛××就是你的室友，在证人的证言当中讲到"黄×性格比较外向，有人【为人】有些强势，说话不太注意别人的感受，额曾经以开玩笑的方式评价林××生活细节，还假借林××的名义评价他人的生活习惯等，还说认为林××比较小气，林××发现以后不满，有时候比较记仇"，你对证人证言当中描述的这些细节有没有意见？

被：（1.5s）每个人看法不同，那是他们的看法，所以我没有什么意见。

审长：你认为这是他们的看法，你并没有对黄×的说法不满。

被：对，嗯这个其他人应该看得清楚。

例107是"崔××涉嫌故意杀人案"庭审中审判人员对被告人的讯问，目的是查明案发当时被害人受伤的程度，以此证明被告人是否存在伤人的故意，因为在这轮发问之前辩护人询问被告人对被害人的伤情是否知情，被告人的回答是不知情。

例107：

审长：合议庭成员有无发问？

审1：你作案的时候穿的衣服上有血迹吗？
被：没有。
审1：发问完毕。

关键证人的证言对案件事实的澄清起着关键作用。例108是一起邻里纠纷引起的杀人案庭审中审判长与辩护方申请出庭的证人的对话，证人出庭证明之前其对侦查机关询问的笔录不实，从审判长与证人的问答互动可以明显看出审判长对于证人的品格表示怀疑，连自己结婚和离婚日期都不记得，其证词的可信度值得怀疑。

例108：
审长：杜××//合议庭问你一个问题。
证：//到，嗯。
审长：你的记忆力有问题没有？
证：啊？
审长：记忆力有问题没有？
证：记忆力？
审长：对。
证：没记没没啥问题啊。
审长：你今天说的是不是实话？
证：啊都是实话对。
审长：那为啥你结婚的日期和离婚的时间都不记得，这么大的事？
证：我不好记那个记那些东西。
审长：你爱记什么东西？
证：我爱干活掏力。
审长：今天现场证明的情况属实不属实？
证：属实。
审长：好，你退庭吧（9s）你出去吧，不能坐这儿（2s）快一点动作。

消解的方式之二是提炼控、辩双方关于案件事实争议的焦点问题，组织控、辩双方进行辩论，辩论通常围绕案件证据是否确实、充分，事实是否清楚，被告人的行为是否构成犯罪，犯罪的性质、罪责轻重以及如何适用法律、裁量刑罚等问题展开，如果一轮辩论消解不了，合议庭将会再次提炼争议焦点组织第二轮辩论。控、辩争议通常体现在：（1）关键证据事实；（2）证据事实与法律的契合，即法律适用性。关键证据事实的确认决定被告是否有罪，而证据事实与法律的契合的确定关乎定罪与量刑，因此关键证据事实的确认是法律适用性问题的前提和基础。例109是"复旦大学宿舍投毒案"庭审的第一轮辩论，公诉人总结控、辩双方争议焦点并就此发表公诉词，辩护律师进行了有针对性的辩护意见陈述。"罪重，依法严惩"与"认罪，从轻处罚"两个版本的案件事实讲述和法律诉求形成对峙，相持不下，于是审判长对控、辩双方争议的焦点问题进行了提炼，组织了第二轮辩论（例110），第二轮辩论争议焦点正是审判长对控、辩相对抗的故事版本的析取，以期消解双方的对抗。

例109：

审长：现在继续开庭，被告人可以坐下。法庭调查结束，现在开始法庭辩论。首先由公诉人发表公诉词。

公2：……为方便合议庭评议，并对本案作出公正的判决，公诉人对本案主要争议的三个焦点：第一，被害人黄×的死亡是不是林××投毒行为造成的；第二，林××投毒的目的是伤害黄×的身体健康，是开一个玩笑还是为了杀死黄×；第三，林××为什么要杀死黄×，他这样做的动机是什么。公诉人就这三个焦点发表三点公诉意见，阐述公诉机关的主要观点和依据，供合议庭在评议本案时参考。

……

被告人林××因琐事与黄×不和，竟采用投毒方法故意杀害黄×，导致黄×死亡，其行为触犯了《中华人民共和国刑法》第232条，犯罪事实清楚，证据确实充分，应当以故意杀人罪追究其刑事责任，并依法予以严厉的惩处。被告人林××在公安机关立案并依法予以传唤后，虽然逐步供述了实施投毒的犯罪事实，但依法不构成自首，而且林××犯罪手段残忍，犯罪情节特别严重，社会危害极大，依法不应对林××予以从轻处罚。以上公诉意见，请合议庭采纳。谢谢审判长、审判员。

审长：现在由辩护人发表辩护意见。

辩1：审判长，合议庭成员……经过方才的法庭调查，现针对起诉书，辩护人……提出如下辩护意见，供合议庭参考。……

1.被告人林××的主观故意属间接故意，而非决意杀害的直接故意。……
2.被告人林××具有量刑的法定从轻即酌情的从轻情节。……

请法庭充分考虑辩护人提出的给予被告人从轻处罚的意见。辩护词宣读完了，谢谢。

例110：

审长：(2s)在刚才第一轮的法庭辩论中，除被告人林××放弃自我辩护外，公诉人、诉讼代理人、辩护人发表了各自的意见，法庭归纳辩论各方争议的焦点主要是：第一，林××行为的主观故意是直接故意还是间接故意？第二，林××作案的动机是因琐事与黄×产生不和怀恨在心，决意杀死黄×，还是仅仅想捉弄黄×；第三，对林××的量刑是依法严惩还是可依坦白等相关法律规定从轻处罚。在第二轮的法庭辩论中，辩论各方应围绕争议焦点发表意见，现在由公诉人发言。

两种消解方式都是司法程序公正、正义的体现，法庭上合议庭一般不参与案件的实体调查和讨论，但是诉讼的目的就是通过法律途径解决争端，中国混合式刑事庭审模式为被告人及辩护人提供了更多与控诉方对抗的机会，但是这种对抗绝对不是街头吵架式的胡搅蛮缠、死缠烂打，而是基于案件事实的理性互动的结果，合议庭在这种理性互动中起着关键作用，一方面既要给予控、辩双方尤其是辩护方足够的空间和时间与控方抗衡，从而真正体现程序公正，另一方面又要把握好对抗的尺度，避免法庭上无休止的纠缠和不能消解的对抗。[①]

证人证言通常是控、辩双方争议最多的证据事实，对此引起的对抗合议庭如果当庭不能消解，一般会放在庭后查验核实，以便庭审顺利继续开展。这样的例子很多，如下例。

[①] 这是法庭审判中法官经常面临的问题，司法资源的节约和程序正义的保障之间存在一定的矛盾。

例 111：

审长：被告人，刚才公诉人出示了一组证人证言以及辨认笔录，对于该组证据你是否有异议？

被：公诉人说我找姚××要过钱不属实。宋×说曾经给我二万多元钱的医药费也不属实，只给了一万多元钱。

审长：辩护人是否有异议？

辩：阳××所说的转身回来刺姚×那句话是孤证。

审长：下面由公诉人予以答辩。

诉：本案的证人证言均系侦查人员依法取得，与本案具有关联性。关于向姚×要钱的事实除了被告人否认外，有其他多名证人证实，能够相互印证，应该予以确认。被告人对于是否得到医药费多少的问题，与本案没有实质性的意义。阳××所说的有证人予以证实，阳××的证言并非孤证。

审长：对于该组证据被告人及辩护人除对证人阳××和宋×的证言有异议外，对其他证人证言无异议，本庭予以确认。对证人阳××和宋×的证言本庭将结合全案证据再予以确认。

三、判决叙事话语对控、辩双方叙事话语的融合——判决书叙事话语

经过法庭争议事实的提炼和消解，以及合议庭的评议，裁判事实的认定在合议庭的判决叙事话语对起诉叙事话语和辩护叙事话语的充分融合、加工的基础上得以建构，最终以判决书叙事话语的形式呈现了一个全新的故事版本[①]。如本书第四章判决叙事话语结构部分所介绍，判决书叙事话语首先对控、辩双方关于案件事实的叙事话语进行回顾性陈述，然后叙述合议庭认定的裁判事实，最后叙述裁判事实与法律适用的关联，即最终判决。

例 112 是"复旦大学宿舍投毒案"一审的判决书，我们对框架内容进行

---

① 关于合议庭的评议、裁判事实的认定以及判决书的生成过程和机制，是刑事诉讼法学关注的学术问题，可参阅梁玉霞发表在《中外法学》2011 年第 6 期上的文章《聚焦于法庭的叙事：诉讼证明三元系统对接——论裁判者心证自由的限度》，本书第二章文献综述部分对其做了简要介绍。本书只从话语分析视角讨论判决书叙事话语与起诉叙事话语和辩护叙事话语之间的互动关系。

了节选,对结构进行了编号,以便清楚看出控、辩、审三种叙事话语之间的关系。判决书中第(1)部分是起诉叙事话语内容,是公诉方关于"被告人有罪且罪重,依法应当严惩"的故事叙述,第(2)和(3)部分是辩护方关于"被告人罪轻,应从轻处罚"的故事叙述,第(4)部分是合议庭根据法庭调查和法庭辩论中确认的裁判事实建构的判决故事版本。可以看出判决故事版本与起诉故事版本完全一致,虽然合议庭充分考虑了辩护故事版本,但因部分内容"与查明的事实不符",没有被吸纳进判决故事版本里(见下划线),第(5)部分是对判决故事构建的司法三段论推理说明[1],是裁判事实与法律适用的关联性阐述。

例112:

(1)上海市人民检察院第二分院指控……上海市人民检察院第二分院认为……

(2)被告人林××辩称,其只是出于"愚人节"捉弄黄×的动机而实施投毒,没有杀害黄×的故意。

(3)辩护人对起诉书指控被告人林××犯故意杀人罪不持异议,但提出林××系间接故意杀人;林××到案后能如实供述罪行,有认罪悔罪表现,建议对林××依法从轻处罚。

(4)经审理查明,被告人林××和被害人黄×均系复旦大学上海医学院2010级硕士研究生,分属不同的医学专业。2010年8月起,林××与葛×等同学同住于复旦大学枫林校区西20宿舍楼421室。2011年8月,黄×调入421室,与林××、葛×三人同住。之后,林××因琐事对黄×不满,逐渐对黄怀恨在心,决意采用投毒的方法加害黄×。

2013年3月31日下午,被告人林××以取物为名,通过同学吕某进入中山医院11号楼二楼影像医学实验室204室(以下简称204实验室),趁室内无人,取出其于2011年参与动物实验时剩余的装有剧毒化学品二甲基亚硝胺的试剂瓶和注射器,并装入一只黄色医疗废弃物袋中随身带离。当日下午

---

[1] 司法三段论包括:(1)识别一个权威性的大前提;(2)明确表达一个真实的小前提;(3)推出一个可靠的结论。(史蒂文·J.伯顿.法律和法律推理导论[M].张志铭,解兴权,译.北京:中国政法大学出版社,1999:54.)司法三段论推导过程中的大前提是法律规范,小前提是法律事实(裁判事实),结论是判决结果。

5时50分许,林××将前述物品带至421室,趁无人之机,将上述二甲基亚硝胺投入该室的饮水机内,尔后,将试剂瓶等物连同黄色医疗废弃物袋带出宿舍楼予以丢弃。

同年4月1日上午,黄×从421室饮水机中接取并喝下已被林××投入二甲基亚硝胺的饮用水。之后,黄×发生呕吐,于当日中午至中山医院就诊。次日下午,黄×再次至中山医院就诊,被发现肝功能受损严重,遂留院观察。4月3日下午,黄×因病情严重被转至外科重症监护室治疗。在黄×就医期间,林××还故意隐瞒黄×的病因。4月11日,林××在两次接受公安人员询问时均未供述投毒事实,直至次日凌晨经公安机关依法予以刑事传唤到案后,才如实供述了上述投毒事实。被害人黄×经抢救无效于4月16日死亡。经鉴定,被害人黄×符合二甲基亚硝胺中毒致急性肝坏死引起急性肝功能衰竭,继发多器官功能衰竭死亡。

(5)本院认为,被告人林××为泄愤采用投放毒物的方法故意杀人,致被害人黄×死亡,其行为已构成故意杀人罪,依法应予惩处。公诉机关指控的罪名成立。被告人林××系医学专业的研究生,又曾参与用二甲基亚硝胺进行有关的动物实验和研究,明知二甲基亚硝胺系剧毒物品,仍故意将明显超过致死量的该毒物投入饮水机中,致使黄×饮用后中毒。在黄×就医期间,林××又故意隐瞒黄×的病因,最终导致黄×因二甲基亚硝胺中毒而死亡。上述事实,足以证明林××主观上具有希望被害人黄×死亡结果发生的故意。林××关于其系出于捉弄黄×的动机,没有杀害黄×故意的辩解及辩护人关于林××属间接故意杀人的辩护意见,与查明的事实不符,均不予采纳。被告人林××因琐事而采用投毒方法故意杀人,手段残忍,后果严重,社会危害极大,罪行极其严重。林××到案后虽能如实供述罪行,尚不足以从轻处罚。辩护人建议对林××从轻处罚的意见,亦不予采纳。为保障公民的人身权利不受侵犯,依照《中华人民共和国刑法》第二百三十二条、第五十七条第一款之规定,判决如下:

被告人林××犯故意杀人罪,判处死刑,剥夺政治权利终身。

根据梁玉霞(2011)的分析,法庭三大类叙事话语在诉讼法学逻辑上形成三元证明系统,控诉、抗辩证明和裁判者心证这三元系统如果用三个圆来表示的话，它们之间的关系通常呈现四种图景：三圆重合；二圆相交，一圆平行；三圆相交；三圆平行，互不相交。"复旦大学宿舍投毒案"庭审三大类叙事话语中，控诉证明系统与裁判者心证系统完全重合，抗辩证明系统中虽然辩护方认可大部分犯罪事实，但其法律诉求与控诉方完全相对，两个证明系统相互平行，没有交叉，因此裁判者心证系统也与抗辩证明系统没有交叉，形成二圆交叉、一圆平行的图景。

"崔××涉嫌故意杀人案"与此相同，控诉证明和裁判者心证二元系统相互重叠，抗辩证明系统独立，形成二圆相交、一圆平行的图景（为节约篇幅，例113只提供了判决故事部分，关于控方故事和辩护方故事可参阅6.2.1.2部分的对照分析或者参见附录语料样本）。

例113：

北京市第一中级人民法院经审理认为，被告人崔××以暴力方法阻碍城市管理监察人员依法执行职务，并持刀故意非法剥夺他人生命，致人死亡，其行为已构成故意杀人罪，犯罪性质恶劣，后果特别严重，应依法惩处。考虑崔××犯罪的具体情节及对于社会的危害程度，对崔××判处死刑，可不立即执行。北京市人民检察院第一分院指控被告人崔××犯故意杀人罪的事实清楚，证据确凿，指控罪名成立。根据被告人崔××犯罪的事实、犯罪的性质、情节和对于社会的危害程度，依照《中华人民共和国刑法》第二百三十二条、第四十八条第一款、第五十一条、第五十七条第一款的规定，判决被告人崔××犯故意杀人罪，判处死刑，缓期二年执行，剥夺政治权利终身。

第三节　庭审叙事话语互动的特点暨本章小结

我们对中国刑事庭审叙事话语的结构进行了描述，对叙事话语之间的互动也做了分析，从前面的描述和分析可以看出庭审叙事话语的互动呈现出一定的特点，具体表现为：互动的层次性和方向性；互动的复杂性；互动的目的性；互动的策略性。本小节主要对这些特点进行总结性分析，也可以算作本章的一个小结。

层次性和方向性。庭审叙事话语互动的层次性体现在宏观互动和微观互动两个层面;方向性体现在互动的主导与互动的对象上。

宏观层面的互动是由法官主导的互动。① 顾名思义,宏观层面的互动主要是指各主叙事话语之间的互动,也即主体间的互动,包括控、辩双方主叙事话语之间的对抗性互动和控、辩、审三方主叙事话语之间的融合性互动(见图6.2)。控、辩叙事话语之间的对抗性互动始于控诉方的起诉叙事话语构建的被告人有罪的故事版本,辩护人对构成这一故事的证据事实进行质疑和拆解,以期达到对有罪故事的解构,进而构建一个被告无罪或者罪轻的故事版本。② 控、辩、审三方叙事话语之间的互动实质上是合议庭通过认知和心理机制,结合法律规则,对控、辩双方赖以构建各自故事版本的证据事实进行判别和认定,形成心证,从而认定裁判事实,消解控、辩对抗,最终完成判决故事的构建,以判决书叙事话语的形式对起诉叙事话语和辩护叙事话语进行融合。所以宏观层面上的三大类叙事话语的互动始于起诉叙事话语,发展于辩护叙事话语对起诉叙事话语的对抗,终止于判决叙事话语对相互对抗的控、辩两个叙事话语的融合。

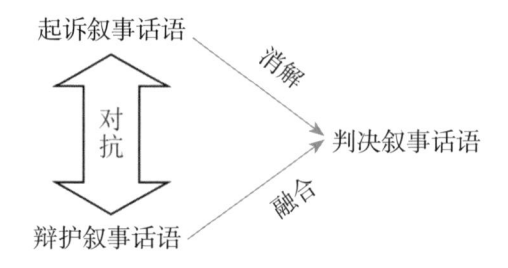

图6.2　中国刑事庭审叙事话语宏观层面的互动

图6.3　中国刑事庭审起诉叙事话语公诉人主导的互动,箭头表示互动方向

① 程序上,作为法庭审判的组织者,话语的发起一般都是法官。我们这里所讲的不包括程序上的非叙事话语的互动。
② 当然也有一种变体:辩护方对控诉方建构的有罪故事高度认同,双方故事版本大同小异,这种情形常见于基层法院适用简易程序审理的刑诉案件。

第六章 中国刑事庭审叙事话语互动（下）：三相互动——控、辩、审融合

图6.4 中国刑事庭审辩护叙事话语辩护人主导的互动，箭头表示互动方向

图6.5 中国刑事庭审判决叙事话语法官主导的互动，箭头表示互动方向

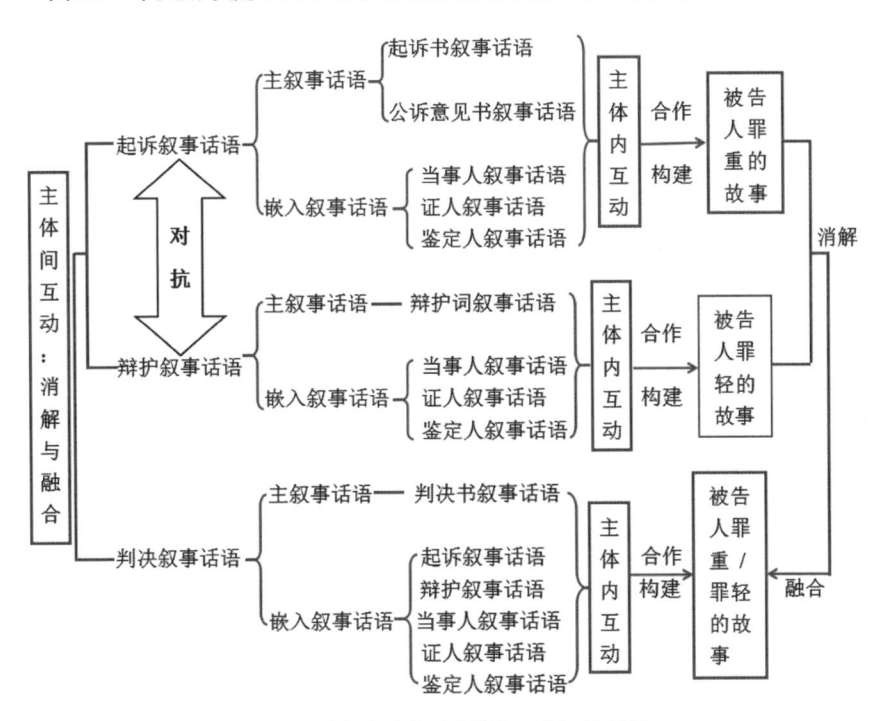

图6.6 刑事庭审叙事话语互动结构总图

微观层面的互动是指分别由公诉人和辩护人主导的互动。这种互动主要发生在公诉人和辩护人分别与当事人、证人和鉴定人之间的叙事话语的互动（见图6.3—图6.4），也包括法官主导的与公诉人、辩护人、当事人、证人和鉴定人之间的叙事话语的互动（见图6.5）。这个层面的互动主要是嵌入叙事

227

话语之间的互动，也即主体内互动。

复杂性。刑事庭审叙事话语互动的复杂性不言而喻，既有三大叙事话语主体间的互动，又有主体内的互动（参见第五章分析）；既有直接的互动，也有间接的互动；既有显性的互动，也有隐性的互动；既有对抗性互动，又有叙事话语的消解与融合；互动中既有合作（主要体现在主体内互动中），也有不合作（主要体现在起诉叙事话语和辩护叙事话语主体间对抗互动中），图6.6很直观地向我们展示了这种复杂性。

目的性。法庭问答互动是目的导向的互动（参见廖美珍，2003a，2014），我们认为问答是庭审叙事话语互动的方式之一，是直接的显性的互动方式。目的性是中国刑事庭审叙事话语互动的根本特征，无论是叙事话语主体内互动，还是主体间互动，无论是控、辩双方的对抗性互动，还是控、辩、审三方的融合性互动，无论是合作性互动，还是不合作的互动，叙事话语的主体都带有极强的目的性，其实庭审叙事话语的语境预设了这一根本特性的存在。

策略性。策略性是目的性的外在语用体现，也就是说策略是达到目的的手段选择，为了实现各自的目的，庭审叙事话语的各叙述主体，尤其是三大主叙事话语的叙述主体公诉人、辩护人和法官都会采取相应的话语策略来构建事实，并以相应的故事版本形式呈现出来。

对于中国刑事庭审叙事话语互动的目的性和策略性这两个特点的具体分析和解释我们将在下一章展开。

第七章

理性互动：中国刑事庭审叙事话语互动的理论解释

在第五章和第六章我们对中国刑事庭审叙事话语的互动特点和互动规律进行了描述和分析，发现在控、辩双方叙事话语之间的两相互动中对抗性是主要特点，在控、辩、审三方叙事话语之间的三相互动中判决叙事话语对控、辩叙事话语的对抗的消解与融合是主要特点，但是仅仅发现这些特点和规律还不够，人们不禁会追问：参与庭审各方叙事话语的对抗与融合的这些互动的原因是什么，也就是说他们为什么以这些方式互动？互动背后的机制又是什么？我们将在本章对这些问题进行解答，对中国刑事庭审叙事话语的互动在中国刑事庭审叙事话语互动分析框架里进行理论解释，主要从理性互动论下的理性互动目的、理性互动策略、理性互动合作和理性互动决策四方面展开。

第一节 理性互动目的

一、互动目的表征

刑事审判是通过叙事话语进行的司法语言实践活动，是控、辩、审三方叙事话语交际互动的活动，刑事庭审叙事话语主体在叙事话语互动中具有目的性，这种目的性特征在宏观和微观两个层面具有不同的表征：宏观层面上互动的目的趋于一致,而在微观层面上互动的目的则各不相同①。

(一)宏观层面互动目的一致

刑事庭审各叙事话语主体在宏观层面上互动的目的是一致的,这就是维护司法公正与正义,捍卫法律尊严(这其实也就是刑事庭审宏观叙事话语的目的,是总目的),这是法律赋予各方叙事话语主体(尤其是三大主叙事话语的主体)的权利,同时也是对各叙事话语主体的义务的规定和权力的制约。刑事庭审需要诉讼参与各方的合作,同时也需要他们在一定程度上的对抗,合作与对抗都是通过叙事话语的互动体现出来的,一般的理解是合作互动比较容易达致宏观层面一致目的的实现,殊不知对抗互动,尤其是控、辩双方的平等对抗的目的正是维护司法公正与正义,捍卫法律尊严,因为控、辩对抗的实质是理性对抗,这种理性对抗就是法律宏大叙事的终极目标。以合议庭为主体的判决叙事话语与以公诉人为主体的起诉叙事话语和以辩护律师为主体的辩护叙事话语的互动(判决叙事话语对后两种叙事话语的交汇与融合,见前文论述)的目的当然更不会违背这一宏观终极目的了。庭审中控、辩、审三方叙事话语的互动就是为了司法公正这个终极目标而展开的,这个一致的目的是法律规范的结果,是诉讼参与各方在《中华人民共和国刑法》和《中华人民共和国刑事诉讼法》框架下通过叙事话语的理性互动才能实现的。两法的立法目的都是"惩罚犯罪,保护人民",任务也几乎完全相同,《中华人民共和国刑法》第二条规定:

"中华人民共和国刑法的任务,是用刑罚同一切犯罪行为作斗争,以保卫国家安全,保卫人民民主专政的政权和社会主义制度,保护国有财产和劳动群众集体所有的财产,保护公民私人所有的财产,保护公民的人身权利、民主权利和其他权利,维护社会秩序、经济秩序,保障社会主义建设事业的顺利进行。"

《中华人民共和国刑事诉讼法》第二条规定:

---

① 廖美珍根据人际关系将言语行为的目的关系分为三类:(1)目的一致;(2)目的冲突(包括目的竞争);(3)目的中性。本研究的目的分类略有不同。

"中华人民共和国刑事诉讼法的任务,是保证准确、及时地查明犯罪事实,正确应用法律,惩罚犯罪分子,保障无罪的人不受刑事追究,教育公民自觉遵守法律,积极同犯罪行为作斗争,维护社会主义法制,尊重和保障人权,保护公民的人身权利、财产权利、民主权利和其他权利,保障社会主义建设事业的顺利进行。"

(二)微观层面互动目的不一致

微观层面上刑事庭审叙事话语主体互动的目的不一致[①],具体表现在:1.各叙事话语主体代表的利益不同(公诉方代表国家利益,合议庭代表社会利益,辩护人代表被告人个人利益);2.控、辩双方定罪与量刑的诉求不同(罪与非罪,罪重与罪轻,此罪与彼罪,量刑轻重);3.三大叙事话语主体(公诉人、辩护人、法官)的角色任务各不相同。

1. 控方目的

因为刑事犯罪是公民个人针对国家和社会秩序所实施的"最严重的破坏活动",那么刑事庭审中控方的目的就是"代表国家进行追究犯罪的活动"(刘少军,2009:96),这一目的通常是在起诉叙事话语中的公诉人的主叙事话语,即起诉书和公诉意见书中进行明确而充分的表述,例114是一起涉嫌故意杀人案的起诉书节录(参见北京市律师协会,2010:120),控方的目的很明确:被告人故意非法剥夺他人生命,其行为触犯刑法,其有罪而且罪重,故而请求合议庭对其依法严惩。

例114:

本院认为:被告人×××为泄私愤,故意非法剥夺他人生命,情节十分恶劣,后果特别严重,其行为触犯《中华人民共和国刑法》第232条之规定,且犯罪事实清楚、证据确实充分,应当以故意杀人罪追究其刑事责任,根据《中华人民共和国刑事诉讼法》第141条之规定,提起公诉,请依法判处。

下例是"复旦大学宿舍投毒案"庭审辩论阶段公诉人在其发表的公诉词

---

① 需要说明的是,如前(第五章)所述,中国刑事庭审叙事话语的互动分为主体内互动和主体间互动两个方向。一般而言,各叙事话语主体内互动的目的都是一致的,这里所说的目的不一致主要是指主体间互动的各叙事话语主体的目的不同。

中陈述公诉方明确的诉讼目的：

例115：

经过庭审质证的上述九方面的事实，证据证明，本院起诉指控被告人林××故意投毒杀人的犯罪事实清楚，证据确实充分，法庭应当予以认定，并据此追究被告人林××的刑事责任……并依法予以严厉的惩处。

除了"追究犯罪"这个目的以外，在公开开庭审理的重大刑事案件中控方一般还有一个目的，那就是：教育目的——训诫被告，警示后人，教育社会，这是公诉方在刑事诉讼中代表国家的角色任务所决定的，如例116和例117。

例116：

林××犯罪手段残忍，犯罪情节特别严重，社会危害极大……通过今天的庭审，法庭已经查明和确认犯罪实施者，法庭也将对其绳之以法，相信这一切可以告慰黄×的在天之灵，并足以警示后来之人。

例117：

被告人李××作为有一定知名度的公众人物，本应遵纪守法，知法明理，树立良好的社会形象，向社会传递正能量，但其没有珍惜社会及公众对本人的期望，因为放纵自我坐在了今天的被告席上，被告人无视自己应当承担的社会责任，违背社会公德，违反法律规定，触犯国家刑法，构成犯罪，其行为给社会造成恶劣影响，给家庭造成巨大伤害，给自身造成极大损失，其本人应当为自己的行为承担相应的法律责任……最后公诉人希望被告人李××能够通过今天的庭审活动深刻地反思，认真悔罪，尽早戒毒，早日重返社会，成为一名对自己、对家人、对社会负责任的守法公民。

2. 辩方目的

刑事庭审中辩护方的目的是代表被告人维护个人利益，"实施各项逃避追究和惩罚的行为"（刘少军，2009：96），这一目的主要在辩护叙事话语的主叙事话语，即辩护律师的辩护词中进行充分的集中表述。例118是与例114同一案件的辩护律师的辩护词节录（参见北京市律师协会，2010：121-128），辩方的目的是：控方所指控的被告人所犯罪行证据严重不足，请求合议庭判定被告人无罪。

例118：

本案证据严重不足，不能认定被告人有罪……我的当事人是无罪的，这是一起百分之百的错案、冤案和疑案。错案必须纠正、冤案必须昭雪、疑案只能从无。

下例①中，被告对于一审判决结果不服提起上诉，二审辩护词中辩护人这样表述其上诉目的：

例119：

如果不能充分排除李××同意发生性关系的可能性，并充分证明发生性关系确实违背了李××的意志，一审判决认定的强奸罪事实就属于不能排除合理怀疑的疑罪。对于疑罪，按照《刑事诉讼法》第162条第（三）项的规定，应当作出证据不足、指控的犯罪不能成立的无罪判决。辩护人恳请二审合议庭充分考虑到上诉人的辩解和辩护人的辩护意见，本着疑罪从无的原则，作出上诉人王××无罪的终审判决。

当然多数情况下，辩护人会做有罪辩护，那么辩护的目的就是尽量让合议庭减轻其当事人被控告的罪行和惩罚。

例120：

我认为，公诉人指控被告人犯故意杀人罪认定事实不当，适用法律错误。被告人只有故意伤害受害人的犯罪故意，并没有故意杀死被害人的犯罪故意。

例121：

通过法庭调查，我对检察机关指控被告人故意杀人罪没有异议，根据被告人的犯罪情节，认罪态度和悔罪表现，提出如下意见……因为被告人家里不幸的事情较多，不能正确处理这些家庭矛盾，为了避免给孩子带来灾难，构成了犯罪。被告人在公安机关第一次询问时能够主动配合，陈述了其杀妻的过程。此前，被告人遵纪守法，没有受到过刑事处罚。综合以上的辩护意

---

① 本案例在第一章引言中有提到。

见，请求合议庭充分考虑被告人的认罪态度和悔罪表现，请求对其减轻处罚。

辩护人的角色任务决定着其在代表当事人，维护并争取属于当事人的合法权益，协调解决社会矛盾，平衡个人利益和公权力关系，维护司法公平正义中起着不可或缺的作用，因此辩护方的目的不能简单地看作公诉方的对立，比较科学合理的说法应该是："合法的对抗，理性的互动。"

3. 审方目的

控、辩双方因各自的目的不同而形成的实体争议方面的对抗关系在刑事庭审前已然形成，现行的中国混合式刑事审判程序和制度就是"将这种对抗关系程序化和规范化，使双方的对抗性在程序和制度的双重规制下不致发展到不可收拾的地步，并为双方之间实体争议的解决创造良好的理性交涉环境"（刘少军，2009：97），因此刑事审判中合议庭的目的就是"让控辩双方在诉讼前无法充分展开的对抗活动在庭审阶段加以实现，一方面，顺应发生争议的控、辩双方对抗的自然需求，使双方的对立心理和情绪能够得到充分释放，为双方最大限度地接受判决提供良好的前提条件；另一方面，使控辩对抗始终处于程序、制度和法官审判权力的监督和制约之下，控、辩双方的对抗关系从感性逐步走向理性，从意气用事发展至依法处理，不致会演化成鱼死网破、两败俱伤的结果，从而达到有效维护国家统治和社会秩序的目的"（刘少军，2009：97），这就要求审判方即合议庭公正独立，尊重事实，尊重法律，居中裁判。这种目的在判决书中不会有明确的文字表述，但是从庭审程序安排以及合议庭的判决结果能够看出来，这也是审方与公诉方和辩护方理性互动的结果，否则其目的难以实现。

例 122：

经过今天的法庭审理，<u>法庭充分听取了控辩双方的意见，在充分考虑控辩双方意见的基础之上</u>……综上本院依照《中华人民共和国刑法》第三百五十四条、第五十二条、第五十三条、第六十七条第三款、第六十一条以及第六十四条的规定，判决如下……

例 123 是与例 114 和例 118 同一案件庭审的判决书节录（参见北京市律

师协会，2010：121），可以看出，合议庭完全采纳了辩方的意见和理由，没有采纳控方的起诉意见。

例123：

公诉机关当庭提供的现有证据不能证明被害人的死亡系被告人×××所为。指控被告人×××犯故意杀人罪的证据不足，故对其指控不予采纳……被告人×××及其辩护人的辩解理由成立，予以采纳。依照《中华人民共和国刑事诉讼法》第一百六十二条第（三）项规定，判决如下：被告人×××无罪……

下例是与例119同案的二审裁定书节录。

例124：

本院认为，北京市昌平区人民法院判决被告人王××犯强奸罪的主要事实不清，证据不足。依照《中华人民共和国刑事诉讼法》第一百八十九条第（三）项之规定裁定如下：（一）撤销北京市昌平区人民法院（2007）昌刑初字第×××号刑事判决书；（二）发回北京市昌平区人民法院重新审判。

从上两例可以看出，合议庭对于被告有罪与否的判定是以事实为依据，以法律为准绳的，法庭审判的目的之一就是"查明犯罪事实，正确应用法律，保障无罪的人不受刑事追究"，当然如果犯罪事实查明，证据确实充分，法庭审判的目的就是"正确应用法律，惩罚犯罪分子"。

例125：

新乡市中级人民法院认为被告人陈××故意伤害他人身体致一人死亡一人重伤一人轻伤，其行为已构成故意伤害罪。依照《中华人民共和国刑法》第二百三十四条第二款，第五十七条第一款的规定，判决被告人陈××犯故意伤害罪，判处死刑，剥夺政治权利终身。

例126：

判决如下：一、被告人李××犯容留他人吸毒罪，判处有期徒刑9个月，罚金人民币2000元；二、玻璃冰壶一个、紫色移动电话一部依法予以没收。

二、互动目的评价

控、辩、审三方叙事话语主体互动目的是理性互动论的重要内容，但是这种互动的目的性该如何评价？微观层面上不同的互动目的固然需要考虑参与诉讼各方的输赢，尤其是控、辩双方，通常会被社会理解为以官司的输赢论成败。一般人认为打官司就是控、辩双方的零和博弈，最终结果不是你输就是我赢。这种理解不能算错，因为公诉方和辩护方在刑事诉讼中各自的角色身份和权利义务决定着他们一定会为各自代表的利益进行激烈的对抗，直至赢下官司。然而理性互动中的输赢观并非通俗意义上的"成败论英雄"，微观层面上各主体不同的目的固然重要，但这种目的却必须服从宏观层面上的一致的目的，即如前文（第三章）所讲的为了"维护司法公正和正义，三方叙事话语主体都必须在法律框架下理性互动，超越法律权限的目的是不被允许的，当然也是不会实现的"。

这种理性互动目的论下的控、辩法庭对抗蕴含着一定程度上的对抗与合意并存[①]，合议庭的任务就是最大程度上为对抗创造条件，同时最大程度允许合意的存在。法律保护每一位公民的合法利益不受侵犯，但是个人利益要服从国家利益，个人利益的实现不能以损害国家利益为代价，任何形式的犯罪，无论是对个人还是对国家，一经查实根据法律必须受到惩罚。

所以刑事诉讼真正的目的是控、辩、审三方在宏观上一致的目的，理性互动中刑事庭审各叙事话语主体的不同目的必须服从于刑事庭审宏观叙事话语的目的即总目的，任何与总目的相违背的目的都是不可能实现的。然而法律的目的并不是单纯的惩罚犯罪，而是预防犯罪。英国启蒙思想家洛克对于法律的目的的定义，"法律的目的不是废除或者限制自由，而是维护和扩大自由"，让我们明白法律的终极目标应该是去法，让全社会都知法守法，直至最终形成一种自觉，一种自律，这也应该是刑事诉讼和控、辩、审三方在庭审中的叙事话语互动的真正目的：对违法者的自由的限制甚至剥夺是为了维护和扩大守法者的自由。

于是，对于刑事庭审互动目的的评价我们得出这样一条规律：刑事庭审

[①] 刘少军（2009）认为刑事审判中控、辩之间对抗的同时允许合意的存在，这是司法进步的标志。在国内目前还有难度，但在国外并不鲜见。

叙事话语互动各方微观层面互动目的的实现必须以宏观层面互动目的的实现为前提。

第二节 理性互动策略

根据韦伯的理性行动理论，工具理性行动是策略行为，表现为目的合理性的确定，或是手段的理性选择，或是二者的结合。庭审叙事话语互动策略的运用是叙事话语主体间理性互动目的实现的必然要求。

不同的叙事话语背后隐藏的是叙事主体不同的态度立场，不同的态度立场又决定着各叙事话语主体所采取的策略不同。为了打赢官司，控、辩双方对涉案事实进行策略性的取舍，选择合目的性的材料构建自己的故事版本，从这个意义上讲，韩礼德的"选择就是意义""形式是意义的体现"的系统功能核心思想与欧巴尔的"交际的意义在于形式的选择"传递了同样的信息：庭审中形式的选择决定了意义的实现，控、辩双方故事的呈现方式给法官传递着信息，表达了意义。同样地，法官的判决叙事话语也给控、辩双方、刑事诉讼当事人以及全社会传递着信息，表达了意义，这就是策略。这里所说的策略指的是参与庭审各叙事话语主体，尤其是控、辩、审三大主叙事话语主体的话语策略，因为庭审活动是叙事话语互动的过程，庭审目的以及各叙事话语主体的意义都是在互动中表达和理解的，所以我们讲的叙事话语策略，主要指的是故事呈现的方式以及被接受和被理解的方式，一方面指的是叙事话语主体的故事叙述方式（意义表达方式），一方面也指叙事话语主体对对方叙事话语的接受方式（意义理解方式），这正是托马斯（1995）互动语用学所指的话语意义动态地产生于言者和听者互动的过程中。

一、控方叙事话语策略

话语策略服务并决定于话语目的，叙事话语也不例外。为了实现目的，公诉方会策略性地选择故事的呈现方式。我们的语料显示，中国刑事庭审中公诉方通常采用的叙事话语策略是：

1.充分利用庭审程序,直接呈现被告人完整的犯罪故事。庭审过程中,公诉方处于博弈的进攻态势,可以在两个阶段充分呈现完整的故事版本:第一个阶段是法庭调查阶段的公诉人宣读起诉书,即起诉书叙事话语;第二个阶段是法庭辩论阶段的公诉人发表辩论意见,即公诉意见书叙事话语(也叫公诉词叙事话语)。公诉方作为控诉主体在庭审程序上享有话语优先权[①],"谁主张谁举证"是刑事诉讼的默认规则,所以法庭调查阶段公诉人首先宣读起诉书,以完整的故事形式向法庭叙述被告人所犯下的"罪行",同时阐明己方的立场和目的:请求合议庭判决被告人有罪并且处以相应的刑罚。这一阶段的叙事话语(起诉书叙事话语)中的五个要素齐备,以核心叙事为重。在法庭辩论阶段,公诉人又享有第一顺位发表辩论意见的权利,在这一阶段,公诉人会重述被告人的犯罪故事,辅以故事情节阐释,尤以观点要素为重(可参见第四、五、六三章所举的起诉书和公诉意见书的例子)。

2.让被告人自己补全犯罪故事情节。《刑诉法》规定法庭审判不轻信口供,所以在庭审中公诉人会在法庭调查阶段讯问被告人,以提问的方式让被告人自己讲述案件的事实经过,因为法庭上被告人自己的陈述是最可信的证据,所以公诉人会经常提醒被告人"如实回答""实事求是回答问题"等。

例127:

公1:被告人林××,公诉人现在依法对你讯问,你听清楚问题之后要直接如实地回答,你是否明白?

被:明白。

例128:

公:有。被告人袁××,公诉人依据《刑事诉讼法》的相关规定,今天当庭向你发问,你要如实回答,是否听清楚了?

被:听清楚了。

例129:

公:被告人李××,今天是法庭公开对你进行审理,希望你珍惜机会,

[①] 这里所说的优先权主要是指程序上的发言第一顺序权,并非公权力特权。真正的司法程序公正应该允许被告人在法庭上享有沉默权。

如实回答对你的提问,你听明白了吗?

被:听明白了。

公诉人在这一阶段的提问通常是精心设计准备好的,他所需要的答案其实在被告人回答前就已经有了,而且一般情况下公诉人不会留给被告人充足的时间大段地讲述完整的事件经过,如果被告人有这种趋势,那么他的讲述一定会被公诉人打断。这种策略可以同时达到三个目的:第一,让被告人讲述公诉人想要的内容(如例130);第二,让被告人承认并讲述自己的犯罪故事(如例131);第三,以此检测被告人的认罪态度(如例132)(更多例子可参见第五章部分例子和附件1"复旦大学宿舍投毒案"公诉人讯问被告人环节)。

例130:

公:行,这是第一个问题。第二个问题,在你进这个院之前,进他这个院之前,你看见村里都有谁在现场?其他人,不是你们双方的人。

被:(3s)那个我倒想不起来,因因为啥,我从楼梯蹦下来他三个就围着我打,我根本▲

公:▼行了呃行了,简单点行了,其他谁在场你不清楚?

上:啊对。

例131:

公:你把事实经过向法庭陈述一下。

被:……

例132:

公:提醒你,你有忏悔之意,首先必须在尊重事实的基础上,才能争取宽大处理。

被:明白。

3. 充分利用证人、鉴定人的陈述充实被告人犯罪故事情节。《刑诉法》规定所有的证据(包括证人证言)都必须在法庭上呈示并接受质疑,所以在法庭调查阶段公诉人会充分利用证人(证人不能出庭的情况下由公诉人宣读证人证言）和鉴定人的嵌入叙事话语来充实公诉人关于被告人的犯罪故事，这部分叙事话语往往以阐释要素被公诉人以第三人称叙事巧妙地安排在起诉书和公诉意见书里，作为核心叙事的有力补充。

4. 对被告人的犯罪故事情节进行精心取舍。公诉方在对被告人犯罪故事进行叙述时，往往会反复重复重要情节，强调重要证据事实，巧妙地安排证据事实的叙述结构，使得其叙述话语篇章逻辑连贯、真实可信，而果断选择舍弃瑕疵证据事实，以避免合理怀疑，从而有效达到构建被告人有罪的故事版本。一言以蔽之，公诉人采用此种策略的主要目的就是增强其故事的可信度和说服力。我们曾在第五章分析过"复旦大学宿舍投毒案"起诉书中公诉人讲述的被告人有罪故事的七个核心事件之间的逻辑关系，在公诉意见书中公诉人又围绕三个争议焦点对这七个核心事件进行了结构加工（每一个核心事件辅之以证人证言或者证据），可以说公诉意见书是起诉书的被告人有罪故事的加强版。

5. 充分表达观点。观点要素是刑事庭审叙事话语的核心要素之一，公诉方观点的表达既是司法文书（比如，起诉书和公诉词中的定罪、量刑意见）的法律规范格式要求，公诉人观点的适当表达同时也能够帮助增强公诉人建构的被告人有罪故事的可信度和说服力。

例133是一起"抢劫彩票杀人纵火案"庭审法庭调查阶段公诉人宣读的起诉书部分节录，这部分叙事话语主要是公诉人的观点要素，包括对被告人所作所为的评价（下划线部分），提起诉讼的依据评价（犯罪事实清楚，证据确实充分），定罪意见（被告人孙×抢劫罪、故意杀人罪、放火罪；被告人熊××窝藏罪；被告人张×帮助毁灭证据罪）以及对法庭的请求（依法判决）。

例133：

公：本院认为，被告人孙×<u>无视国法</u>，以非法占有为名，采取<u>暴力手段</u>抢劫财物，<u>数额巨大</u>，并致两人死亡。实施抢劫后，为灭口而非法剥夺他人生命，致一人死亡。后又为掩灭罪证而放火，<u>危害公共安全</u>。其手段<u>特别残忍</u>，<u>情节特别恶劣</u>，<u>后果特别严重</u>，其行为分别触犯了《中华人民共和国刑法》第二百六十三条第四项、第五项，第二百三十二条，第一百四十一条的规定，犯罪事实清楚，证据确实充分，应当以抢劫罪、故意杀人罪、放火罪追究其刑事责任。被告人熊××，明知是犯罪人而给其提供隐藏处所，通风报信，帮助其藏匿，其行为触犯了《中华人民共和国刑法》第三百一十条第一款规定，犯罪事实清楚，证据确实充分，应当以窝藏罪追究其刑事责任。被告人张×，明知是犯罪的人，而受其指使，毁灭罪证，其行为触犯了《中华人民共和国刑法》第三百零七条第二款规定，犯罪事实清楚，证据确实充分，应当以帮助毁灭证据罪追究其刑事责任。根据《中华人民共和国刑事诉讼法》第一百四十一条规定，提起公诉，请依法判处。

例134是一起入室抢劫案庭审辩论阶段公诉人发表的公诉词部分节录，节录部分主要是公诉人叙事话语中的观点要素，阐述了公诉方对朱×、朱××和于×三名被告人所犯罪行的定罪意见（抢劫罪）和量刑意见（从轻，十年以上）以及对法庭的请求（根据被告人犯罪情节、认罪态度依法判决）。

例134：

公：被告人朱×伙同朱××、于×以非法占有为目的，使用暴力入户抢劫他人财物，事实清楚，证据确实充分，应当分别以抢劫罪追究其刑事责任。三名被告人到案后能如实供述自己的罪行，依法均可从轻处罚。请法庭根据被告人犯罪情节、认罪态度依法判决。三名被告人退赔了被害人的经济损失。建议对三名被告人在十年以上量刑。

6.渲染气氛，教益在场人员（包括被告人和旁听人员，以及媒体）和社会大众。这是一种纵情策略，目的是拉近叙事者（公诉人）与听者之间的距离。

我们再来看一下"复旦大学宿舍投毒案"辩论阶段公诉人发表的公诉词节选。一开始公诉人就对该案件进行评论：这是一起恶性犯罪案件，发生在高校校园内，罕见，在国内产生较大影响。评论的目的就是渲染气氛，让合议庭、辩护方、旁听人员以及在场的媒体（并通过媒体告知全社会大众）产生共鸣，从而接受公诉方建构的被告人有罪而且罪重的故事。

例135：

公：被告人林××故意杀人一案，是发生在本市高校校园内，一起罕见而又在国内产生较大影响的恶性犯罪案件。经过刚才的法庭调查，法庭审问了被告人，听取了被告人的供述和辩解，听取了证人的证言，听取了鉴定人的出庭意见，宣读并出示了与本案有关的各组证据，并进行了质证。法庭调查的结果表明，起诉书指控被告人林××故意杀人的犯罪事实是清楚的，证据也是确实充分的，被告人林××的行为已经构成故意杀人罪，应当承担相应的刑事责任。

为了渲染气氛，公诉人也会选择对被告人以及被告人的行为进行适时的评价，以加深被告人在合议庭以及在场人员心中的负面印象，进而让合议庭接受公诉方建构的被告人有罪而且罪重的故事。

例136：

……如此剧毒的二甲基亚硝胺，如此巨大剂量的剧毒物全部注入饮用水中让被害人黄×饮用，难道还不足以证明黄×因此而死亡已经是必然的吗？难道还不能证明林××要致黄×于死地的犯罪故意和决心吗？……他在注入上述巨大剂量的毒剂以后他还觉得不够，他又将注射器内约2毫升多一点的二甲基亚硝胺一并注入饮水机中，他觉得75毫升还不够，那两毫升也要放进去，这是一种怎样的疯狂啊，林××要置黄×于死地的目的和决心真是溢于言表……你完全有足够的时间足够的条件悬崖勒马，从而有效阻止黄×喝下饮水机中的毒液。但是林××完全不为所动，他坐视黄×喝下如此剧毒的毒液，从而走上不归路……充分地反映出林××视黄×的生死安危如草芥的犯罪信念和犯罪决意是何等地坚定……但是他什么都没有做，他对此视若无睹，气定神闲，一副此事与他毫无瓜葛的表现，坐视黄×病情继续恶化，直到回天乏术……任何一个普通人，只要他还有一点良心，他都能够从这一惨剧的发生、它的发展到它的结局的过程当中，他能够看到，林××投毒杀人的决心，他的冷酷，他的残忍……与此相呼应的是，他频繁地上网……充分反映出林××此时已完全置黄×生死于不顾，而一心只考虑他自己如何掩盖投毒行为，如何应对和逃避投毒后可能受到法律惩处的侥幸和企图……这种犯罪动机和犯罪心理，虽然可恨、可悲、可惜……古人曾经说过，若要人不知，除非己莫为。林××实施犯罪，过高地估计了自己的力量，过低地估计了人民群众的力量，过低地估计了人民群众的智慧……林××仅仅出于因琐事与黄×不和等原因就决意杀死黄×，反映出林××犯罪动机卑劣，犯罪手段残忍，且主观恶性极深。

与此同时，公诉人还会选择对被害人进行适时的评价，以引起合议庭以及在场人员对被害人及其家属的同情，以达到让合议庭接受公诉方建构的被告人有罪而且罪重的故事的目的。

例137：

审判长，审判员，被害人黄×寒窗苦读，一路艰辛，尚未鲲鹏展翅，便已饮恨九泉，对于黄×惨遭毒手，英年早逝，公诉人予以沉痛地哀悼，并感同身受，向黄×的亲属致以深切的慰问。

我们在前文（第四章）讲过，被害人的诉讼代理人的叙事话语是起诉叙事话语的有机组成部分。与公诉人一样，诉讼代理人也在建构一个被告人有罪而且罪重的故事，所以诉讼代理人的叙事策略我们在这里一并加以考虑。例138是诉讼代理人在法庭上发表辩论意见时大打纵情牌，渲染气氛，目的就是让大家觉得被告人的罪行严重，理应受到严惩。

例138：

……第三个方面，黄×是4月1日中毒，到16日死亡，前后长达半个月，黄×的父母，从远在千里之外的四川来到了上海，是眼睁睁看见黄×在痛苦中挣扎并绝望地死去，这无论是对黄×本人而言还是对黄×的父母及他的亲人，这种精神的打击都强于一般的杀人案件。第四，黄×是他的家里的独儿，他的外公杨××，90岁的高龄，在得到黄×去世的消息之后，一下就晕倒了，好不容易才抢救过来。他这次本来要亲自到上海来旁听，考虑到他身体缘故，他们家里人劝他，他带了一句话，就是"一定要从严惩处凶手"。所以黄×的死亡，对黄家来讲，对杨家来讲，他母亲姓杨，这个消息都是悲痛之极。

公诉人在发表辩论的时候不仅使用纵情策略渲染气氛，同时还有一个目的，那就是教益社会。

例139：

现在我们就本案对社会造成的危害以及我们大家应该从中吸取哪些教训，

公诉人谈两点感受与体会，供合议庭同时也供我们大家参考：第一，林××的犯罪行为不仅摧毁了黄×及其家庭，而且也重创我们社会中人与人相互交往间的信任和互助依赖关系。被害人黄×出身平寒，历经20余年的寒窗苦读，一路艰辛，黄×肩负着父母、家人改变贫穷面貌，以及改变人生的美好憧憬和期望，但是却仅仅因为与林××相处时的一些琐事就招致林××的不满，直到被林××投毒杀害，如花的生命没有绽放就已凋零，年迈的父母从此失去了唯一的儿子，白发人送黑发人，那是一种怎么样的绝望和痛苦，你只有经历过才能体会。无可挽回的不仅仅是黄×和他的家庭，同样出身贫寒的被告人林××，其实也和黄×一样，也是历经20余年的寒窗苦读，也是一路艰辛，也是肩负着父母家人改变贫穷面貌，改变人生的美好憧憬和期望，却仅仅因为与黄×相处时的一些琐事而产生不满，仅仅是因为自身学业中的一些不顺和挫折就嫉妒怨恨一起爆发，不仅葬送了黄×的生命，也把自己送上了人生的不归路，白衣天使一念之间成了杀人恶魔，不禁令世人扼腕叹息，林××年迈的父母和姐妹弟弟也许至今都不愿意相信，即将成为白衣天使的儿子、兄弟竟然会决意投毒杀死同寝室的学友，父母几十年来节衣缩食，尽其所能地辛苦哺育儿女，到头来报答他们的却是这样一个如此残忍却又如此真实的事实，人世间的悲哀也许真的莫过如此。应当指出，尽管本案属于极端的个案，它的发生有一定的偶然性，但是无可否认，它的发生对我们社会中，尤其是大学校园中人与人、同学学友之间相互交往中的互助和依赖关系却是一起真实而又沉重的打击，其社会危害性不可低估。大学时代是学生快速成长的一个重要阶段，现在的大学生许多又是独生子女，在集体学习集体生活中共处一室，难免会产生各种各样的矛盾和问题，如果仅仅因为一些琐事、不和就顿起杀机，如果仅仅因为别人的学业或者考研、考博看上去比自己顺利，比自己成功，就一定要羡慕嫉妒恨一起爆发，就要决意致他人死地，那么校园中人与人之间的互助信赖关系就会荡然无存，校园乃至社会的安宁就会无从谈起，包括学生群体在内的公民人身安全又从哪里能够得到切实的保障？第二，要学会包容，真诚欣赏别人的成长与成功是我们可以从本案中吸取的一个重要教训。反思本案的发生，确实有许多教训可以吸取，社会、家庭、学校和自身的教育，有关方面对有毒实验用品的规范管理等，都有许多亟待改进，亡羊补牢的地方，除此之外，我们认为如何学会包容，真诚地欣赏别人的成长与成功,也是我们可以从本案当中吸取的一个重要教训。学生寝室以及任何一个工作单位、公共场所都可以而且应当成为尊重差异、培养包容心的地方。君子和而不同,包括本科生、硕士生、博士生在内的高校学生,在攻读学业的同时更需要在集体生活中接受磨炼,学习与人相处,在同学间的交流、碰撞的过程中学会尊重差异,尊重多样性,避免唯我独尊,这也是人生成长中的宝贵一课和必要经历。其次,我们要努力管理好自己的负面情绪。每个人都会在学习和生活中碰到这样或那样的挫折和问题,如果我们总是经常用悲观、负面的情绪去认识,去应对这些挫折和问题,就会自觉或者不自觉地把自己隐藏在阴暗的角落里,思想上的阴霾就会逐渐地啃噬我们原本善良的人性,最终上演伤害别人同时也毁灭自己的悲剧。所以,我们应当学会让正能量释放自己,学习用善、用爱去真诚地欣赏别人的成长与成功,学会为他人的成绩,他人的进步由衷地鼓掌和喝彩,使自己在这种赞赏他人进步的过程中同时也获得自己前进的动力、向上的激情和奋斗的源泉,这才是人与人和谐相处的唯一正道,也是我们大家,包括我们公诉人自己,应该而且能够从本案中吸取最重要的教训之一,愿我们大家一起共勉。

7.上述策略的综合运用。一般而言,为了实现目的,公诉人会综合使用上面提到的六种叙事话语策略。

以上列举的七种叙事话语策略充分说明公诉方包括公诉人和被害人、诉讼代理人以及原告方证人(包括鉴定人),形成一个利益集体,共同实现一个他们在微观层面上一致的目的:以公诉人为主从多角度、多层次讲述被告人有罪的故事,以期说服合议庭认定被告人有罪或者罪重,应当处以刑罚或者从重处罚。

二、辩方叙事话语策略

庭审中辩护方处于守势,对于检方的刑事诉讼挑战,辩护方为了维护被告人个人权益,其采取的主要策略是对抗公诉方的被告人有罪的故事版本,所以其叙事话语方式不同于或者可以说对立于公诉方的叙事话语方式。需要说明的是刑事庭审中辩护方的对抗程度越是激烈就说明司法越是进步,因为传统意义上的司法公权力局面需要彻底打破,因此辩护人在法庭上的叙事话语策略,一是能有效制约超越法律的公权力,这是司法程序正义的充分体现;二是能更有效地实现辩护的目的:针对控方的指控,提出有利于被告人的事实和理由,以证明被告人无罪、罪轻,或应当减轻、免除处罚,维护被告人的合法权益。

1. 攻击公诉方故事版本漏洞。这是辩护人最常用的策略,作为防守方最经济最直接的手段就是指出控方故事中存在的漏洞,这种策略杀伤力最强,可以让控方的防线不攻自破。辩护人可以选择推翻公诉方故事版本赖以建构的案件事实,事件情节或者证据和证人证言,或者一并推翻,通常的套路是"被告人的陈述(如例140~例142)+被告人回答公诉人的讯问+辩护人与被告人以及己方证人的问答互动+质疑公诉方的证人证言"。

被告人的陈述是辩护叙事话语中的嵌入叙事话语,通过否认或者部分否认被指控的事实,它往往是辩护方对抗控方指控的第一次序攻略(因为根据刑事庭审程序安排,被告人在公诉方宣读完起诉书后有权对其被指控的犯罪事实和罪名进行陈述,被告人是辩护方在庭审中第一个就实体内容发言的人)。

例140:

审:被告人陈×,你对这个起诉书有什么意见没有?

被:有。

审:你扼要地谈一下。

被:主要有六点。第一,关于拘留的时间;第二,对于我和唐××合谋的证据;第三,说我利用华润总公司,华润万通公司和南洋有限公司的名义使用虚假单据从这三家总行骗开……第四,起诉书指控我使用虚假单据……第五,骗开,对这一指控我有异议……第六,对到期还有多少多少未归还,对此我有异议。

例141:

审:被告人黄××,公诉人宣读的起诉书与你收到的起诉书内容一致吗?

被:一致。

审:一致。起诉书中起诉你这个犯盗窃罪是事实吗?

被:不是,我给……不是我做的。

<<< 第七章 理性互动：中国刑事庭审叙事话语互动的理论解释

《刑诉法》规定，法庭辩论结束后，被告人还有一次最后陈述的权利，被告人往往会利用这难得的机会继续为自己辩解，继续与公诉方对抗，争取利益最大化。

例142：

审：法庭辩论结束，下面由被告人陈×做最后陈述，陈述自己的意见和要求。无关本案的一些话就不要再说了，听清楚了没有？就你自己的案件，你自身来讲，啊。

被：尊敬的审判长，尊敬的法庭上的各位：衷心地感谢法庭给我这个宝贵的机会做法庭最后陈述，我有几点认识和想法在这里向各位大人汇报。第一，党的依法治国是党的领导自己国家的基本治理方略，∥这使我对今天的庭审充满信心▲

审：∥陈×啊▼不讲这些好不好啊……就你这个本身来说，对你自己处理有什么意见和要求。

被：好，谢谢。我记得英国哲学家培根说过："一次不公正的审判，其恶果甚至超过十次犯罪。"因为犯罪虽然是无视法律，好比污染的水源，而不公正的审判则损害了法律，好比污染了（……）我们国家的执法也确定了三条基本原则，这说明被告人在被判定有罪之前应该是无罪的。但我的亲身经历表明，这一点太难做到了。首先对本案的立案侦查，我就多次听到有人说："如果不是前案判你无罪，这次我们不会搞你的。"……我和我的家人只能含泪遥望公平二字。四年多的时间，我都被关在一个二十平方米的监所内，所有的艰苦都不说了，我只知道每一个夜晚都是有一百多瓦的灯光照着我，没有一个真正意义上的夜晚是可以让我好好睡觉的。四年都这样过下来，人的精神已经到了崩溃的边缘。现在我最渴望的不是自由，而是能有一个寂静黑暗的夜晚让我能够好好地睡一觉。我想起了清代的一个名案杨乃武与小白菜，在当时的情况下都还有一个刑部的官员给皇上上奏。▲

审：▼不扯这些，不扯这些，哪有时间扯这些。这个法庭上▲

被：▼我想要说当时为什么要上奏，因为办案的一些官员想用拖延的办法等其中有一个人关死在狱中就可以草率结案。当时是清代。杨乃武的案子也是在三年内就审完了。而我的案子尚不知道审结要等到什么时候。我想这也是生命的承受力和耐受力的实验吧。也许人的体能能够支撑的极限，才是本案结案的时间。那么我也想请问法庭（……）就是从本案的所有事实和证据来看，我们也是通过融资的方法从香港从北京，把资金放到武汉来用的。既然没有明确禁止，那我们为什么不能用这种正常的做法，用企业（……）来为我们的地方建设做贡献呢？我在这里对法庭没有要求，谢谢审判长对我的指导。我只有期待，期待公正。期待所有头顶国徽，肩上（……），手握着人民所赋予的权势的人民检察官和法官们能够公平公正地执法。谢谢法庭。

被告人在回答公诉人的讯问时也常常会采取对抗策略，直接或者间接地抵制、拆解或者攻击公诉方的故事版本，比如，第五章提到的"复旦大学宿舍投毒案"和"崔××故意杀人案"庭审中被告人用到的隐性、显性和中性三种对抗方式（节约篇幅，这里不再举例）。

辩护方还可以通过辩护律师与被告人及己方证人的问答互动式的嵌入叙事话语来达到攻击公诉方故事版本漏洞的目的（见第五章所举例子）。

另外，虽然我们所收集到的语料中较少有证人出庭作证，交叉询问自然难以实现，证人证言多是公诉人在法庭调查阶段宣读，但是辩护方仍然可以通过质疑公诉方证人证言的方式来削弱对方言词证据的可信度，从而达到攻击对方赖以建构被告人有罪故事的情节支撑的目的（本书第五章有大量的例子）。

2. 辩护方构建自己的故事版本，证明被告人无罪或者罪轻。辩护方完整的故事版本通常是在法庭辩论阶段辩护人发表辩护词的时候讲述，这种策略一般是作为第一种策略的补充和加强。

比如，针对公诉方指控刘××侵吞公款，构成贪污罪的有罪故事（参见北京市律师协会，2010：334）："被告人刘××、常××、吴××在铁道科学园期间利用职务上的便利，以房修科工程款都已支付人工费为由，将房修科工程余款381600元截留，私下平分据为己有。其中，被告人刘××从中分得147280元，被告人常××分得117000元，被告人吴××分得117320元"，刘××的辩护律师在辩护阶段提出了一个完全不同的故事版本（见例143，亦可参见北京市律师协会，2010：335）：

例143：

铁科院经过进一步改革成立了后勤服务中心，从此房修科再不是原来意义上的房屋维修和管理机构，而是独立经营，自负盈亏的经济实体，人员工资不是从院里拨付，全靠自己自谋出路维持生计。在这样的背景下，刘××承揽了铁科院的部分工程，由于房修科无建筑工程执照，为了能够签合同和开具发票，刘××曾借其他施工单位的执照进行过工程承揽，因不是合同主体，而难以将工程款要回。鉴于以往的教训，刘××借了北京××装修中心的施工执照，与铁科院基建处签了4份工程承揽合同，总造价22452800元，并向基建处开具了税务发票，基建处将部分工程款165万元付给了××中心，其余594528元转给了房修科。工程结束后，××中心账面结余381600元。当时院内机构正在进行改革，刘××、吴××、常××3人将381600元平均转存到个人名下，由于用××中心执照承揽工程，从未交过管理费，于是××中心的管理费3万元由刘××转交，因此，刘××比其他二人多拿3万元。

辩方讲述这个完整故事的思路是（完全与控方思路相对抗）：被告不是被委托管理、经营国有财产的人员，不具备贪污罪的主体资格（与控方指控相反）；被告人侵占的不是公共财产（与控方指控相反）；被告人签订的《工程承包协议》应由民法予以调整和确认，《工程施工合同》违反行政法规，属行政法规调整的范围（参见北京市律师协会，2010：338）。结果控方接受了辩护律师的故事版本和辩护思路，决定撤诉，被告人无罪获释。

3. 充分表达观点，以理服人。法庭调查阶段主要查事实、核证据，而法庭辩论阶段则主要是辩理（事实依据下的法律适用问题），因此适时表达观点，以理服人是辩护方集中对抗控方的有效策略。

例144：

广东仁人律师事务所接受陈×父母年迈七旬老人的委托，指派我依法担任陈×的辩护人，我的心情却是少有的沉重。但我欣慰的是公诉机关已将本案所有的事实查明。查明的事实不是证明陈×我的当事人有罪的事实，而查明的事实恰好是证明我的当事人无罪的事实。因为庭审的所有证据表明，无论是辩方的证据还是公诉方的证据没有一项证据能证明被告人陈×在主观方面或客观方面具备信用证诈骗罪的构件条件。既没有法律规定的犯罪动机，没有法律规定的非法占有的目的，亦没有使用虚假单据的行为。同时本案中也没有被诈骗的对象。因为天成公司没有给任何对象造成损失,也没有任何对象反映自己被骗,有鉴于此……恳请法庭,宣判天成公司无罪,宣判陈×无罪。具体的事实和法律理由如下……

例 145 的辩护意见非常精彩,辩护律师据理力争,成功地对羁押两年的当事人进行了无罪辩护(参见北京市律师协会,2010:262—263):

例 145:

……现根据本案的事实和有关法律发表辩护意见如下:

(一)本案程序上严重违法。

1. 对受害人违法取证。公安机关在向霍某取证时,采用威胁和恐吓的手段,让霍某在他们自己写好的笔录上签字,不然就不让她走,其行为是属违法行为。

2. 对被告人刑讯逼供。被告人当庭指出,他在公安机关所做的口供,都是被屈打成招的,全都不是事实。

(二)实体上,指控的犯罪不能成立。

起诉书对被告人的指控除了"受害人"虚假的陈述和被告人屈打成招的供述之外,没有其他任何证据相印证,且"受害人"的陈述和被告人的供述都是不相吻合的。

……更值得法庭注意的是,霍某的书面证词已经活生生地说明了她在公安机关陈述的事实真相,霍某的第一句话就肯定地说:"我从来没有被人奸污过。"第二句话说:"我在公安局的陈述不是事实。他们说如果我不说的话,就不让我走,甚至还要动刑……我越想越害怕……后来在没办法的情况下,按他们的意思说了,我被他们吓哭了,他们说的那几个没抓的我大都不认识,是公安局的一个人写好的,让我在上边按的手印,之后才让我回家。"

由此可见,本案指控×××犯有强奸罪,事实不清,证据不足,依法应宣告无罪,以维护法律的尊严,体现法律的公正性。

4. 攻心至上,以情动人。以期获得被害人及其家属的谅解,打动合议庭,拉近与听众或者观众的距离,获得同情。

以下两例是"崔××故意杀人案"辩护律师夏霖先生的辩护词节选。

例 146：

在发表辩词之前，请允许我们对受害人李××的不幸遇难表示哀悼。无论现行的城市管理制度是多么的不近情理，李××都不应该为此付出生命的代价。如果李××的家属今天在场，也请你们能够接受我们作为辩方律师的诚恳致意。

例 147：

我的当事人来到城市，被生活所迫，从事这样一份卑微贫贱的工作，生活窘困，收入微薄。但他始终善良纯朴，无论这个社会怎样伤害他，他没有偷盗没有抢劫，没有以伤害他人的方式生存。我在法庭上庄严地向各位发问，当一个人赖以谋生的饭碗被打碎，被逼上走投无路的绝境，将心比心，你们会不会比我的当事人更加冷静和忍耐？

我的当事人崔××，一直是孝顺的孩子，守法的良民，在部队是优秀的军人。他和他的战友们一直在为我们的国家默默付出；当他脱下军装走出军营，未被安置工作时也没有抱怨过这个社会对他的不公。这个国家像崔××一样在默默讨生活的复员军人何止千万，他们同样在关注崔××的命运，关注着本案的结果。

法谚有云：立良法于天下者，则天下治。尊敬的法官，尊敬的检察官：我们的法律、我们的城市管理制度究竟是要使我们的公民更幸福还是要使他们更困苦？我们作为法律人的使命是要使这个社会更和谐还是要使它更惨烈？我们已经失去了李××，是否还要失去崔××？

三、叙事话语策略小结

刑事庭审中控、辩双方理性对抗的终极目标虽然一致，但是达到终极目标的途径和手段却不一样，相同的案件事实，不同的故事版本就是控、辩双方各自目的实现的不同手段。

从上面的讨论可以看出公诉方和辩护方叙事话语策略具有下面一些共同点：

从叙事话语互动的内容上来看，都是采用"主叙事话语＋嵌入叙事话语"

模式；从互动的方式来看都是叙事话语；从策略手段上来看，都是：(1) 用故事来铺垫，通过案件事实和证据事实来构建完整、合理、无懈可击的故事；(2) 用情节来阐释，完整动人的故事离不开情节的支撑；(3) 用观点来说理、强调、渲染和升华。这印证了中国刑事庭审叙事话语的三个必备核心要素：核心叙事、阐释、观点。

从微观的语言层面，笔者赞同刘燕（2007：61-62）的观点：案件事实不是证据的建构，而是修辞的建构，司法审理便是一种修辞过程，一种通过将证据所提供的素材情节化、戏剧化来得出案件事实以及判决结果的活动，但修辞并非随意的，语言的运用无法保持中立，其总是在追求某种效果，并实现一定的意图，叙事者的立场暗含在修辞策略和故事文本当中。庭审叙事话语的对抗其实就是控、辩双方诉讼立场的对抗，本书所讨论的公诉人和辩护人在庭审中的叙事话语策略就是这样一种修辞策略。

第三节 理性互动合作

格赖斯的"合作原则"（Grice，1975）对日常交际话语互动具有一定的解释力，但是对于像法庭话语这样的机构话语互动却"派不上用场"，为了解决这个理论问题，廖美珍教授提出了法庭语境里话语互动的"目的原则"，他认为"'目的原则'是合作原则适用的前提条件"（廖美珍，2004b：51），并用之来解释法庭话语互动中的合作问题以及合作程度问题。廖教授关注的是法庭问答互动（当然"目的原则"也适用于日常话语的互动分析和其他语境里的话语互动研究），这是微观层面的话语互动。本书讨论的对象是刑事庭审中的叙事话语的互动，如前文所述（第四章），庭审叙事话语可从中观和微观两个层面来分析（宏观层面的叙事话语只是一个刑事诉讼司法框架，没有实体内容，故本书不做分析），笔者的语料显示出类似于廖教授总结的法庭话语互动中的合作现象（但又有不同）：叙事话语互动中的合作相当复杂，不同叙事话语主体之间合作的程度也有很大的差异，合作的程度根据互动目的形成一个从合作到对抗，由正极到负极的合作连续统，互动对象不同，合作方式与合作程度也会不一样。

处于互动合作连续统负极（不合作，对抗）的情况比较单一，主要集中在起诉叙事话语和辩护叙事话语两相互动中（可参见本书第五章所举例子），这一中观层面的两大主叙事话语主体间的互动形成完全对抗的态势（这与两大主叙事话语主体的目的有直接关系），这种互动合作的程度最低。"控诉方与辩护方之间对抗的关系表现为双方的诉讼主张存在差异甚至截然相反，处于利益上的对立关系中"，"对抗其实就是通过双方的参与实现对话"（刘计划，2005：163）。这种叙事话语的对抗反映出来的也是叙事话语主体间的对抗关系，对抗的实质是利益的冲突，是目的的对抗（参见第五章关于起诉叙事话语和辩护叙事话语两相互动的讨论）。

处于互动合作连续统的正极表示互动合作程度最高，这主要体现在叙事话语主体内，即微观层面的嵌入叙事话语主体间的互动中。比如，起诉叙事话语主体内的互动：公诉人与被害人、公诉方证人、鉴定人之间的叙事话语的互动，以及辩护叙事话语主体内的互动：辩护人与被告人、辩护方证人之间的叙事话语的互动，因为主体内利益相关，目的一致，合作程度最高（第五章有例子）。

处于互动合作连续统中间的体现在审判长主导下的控、辩、审三大主叙事话语之间的互动中（参见第六章关于起诉叙事话语、辩护叙事话语和判决叙事话语三相互动的讨论）。这种互动中的合作问题可以分为两种情况：第一种情况是显性的合作，法庭上法官除了与控、辩之间进行程序性互动外（这种情况不在本研究讨论范围内），还会与之就案件相关实体问题进行互动（尽管这种情况较之以前有明显改善），控方也好，辩方也好，一般都会与合议庭合作，原因很简单：他们的诉讼目的的实现离不开合议庭，庭审的最终判决结果还有赖于合议庭作出。第二种情况是隐性的合作，控、辩双方构建的两个故事版本经过合议庭的权衡甄别，最终形成一个第三故事版本，如果没有前两个故事版本，自然就不会有合议庭的第三故事版本了，这自然是合作的结果，只不过这种合作不在言辞间，不在话语中。

正如刘计划（2005：163）所说的，"控诉方和辩护方之间是对抗与合作的关系"，既有对抗，又有合作。其实从宏观层面讲，对抗也是一种合作形式，无论是控、辩之间的对抗也好，还是控、辩双方分别与法官的合作也好，参与刑事庭审的控、辩、审三方通过叙事话语的互动共同完成庭审这一宏观叙事话语活动，没有这种合作，庭审是无法顺利完成的，这就是中国刑事庭审叙事话语的理性互动合作的真正意义所在。

第四节　理性互动决策

"起诉状叙述故事但不解决危机，其结果取决于起诉状所陈述的事实是否能够在审判中证明，以及取决于法庭决定作出的判决"（彼得·蒂尔斯马，2014：159），如蒂尔斯马所言，起诉叙事话语讲述故事，提出矛盾问题但不解决危机；同样地辩护叙事话语也讲述故事，回应控方提出的矛盾问题，但也不解决危机，所以中国刑事庭审叙事话语理性互动的最后一个环节是互动决策：解决控、辩双方讲述的两个故事版本所提出的冲突性危机。这种互动决策的过程是合议庭消解与融合起诉叙事话语和辩护叙事话语，认定裁判事实，形成心证，对控方故事和辩方故事进行审读和改写，以第三故事版本形式对刑事诉讼进行裁决的过程。所以我们认为这个过程也是庭审叙事话语互动的过程，判决叙事话语是关于庭审决策的话语，是控、辩、审三方叙事话语互动的结果，是理性的互动决策。

理性互动决策实质上就是指合议庭对控、辩双方叙事话语互动中的对抗和分歧进行消解与融合，依据认定的法律事实（裁判事实）和法律规范进行公正裁决。本书不去（也无力）探讨刑事诉讼法学意义上的合议庭的判决证明标准问题[①]，我们更多关注的是在话语层面合议庭的决策（判决书）是如何

[①] 陈卫东（2004：116-117）提出了具体的证明标准："（1）据以定案的每一证据都已经过查证，确实是客观存在的；（2）能够收集、应该收集的证据均已依法收集；（3）凡对定案有意义的事实和情节均有必要的、足够的证据予以证明；（4）证据之间、证据与案件事实之间没有矛盾，即使曾有过矛盾也已得到合理解决或排除；（5）综合全案证据，得出的结论是唯一的，排除了其他可能性。即根据全案证据，不仅从全面充分证明所认定的事实，足以得出关于案件事实的正确结论，而且从反面排除任何关于案件事实的其他可能。"张雪纯（2013：113）认为法官裁判的内心标准"只能是一个逻辑、经验和规则相结合的综合体"。

表述的以及判决书叙事话语与起诉叙事话语和辩护叙事话语之间有何关联。

"刑事裁判的形成从程序上看是始于起诉终于判决的一个诉讼过程;从逻辑上看是一个从前提到结论的司法三段论的推导过程;从心理上看是一个案件信息输入—加工—输出的认知和判断决策的过程"(张雪纯,2013:254)。作为判决书叙事话语的主体,合议庭对刑事诉讼案件证据之间的内在关系,事实与法律之间的涵摄进行叙述和论证,目的就是让裁判的听众能够接受作出的裁判。从叙事话语分析角度看,刑事裁判的形成是一个从起诉叙事话语到辩护叙事话语再到判决叙事话语的故事建构和转换的过程①。从叙事话语结构看,判决叙事话语中所陈述的裁判事实(也即第三故事版本,判决书中由"经审理查明"这一标记语引出)是在对控、辩双方抽取的案件事实(也即第一、二故事版本,分别由判决书中的"×××检察院指控"和"辩护方认为"两个标记语引出)的判断和认定的基础上形成的。判决结果除了陈述裁判事实(讲述第三故事版本)以外,还有很重要的一个部分:对于所陈述的裁判事实科以刑法规定的罪行和惩罚意见(判决书中由"本院认为"这一标记语引出),这一意见的依据可以从哈贝马斯的交往行为理论中找到参考。哈贝马斯定义的交往行为本质上是一种言语行为,这种言语行为与三个有效性要求相关联:真实性、正确性、真诚性,而交往行为本身与客观世界、社会世界和主观世界这三个世界相关联,所以作为交往行为的言语行为者无可避免地在论及三个世界时总是会提出相对应的有效性要求。当论及客观世界时,陈述应该真实;当讨论社会世界时,陈述应该正确;当谈到主观世界时,陈述就应该真诚。如果将叙事话语也看作言语行为的话,刑事庭审的诉讼参与人对于案件事实的陈述既涉及客观世界也涉及社会世界,所以公诉人和辩护人的故事讲述既要真实又要正确,当事人尤其是被告人以及证人的陈述会更多地涉及主观世界,所以就要求其叙述要真诚,这些应该作为合议庭进行裁判事实认定的依据。

虽然新常态下的庭审体制要求合议庭在刑事诉讼中处于中立,居中裁判,但是庭审叙事话语体现的是叙事话语主体的立场和态度,合议庭通过判决叙事话语表现出来的立场和态度决定着公诉方和辩护方的故事版本哪一个更真实、更令人信服,因此,可以说合议庭的决策并不是判决叙事话语主体单方

---

① 这里所指的并非三大类叙事话语生成的时间顺序,而是逻辑顺序。

面作出的，它是与起诉叙事话语主体（公诉方）和辩护叙事话语主体（辩护方）在互动中共同做出的。

第五节　本章小结

　　通过本章理论阐释，我们可以得出这样一个结论：中国刑事庭审叙事话语的互动是理性互动论指导下的有目的的互动、策略的互动、合作的互动以及决策的互动。没有理性，法庭上的这些互动就不可能发生；没有理性，互动的目的就不可能实现；没有理性，互动策略就不可能顺利实施；没有理性，互动合作就不可能完成；没有理性，互动决策也就无法达致。刑事法庭这一制度语境决定着参与庭审各方的叙事话语之间的互动必须是理性的，没有理性，司法公正和司法正义就不可能实现。

第八章

结 论

本章是研究的结论部分,主要归纳研究的发现,得出可行性结论,总结研究的意义和创新点,提出研究存在的不足,并对未来努力的方向进行展望。

第一节 本研究的主要发现与结论

一、主要发现

基于一定数量的刑事庭审叙事话语语料(约180万字),通过对中国刑事庭审叙事话语进行静态描写(第四章结构特征研究)、动态分析(第五章和第六章互动研究)以及理论阐释(第七章内容),本研究有以下几点主要发现(这些发现同时也为本书导论部分提出的作为研究目标的四个核心问题提供了答案):

(1)我们给"中国刑事庭审叙事话语"下的定义是:在中国刑事法庭审判语境下,诉讼参与各方自然发生的连贯的口头或书面话语,话语的内容涉及对案件事实的讲述。

(2)叙事性是中国刑事庭审话语最大的特点,中国刑事庭审叙事话语在结构上具有鲜明的特征。从话语结构构成来看,中国刑事庭审叙事话语可分为三大类:起诉叙事话语、辩护叙事话语和判决叙事话语,这三大类叙事话语又分别由主叙事话语和嵌入叙事话语组成。从叙事话语的单位要素来看,一段完整的叙事话语通常包含五大基本要素:背景、核心叙事、阐释、观点和结束，其中核心叙事、阐释和观点三个要素是基本要素，核心叙事是最基本的要素，它包含时间、地点、人物、事件、起因、结果和动机七个成分；背景和结束这两个要素是可选项，阐释要素和观点要素在三大类叙事话语的主叙事话语中起重要作用。这些结构特征是中国刑事庭审叙事话语互动研究的基础。

（3）互动性是中国刑事庭审叙事话语的基本属性。中国刑事庭审叙事话语的互动具有其独特的特点和规律。

中国刑事庭审叙事话语互动具有层级性和方向性。层级性指的是互动包括微观层面的主体内互动和宏观层面的主体间互动。主体内互动指的是分别由公诉人、辩护人和法官主导的嵌入叙事话语的互动；主体间互动是中国刑事庭审叙事话语互动的主流，分别以公诉人、辩护人、法官为主体的起诉叙事话语、辩护叙事话语和判决叙事话语之间展开错综复杂的互动。方向性指的是互动的主导和互动的对象，比如，分别由公诉人和辩护人主导的与当事人、证人与鉴定人之间的嵌入叙事话语的互动以及由法官主导的与公诉人、辩护人、当事人、证人和鉴定人的嵌入叙事话语的互动。

中国刑事庭审叙事话语互动具有复杂性。这种复杂性体现在互动层次（宏观、微观两个层面）、互动对象（主体内、主体间两个方向）、互动性质（对抗与融合两种形式）和互动内容（不同故事版本的冲突碰撞与消解融合）等方面。

中国刑事庭审叙事话语互动具有目的性和策略性。研究发现目的性是中国刑事庭审叙事话语互动的根本特征。三大叙事话语主体互动存在宏观层面的目的一致性（法律意义上的目的）和微观层面的目的差异性（叙事话语或者语用层面上的目的）。互动策略是互动目的实现的保证，为了实现目的（宏观层面一致的目的和微观层面不同的目的），各叙事话语主体采用各种策略展开不同形式的互动。

（4）关于中国刑事庭审叙事话语互动的意义问题，研究发现中国刑事庭审叙事话语互动是刑事法庭语境里一种理性的互动，互动的意义体现在刑事案件事实的建构，法律事实的认定，裁判事实的形成，对刑事犯罪的惩罚，对公民合法权益的保护以及对司法公正和正义的维护。没有叙事话语的互动，以上这些都将难以实现。

二、结论

通过对真实语料的描写、分析和解释，本研究认为，中国刑事庭审叙事话语是特点鲜明的机构话语，叙事性是这类话语互动最典型的特征：中国刑事庭审叙事话语互动以故事形式开场（起诉书中的叙事话语），以故事情节讨论的形式展开（证据开示与质疑），以故事形式达到矛盾的高潮（公诉意见书与答辩词中的叙事话语），以故事形式结尾（判决书中的叙事话语）。中国刑事庭审叙事话语互动中有对抗也有融合，有冲突也有合作。中国刑事庭审叙事话语的互动是理性的互动，是理性互动论指导下的目的的互动、策略的互动、合作的互动和关于决策的互动。法庭语境里的这种话语形式的互动与其他语境的互动不同，因为叙事话语最根本的特质是故事性，庭审叙事话语的理性互动要求互动各主体尊重事实（包括客观事实和法律事实），那种偏离事实的胡编瞎造，信口雌黄，以及文学式的"影子叙事"在刑事诉讼中是违背法律，违反司法公正与正义精神的，在刑事庭审中不应该有话语权。

第二节 本研究的意义

本研究属于中国刑事法庭语境下的机构话语分析范畴，具体探讨了中国刑事庭审叙事话语的结构特点及其互动规律，在理论和实践两方面具有一定的意义。

一、理论方面

（1）本研究将刑事庭审叙事当作一种话语形式，研究这种机构话语以及话语主体间的互动，扩展了话语分析尤其是叙事话语研究的空间。以往的研究多是孤立地单独讨论一种叙事话语（比如，陪审团审判制度中的律师的叙事，证人的叙事等），没有涉及叙事话语以及话语主体间的互动。本研究采用话语分析进路，自上而下，从宏观到微观，即沿着话语（discourse）→叙事话语（narrative discourse）→法律叙事话语（legal narrative discourse）→司法叙事话语（judicial narrative discourse）→庭审叙事话语（courtroom narrative discourse）→刑事庭审叙事话语（criminal courtroom narrative discourse）这一线路层层推进，对中国刑事庭审叙事话语这一特点非常鲜明的机构话语进行互动研究。

（2）本研究坚持这样几种语言观：

话语系统观。话语系统观认为宏观话语——"大话语"——是一个大系统，大系统下面包括很多小系统，"大话语"系统由各"小话语"系统构成。比如，作为人类知识表达方式的大话语系统由叙事话语和非叙事话语两个系统构成，叙事话语系统又可以从上往下分为若干层级小系统，所以从话语到叙事话语直至刑事庭审叙事话语一共包含六个层次的话语系统，中间三个层级的话语系统依次是法律叙事话语、司法叙事话语、庭审叙事话语（参见图3.4）。这种语言观可以为话语类型学研究提供理论启示。

刑事庭审叙事话语层级观。这一语言观告诉我们，位于话语系统第六层级的刑事庭审叙事话语这个小系统具有层级性，它可以分为宏观、中观和微观三个层级。宏观层次上的叙事话语指刑事庭审本身，它没有实体话语内容，只为中观和微观层级的叙事话语提供语境框架；中观层面包括起诉叙事话语、辩护叙事话语和判决叙事话语三大类主叙事话语；微观层面是嵌入叙事话语。这种叙事话语层级观为庭审叙事话语结构分析提供理论指导。

刑事庭审叙事话语互动观。我们认为刑事庭审过程就是一个叙事话语互动的过程，叙事话语的互动离不开叙事话语主体的互动。中国刑事庭审叙事话语复杂的互动关系体现了叙事话语主体间复杂的角色关系。

（3）构建了刑事庭审叙事话语互动框架和"理性互动论"，为中国刑事庭审叙事话语互动提供分析框架和可能性的理论解释。

本研究秉持的理论观点是：中国刑事庭审叙事话语的意义产生于各叙事话语主体间在刑事法庭审判语境下的理性互动，这使得刑事庭审过程具有高度的对抗性和庭审结果的不确定性。控、辩双方叙事话语的理性平等对抗互动和控、辩、审三方叙事话语的理性积极融合互动充分体现了各诉讼主体间的合法律的合理性的良性互动关系，为刑事法庭审判活动的顺利高效开展提供了保障。理性互动论不仅对刑事庭审叙事话语具有解释力，它同样适用于民事庭审叙事话语和行政庭审叙事话语，因此，可以这样预期，广义的法律叙事话语也可以用理性互动论来分析和解释，因为法律叙事话语中的言者或者作者（立法者、司法人员、执法者、律师）与听者或者读者（诉讼当事人、原/被告律师、旁听人员、社会大众）之间离不开互动，无论是直接的还是间接的，而法律语境下的叙事话语互动应该是理性的。

二、实践方面

本研究属于司法实践语言研究范畴，刑事法庭审判作为刑事诉讼的中心环节，如何真正保证实现司法公正与司法正义，审判中的叙事话语互动过程以及互动意义的研究具有重要的借鉴意义。本研究用哲学、社会学、法学、语言学、话语分析等多学科相结合的方法来解决法律领域尤其是司法实践中的微观语言问题，对刑事法庭审判的司法实践具有参考价值，尤其是在我国司法改革关键时期，2013版和2018版新《刑诉法》的颁布实施为辩护方与公诉方平等对抗提供了法律保障，对于新常态下的控、辩、审三方等腰三角形诉讼关系的建立，本研究具有更重要的话语层面的实践意义：

1. 刑事诉讼参与的控、辩双方如何构建案件事实，如何合理地策略性地讲述故事，包括自己主讲的故事，以及引导当事人和证人共述的故事（co-narrated embedded narrative）来打动法官从而赢得官司是平等对抗的控辩双方都应该认真思量的问题，也是作为在法庭上解决对抗矛盾、居中裁判的合议庭应该认真思量的问题。公诉人对案件的关键事实进行叙事建构，辩护律师有针对性地对公诉人的起诉叙事进行解构，体现的是双方的互动博弈；法官如何根据法庭调查和法庭辩论以及被告的最后陈述，对证据事实进行判别确认，形成心证，构建最终最接近事实真相的故事版本，体现的是法官在庭审互动中的决策。

2. 除了法庭审判现场的口头叙事话语互动以外，本研究还对法律文书，尤其是公诉机关的起诉书和公诉意见书、辩护律师的辩护词、法院的判决书的起草可以提供借鉴。

刑事诉讼过程就是控、辩双方拿事实说话，用事实讲故事，选择对己方有利的故事情节来解释案件的前因后果，配之以合法律（刑法和刑诉法）的观点阐述，提出合理的诉讼建议，从而打动法官，赢得官司，所以起诉书和辩护词就显得非常重要。而法官的判决书可以说是该刑事案件最后也是最高级别的故事版本了，这个版本的故事讲述首先要符合《刑诉法》的程序规定，事实认定要清楚，论证逻辑要严密，适用法律要准确，量刑要适当，同时要让控、辩双方以及社会大众都能接受，达到可读性大、可信度高、说服力强的这一高要求，法官在书写判决书上可是要花费一番心思的。因此，本研究关于刑事庭审叙事话语五要素，尤其是核心叙事、阐释和观点三个要素的提炼和叙事话语互动的分析结果对于法律文书的书写能够提供有益的启示。

上面提到的几类法律文书中，起诉书和辩护词固然重要，法院的判决书尤其受到关注，因为它不仅要令控、辩双方满意，还要考虑社会大众的心理预期，其难度可想而知。潘庆云（2004：506）认为检察机关已经对当事人涉嫌犯罪的事实进行了比较完整的叙述，并对关键情节加以举证，"对居中裁判的人民法院来说，没有必要，也不可能去建构一个完整周详、包罗万象的事实体系。法院的裁判文书只要具体表述诉讼双方各自的请求、理由，双方的举证情况，法院的工作重点是对这些证据进行科学的分析甄别，无须去复原一个案件事实。如果一定要那样做，至少有两大弊端：一、这一工作沉重、烦琐，非要去做既浪费资源，又会使自己陷入被动尴尬的境地；二、造成事实与下面理由部分的缠绕不清、结构紊乱。因此，法院裁判文书'样式'中规定的'经审理查明……'部分的案件事实的大段冗长、烦琐叙述可以省去，或者干脆删除这样一个部分，把对诉（控）辩双方事实证据的分析放在理由部分"。潘庆云关心的可能是判决书的可读性问题，我们认为判决书的可接受性除了可读性之外，还必须充分考虑判决的事实依据和法律依据，这涉及判决的可信度和说服力问题，不能忽略，所以关于裁判事实的陈述是绝不能省略的，第三故事版本怎么能缺失呢？判决书中的事实是裁判事实，它与控、辩双方叙事话语中的法律事实可以重叠，但更多的是甄别和重新认定，客观事实不可能复原，但是裁判事实要尽可能地接近还原客观事实。司法审判的目的之一是社会教育功能，如果判决故事中的事实陈述不清楚、不完整，其可信度自然就不会高，这样不仅不能教育社会大众，反而会引起大众质疑，司法的公正得不到保障，司法的公信力也会因此受到影响。

3.庭审中嵌入叙事话语的重要性不容忽视。首先，当事人（被害人和被告人）的讲述（尤其在没有目击证人，缺乏有力证据的情况下）离事实最接近，最有可能还原事实真相，因此法庭要尽可能保证当事人（被害人能出庭的话更好）尤其是被告人的陈述权（当然被告人放弃这一权利就另当别论①），"法庭不轻信口供"已经写入《刑诉法》证据规定，如果被告人的陈述权得不到保障，法律的程序正义就会受到损伤。

然后是证人证言问题。中国的混合式审判制度增加了庭审控、辩对抗程度，但是对抗程度还不够，我们的语料显示证人出庭的例子非常少，证人证言大多是公诉方在庭上宣读的，证人不出庭就无法完成辩方的交叉询问，这对于查清事实，消除合理怀疑，体现公平、公正无疑造成了非常大的不便。虽然如赫弗（Heffer，2005，2010）等所说的证人出庭与否不影响律师讲述的"犯罪故事"，我们认为证人叙事（证人出庭讲述，而不是宣读的证人证言）是嵌入叙事话语的重要组成部分，也是庭审三大叙事话语的重要补充性元素，所以证人出庭具有重大的程序意义和实体意义。

4. 法庭上应该如何理性互动。刑事诉讼中诉、辩对抗允许情绪的正常宣泄，但法庭是个说理的地方，法庭上的互动必须在法律规范框架里合理地进行，法律并非不讲人情，但是感情（或人情）不能凌驾于法律之上。以事实为依据，以法律为准绳，控、辩双方在对抗中应该把握好事实陈述（叙事）与辩论的关系，观点的阐述永远是基于事实前提的，否则故事讲得再动人也不会得到合议庭的认可。2014 年 12 月至 2015 年 3 月江西某大学校长涉嫌受贿、挪用公款案一审过程中控、辩对抗中出现激烈的人身攻击，法庭秩序失控，甚至审判长都失去理性，先后四次将辩护律师赶出法庭，导致庭审中控辩双方基本没有对抗②，这种尴尬场面的出现向我们提出了很多问题，值得深思。

同时值得深思的是，刑事诉讼对抗强调诉辩故事之间的差异性，对抗对于平衡公权力和私权力、维护司法公平公正具有重大意义，但是对于被告人犯罪事实清楚、证据确实充分、公诉方追诉意见适用法律正确的情况，辩护方就不能过分强调诉辩故事的差异性，为了节约司法资源，我们建议在被告人可接受的范围内在法律框架和法官监督制约下控、辩及双方当事人通过充分的沟通、交流、协商达成"合意"（参见刘少军，2009）。我们认为，刑事庭审中的对抗与合意都是相对的，都是目的驱动的，但是控辩双方只有通过

---

① 我国当前刑事诉讼程序还没有充分考虑到被告人的沉默权问题。
② 朱明勇. 律师手记：无罪辩护 [M]. 北京：清华大学出版社，2015.

理性互动才能达成目的。

  5. 检察院的角色作用。公诉案件中检察院的双重身份（代表国家出庭支持公诉和依法对法庭审判实施监督）决定着其在刑事诉讼过程中的重要作用：起诉书中所讲的被告人犯罪的事实故事是法庭审判的开始，也是法院判决的重要依据，如果检察院立案审查不严，对被告人犯罪故事的重要的关键证据事实没有弄清楚，甚至采用侦查机关通过刑讯逼供等非法手段获得的当事人口供，更或者使用伪造的证据和口供，讲述了所谓"完整的"犯罪故事，加之被告人和辩护方在法院和检察院的公权力面前的弱势，就很容易让被告人委屈认罪，造成冤假错案。2002年云南省巧家县幼儿园"少女投毒案"的当事人钱仁凤就是因为公诉方一个有瑕疵的犯罪故事而被法院认定有罪，被判无期徒刑，剥夺政治权利终身。2010年8月，钱仁凤的代理律师以"事实证据不足，遭遇刑讯逼供"为名在两次申诉失败后向云南省检察院提起抗诉申请。2015年5月4日，云南省检察院立案复查认为此案事实不清、证据不足，向云南省高级人民法院提出再审检察建议；9月29日，云南省高级人民法院开庭审理了此案，云南省检察院派员出庭履行职务，最终法院认为本案是否系毒鼠强中毒，毒物来源、投毒事件、投毒方式的证据存在无法排除的矛盾与合理解释，原判认定钱仁凤犯投放危险物质罪事实不清，证据不足，于2015年12月21日宣判钱仁凤无罪，当庭释放。类似的情况还有"呼格案""聂树斌案"等冤案的改判，试想如果当初没有那些"有瑕疵的犯罪故事"，如果公诉方能对构成犯罪故事的关键证据事实查证清楚，这些众多的冤假错案就不会发生了。可喜的是钱仁凤案翻案过程中云南省检察院起了关键作用，它纠正了导致钱仁凤冤枉坐牢13年的当年那个"错误的故事"，重新讲述了一个"令人信服的故事"，还给了被告人一个自由和公道，保障了司法的公正和正义。2013年9月最高人民检察院下发的《关于切实履行检察职能防止和纠正冤假错案的若干意见》规定，"对于只有犯罪嫌疑人供述，没有其他证据的，不得认定犯罪嫌疑人有罪"，这对检察机关在刑事诉讼中的职责和作用提出了更高的要求，云南省高检向省高院抗诉的钱仁凤冤案和1979年《刑诉法》实施以来最高检直接向最高院提起无罪抗诉的首例案件陈满冤案[①]，加上之前的呼格吉勒图案、聂树斌案等冤案的再审和改判，充分体现了中国司法的进步和法律的逐步完善。

6. 辩护律师在刑事庭审中的表现。作为法律职业共同体[②]的重要组成部分，辩护律师的角色具有双重性：在代表当事人在刑事诉讼中维护其合法权益的同时捍卫法律的尊严，这就对辩护律师提出了很高的要求，既要与公诉方展开合法的公平对抗，又不能让平民大众误以为这是在为危害社会的坏人开脱。程滔（2009：111-134）总结了律师在刑事辩护中的十大难处，这固然存在体制缺陷方面的原因，比如，我们都知道庭审是刑事诉讼的中心环节，辩护律师在庭审中的作用固然重要，但是审前辩护也不可忽略，刑事诉讼一开始，在公安机关侦查阶段和检察院审查阶段，辩护律师就应该享有法律规定的相应权利进行介入，以便更有利于制约公权力，保证司法权力不被滥用，中国现行的辩护制度在这方面做得还不够。具体到庭审辩护，我们认为辩护律师自身语言素质的提高不容忽视，辩护律师要充分考虑在法庭上如何与控方展开有效的叙事对抗，注意叙事逻辑，有理有据，叙辩结合才会有说服力，才会打动法官。"复旦大学宿舍投毒案"中辩护律师在一审法庭辩论中几次被法官提醒就是因为其叙事话语策略不当所致（叙事冗长，要点不清，逻辑混乱）。

7. 合议庭的作用。公诉方的起诉叙事话语和辩护方的辩护叙事话语都是提出危机，展示冲突，他们本身不能解决危机冲突，这项任务无疑只能由合

[①] 1992年12月25日晚，海口市振东区上坡下村发生震惊一时的杀人焚尸案，陈满被当作重要嫌疑人。1994年11月9日，海口市中级人民法院判决陈满犯故意杀人罪和放火罪，判处死刑，缓期两年执行。1999年4月15日，海南省高级人民法院受理海口市人民检察院的"原判量刑过轻，应判处死刑立即执行"的抗诉申请，开庭审理后维持原判。陈满不服，一再申诉。2015年2月10日，最高人民检察院向最高人民法院提起抗诉，称海南省高院判决事实认定错误，导致适用法律错误。2015年4月24日，最高人民法院作出《再审决定书》，指令浙江省高级人民法院再审陈满案。2015年12月29日，浙江省高院在海口市琼山区人民法院开庭再审陈满案，并于2016年2月1日公开宣判，认为原审事实认定不清，证据不足，指控的犯罪不能成立，决定撤销原审判决，宣告陈满无罪。信息来源：新浪网，网址：http://news.sina.com.cn/c/2016-02-02/doc-if×nzani7172084.shtml，访问时间：2016年2月18日。

[②] 以法官、检察官、律师这些典型的法律职业为核心构成的群体（程滔，2006：16）。

议庭来完成。合议庭的判决叙事话语是刑事庭审三大类叙事话语中能够解决危机的话语,因此合议庭对裁判事实的认定对于判决书的形成具有决定性的意义。裁判事实的认定决定着司法公正和正义,如何预防和杜绝冤假错案,合议庭要对控辩对抗的故事进行充分衡量、辨别,并在此基础上建构一个真正完整的、合理的、令人信服的故事版本,这一故事版本可能完全与控方故事吻合,可能完全与辩方故事吻合(同时与这两个故事版本吻合的可能性不是没有,比如,适用简易程序审理的案件),也有可能与前两个故事都不吻合。"案件事实清楚,证据确实充分"应该是合议庭居中裁判的重要依据,但是中国现行的庭审模式下,判决书既讲述犯罪/无罪故事,决定被告人有罪或者无罪,又同时提供量刑决定,这种定罪与量刑不分离的做法,虽然合议庭保持中立,能做到居中裁判,但是通过自己讲述的被告人有罪(或者无罪)的故事版本,在刑法框架下履行裁量权就有可能增大冤假错案的概率。西方陪审团审判模式下定罪与量刑分开,陪审团在控辩双方故事中选择有说服力、可信度高的版本来决定被告是否有罪,据此法庭才能做相应的量刑决定,这种做法值得我们借鉴。

第三节 本研究的特色与创新之处

本研究的特色和创新点主要体现在以下五方面:

1. 研究领域和研究方法的创新。本研究在法律语言学领域,具体而言在法庭语境下以真实语料为基础分析叙事话语的互动,将法律语言学和话语分析结合起来研究,拓宽了庭审话语(法律语言学领域)和叙事话语(话语分析领域)研究的空间。

2. 叙事话语结构层次观。从宏观、中观、微观三个层面对中国刑事庭审叙事话语进行结构描写,总结了这一话语形式独特的结构特点。

3. 叙事话语和叙事话语主体二合一。将刑事庭审叙事话语和叙事话语主体联系起来,本研究认为谁叙事,如何叙事,为什么叙事都是有意义的,都是叙事主体有目的的策略性选择。

4.叙事话语互动观。本研究认为刑事庭审叙事话语是一个动态的互动过程，也是叙事话语主体间的理性互动过程，意义体现在互动过程中，互动框架为中国刑事庭审叙事话语的互动提供结构支撑。

5.理论构建。构建了"理性互动论"理论框架，从互动的目的、互动的策略、互动中的合作以及互动中的决策四方面为中国刑事庭审叙事话语的互动提供理论解释。本研究认为既然刑事庭审是刑事诉讼活动的中心环节，司法公正和司法正义的体现就需要诉讼参与各方通过叙事话语理性地互动，任何非理性行为在刑事法庭这个特殊的语境下是不被允许的。我们期望理性互动论对广义的庭审话语分析也适用。

第四节 本研究存在的不足和未来研究的展望

一、不足

当然，不得不承认，本研究还存在一些不足之处。

首先是语料上的不足。尽管笔者收集到的庭审语料总量不少（180余万字），起诉、辩护、判决三大类叙事话语齐全的案例却很少。一方面，收集转写的庭审现场语料往往缺少判决书，原因是大多数刑事案件庭审不是当庭宣判的，由于各种原因，比如，时间安排、路程遥远等，信息收集[①]不及时，导致判决叙事话语语料的缺失；另一方面，笔者在法庭外收集到的检察院起诉书（通过官网下载）、辩护律师的辩护词（公开出版发行的集子，比如，《北京刑辩律师典型案例选编》《中国大律师辩护词代理词精选——田文昌专辑》等）、法院判决书［法院官网下载或者公开出版发行的集子，比如，《人民法院刑事指导案例裁判要旨通纂（上、下卷）》］，很难做到案件相关，这些都给分析结果的说服力造成一定的影响。

---

① 刑事案件审理终结，如果不能当庭作出判决，法院一般都会择日开庭公开宣判，但是有些案件宣判法院没有提前发布公告，尤其是二、三线以下城市的基层或者中级人民法院。

其次，虽然本研究是跨学科的，但是由于作者法律知识，尤其是法理学、法社会学知识的欠缺，导致分析不够到位，表述不够准确，甚至还说了不少外行话。

最后，"理性互动论"对于法庭话语互动的解释力和适用性还有待更进一步的检验。

不足不可怕，自满才可怕。这些不足将促使笔者在今后的研究中加倍努力，继续在庭审叙事话语直至庭审话语领域默默耕耘，潜心研究。

二、展望

我们知道，一项研究、一部专著不可能面面俱到，诸多想说的话，更多想做的研究有待将来进一步的努力：

1.本研究的焦点是刑事法庭内三大叙事话语的互动，而刑事法庭不是封闭的，它是对社会开放的，媒体的报道和社会大众的舆论就像风和空气一样如影随形，无孔不入，挥之不去，因此民间叙事话语（包括媒体叙事话语）对刑事法庭审判判决会产生何种影响，法庭内外两种叙事话语的对比研究在法社会学框架里具有价值。

2.中国现行混合式刑事审判制度下的庭审叙事话语与国外纯粹职权主义制度下的纠问审判方式以及纯粹当事人主义制度下的抗辩式审判方式里的庭审叙事话语的差异性研究值得一做。

3.中国现行混合式刑事庭审叙事话语主体的角色与权力研究，比如，控、辩双方对抗带来的话语权问题，是法律批评话语分析不能回避的话题。

4.法庭外律师叙事话语，比如，与当事人、证人之间关于案件事实的谈话与法庭内嵌入叙事话语会有很大的不同，虽然语料收集会有难度，但很有研究价值。

主要参考文献

语用学：

1. 陈新仁.语用学新发展研究[M].北京：清华大学出版社，2021.

2. 顾曰国.语言学海外自选集——语用学与话语分析[M].北京：外语教学与研究出版社，2010.

3. 何兆熊.语用学文献选读[M].上海：上海外语教育出版社，2003.

4. 廖美珍."目的原则"与目的分析——语用研究新途径探索（上）[J].修辞学习，2005（3）.

5. 廖美珍."目的原则"与目的分析——语用研究新途径探索（下）[J].修辞学习，2005（4）.

6. 廖美珍.目的原则和言语行为互动研究[J].外语学刊，2012（5）.

7. 廖美珍.话语语用研究新进展——廖美珍学术论文自选集[M].北京：外语教学与研究出版社，2014.

8. 钱冠连.语言：人类最后的家园——人类基本生存状态的哲学与语用学研究[M].北京：高等教育出版社，2005.

9. 冉永平.语用学十讲[M].上海：上海外语教育出版社，2021.

10. Brown, P. & Levinson, S. C. 1978 /1987. *Politeness: Some Universals in Language Usage.* Cambridge: Cambridge University Press.

11. Grice, H. P. 1975. Logic and conversation. In P. Cole & J. L. Morgan(eds.), *Syntax and Semantics: Vol. 3. Speech Acts*. New York: Academic Press.

12. Grice, H. P. 1989/2002. *Studies in the Way of Words*. Harvard University Press. / Beijing: Foreign Language Teaching and Research Press.

13. Harris, S. 1995. Pragmatics and Power. *Journal of Pragmatics* 23.

14. Horn, L. R. & Gergory Ward. 2004. *The Handbook of Pragmatics*. London: Blackwell.

15. Huang, Yan. 2007, 2014 / 2009. Pragmatics. Oxford: Oxford University Press. / Beijing: Foreign Language Teaching and Research Press.

16. Kádár, D. Z. 2017. *Politeness, Impoliteness, and Ritual: Managing the Moral Order in Interpersonal Interaction*. Cambridge: Cambridge University Press.

17. Kádár, D. Z. & Haugh, M. 2013. *Understanding Politeness*. Cambridge: Cambridge University Press.

18. Kádár, D. Z. & Mills, S. 2011. *Politeness in East Asia*. Cambridge: Cambridge University Press.

19. Leech, G. N. 1983. *Principles of Pragmatics*. London: Longman.

20. Levinson, S. C. 1983. *Pragmatics*. Cambridge: Cambridge University Press.

21. Mey, J. L. 1993 /2001. *Pragmatics: An Introduction*. Blackwell Publishers Ltd. / Beijing: Foreign Language Teaching and Research Press.

22. Spencer-Oatey, H.(ed.) 2008. *Culturally Speaking: Culture, Communication and Politeness Theory*. London: Continuum.

23. Sperber, D & Wilson, D. 1995 /2001. *Relevance: Communication and Cognition*. Blackwell Publishers Ltd. / Beijing: Foreign Language Teaching and Research Press.

24. Srikant, K. S. and Slembrouck, S. 1992. Non-cooperation in communication: A reassessment of Gricean pragmatics. *Journal of Pragmatics* 17.

25. Strawson, P. F., 1952. *Introduction to logical theory*. London: Methuen.

26. Thomas, J. 1995. *Meaning in Interaction: an Introduction to Pragmatics*. London: Longman.

27. Verschueren, J. 1999/2000. *Understanding Pragmatics*. Edward Arnold (Publishers) Limited. / Beijing: Foreign Language Teaching and Research Press.

话语分析：

28. Blum-Kulka, S. 1997. *Discourse Pragmatics. In van Dijk. T. A.(ed.), Discourse Studies: A Multidisciplinary Introduction. Vol. 2 Discourse as Social Interaction.* London: Sage.

29. Brown, G. and Yule, G. 1983/2000. *Discourse Analysis.* Beijing: Foreign Language Teaching and Research Press.

30. Coulthard, M. 1985. *An Introduction to Discourse Analysis.* London: Longman.

31. Edwards, D. 1998. The relevant thing about her: Social identity categories in use. In C. Antaki & S. Widdicombe(eds.), *Identities in Talk.* London: Sage.

32. Foucault, M. 1972. *The Archeology of Knowledge and the Discourse on Language.* Trans. A. M. Sheridan Smith. New York: Pantheon.

33. Foucault, M. 1979. *Discipline and Punish. Trans. A. M. Sheridan Smith.* New York: Vintage.

34. Halliday, M. A. K. 1961. Categories of the Theory of Grammar. *Word*, 17.

35. Halliday, M. A. K. 1978. *Language as Social Semiotic.* London: Edward Arnold.

36. Halliday, M. A. K. & Hasan R. 1976. *Cohesion in English.* London: Longman.

37. Harris, Z. 1952. *Discourse Analysis.* Language, 28.

38. Hutchby, I., & Wooffitt, R. 1998. *Conversation Analysis.* Cambridge, UK: Polity Press.

39. Pomerantz, A., & Fehr. A. 1997. Conversation analysis: An approach to the study of social action as sense making practices. In T. A. van Dijk (ed.), *Discourse Studies: A Multidisciplinary Introduction: Vol 2. Discourse as Social Interaction.* London: Sage.

40. Potter, J. 1997. Discourse analysis as a way of analysing naturally occurring talk. In D. Silverman(ed.), *Qualitative Research.* London: Sage.

41. Potter, J., & Wetherell, M. 1987. *Discourse and Social Psychology.*

Newbury Park, CA: Sage.

42. Psathas, G. 1995. *Conversation Analysis: The Study of Talk-in-Interaction.* Thousand Oaks, CA: Sage.

43. Renkema, J. 2009. *Introduction to Discourse Studies.* 上海：上海外语教育出版社.

44. Sacks, H., Schegloff, E. A., & Jefferson, G. 1978. A simplest systematics for the organization of turn-taking for conversation. In J. Schenkein (ed.), *Studies in the Organization of Conversational Interaction.* New York: Academic Press. 7–55.

45. Schegloff, E. A. 1989. Harvey Sacks——Lectures 1964–1965: An introduction/memoir. *Human Studies*, 12.

46. Sinclair, J. M. and Coulthard, R. M. 1975. *Towards an Analysis of Discourse: The English used by Teachers and Pupils.* London: Oxford University Press.

47. Stubbs, M. 1983. *Discourse Analysis.* Chicago: University of Chicago Press.

48. van Dijk. T. A. 1997a. *Discourse Studies: A Multidisciplinary Introduction. Vol. 1 Discourse as Structure and Process.* London: Sage.

49. van Dijk. T. A. 1997b. *Discourse Studies: A Multidisciplinary Introduction. Vol. 2 Discourse as Social Interaction.* London: Sage.

50. van Dijk. T. A.& Kintsch. W. 1980. *Macrostructures: An Interdisciplinary Study of Global Structures in Discourse, Interaction and Cognition.* Hillsdale, NJ: Erlbaum.

51. Widdowson, H. G. 1979. *Explorations in Applied Linguistics.* Oxford: OUP.

52. Wood, Linda A. and Kroger, Rolf O. 2000. *Doing Discourse Analysis: Methods for Studying Action in Talk and Text.* Sage.

法律语言学：

53. 陈剑敏. 顺应论视域中的中英法庭话语研究 [J]. 山东社会科学，2011（8）.

54. 邓晓静. 案件事实与法律文书的叙事 [J]. 四川师范大学学报，2009（5）.

55. 杜金榜. 法律语言学 [M]. 上海：上海外语教育出版社，2004.

56. 杜金榜. 中国法律语言学展望 [C]. 北京：对外经济贸易大学出版社，2007.

57. 杜金榜. 法律语言研究新进展 [C]. 北京：对外经济贸易大学出版社，2010.

58. 杜金榜. 从层级性信息的处理看法庭交互中态度指向的实现 [J]. 解放军外国语学院学报，2012（1）.

59. 葛云峰，杜金榜. 法庭问话中的话题控制与信息获取 [J]. 山东外语教学，2005（6）.

60. 韩征瑞. 律师辩论的"人际意义"研究 [J]. 广东外语外贸大学学报，2005（3）.

61. 胡桂丽. 刑事庭审会话中的闪避回答 [J]. 修辞学习，2006（4）.

62. 胡桂丽. 目的原则下刑事审判话语标记语研究 [J]. 外语学刊，2009（4）.

63. 胡海娟. 法庭话语研究综论 [J]. 广东外语外贸大学学报，2004（1）.

64. 江玲. 法庭话语的会话活动类型之语用研究 [J]. 重庆师范大学学报（哲学社会科学版），2010（4）.

65. 江玲. 国内外法庭话语研究述评 [J]. 学术探索，2013（3）.

66. 柯贤兵. 法庭调解话语博弈交际研究 [J]. 外语学刊，2011a（5）.

67. 柯贤兵. 话语交际博弈论——以法庭调解话语交际博弈为例 [J]. 社会科学家，2011b（5）.

68. 柯贤兵. 中国法庭调解话语博弈研究 [D]. 武汉：华中师范大学，2012.

69. 李安. 证据感知与案情叙事——以诉讼心理学为考察视角 [J]. 中国刑事法杂志，2009（2）.

70. 梁玉霞. 聚焦于法庭的叙事：诉讼证明三元系统对接——论裁判者心证自由的限度 [J]. 中外法学，2011（6）.

71. 廖美珍. 法庭问答及其互动研究 [M]. 北京：法律出版社，2003a.

72. 廖美珍. 中国法庭互动话语问答对应结构研究 [J]. 语言科学，2003b

（5）．

73. 廖美珍. 国外法律语言研究综述 [J]. 当代语言学，2004（1）a.

74. 廖美珍. 目的原则与法庭互动话语合作问题研究 [J]. 外语学刊，2004（5）b.

75. 廖美珍. 论法学的语言转向 [J]. 社会科学战线，2006（2）.

76. 刘荷清. 法庭会话中的答话修正与成因研究 [J]. 修辞学习，2006（4）.

77. 刘燕. 案件事实，还是叙事修辞？——崔英杰案的再认识 [J]. 法治与社会发展，2007（6）.

78. 刘燕. 案件事实的人物建构——崔英杰案叙事分析 [J]. 法治与社会发展，2009（2）.

79. 罗桂花. 法庭互动中的回声问研究 [J]. 现代外语，2012（4）.

80. 吕万英. 法庭调解话语中的冲突性打断 [J]. 解放军外国语学院学报，2005（6）.

81. 吕万英. 法庭话语权力研究 [M]. 北京：中国社会科学出版社，2011.

82. 马艳姿，谢晓莺. 庭审中强势角色话语结构的微观建构 [J]. 学术论坛，2007（12）.

83. 毛凤凡. 法庭询问中的模糊限制语引发的语用冲突及其对法庭审判的启示 [J]. 外语研究，2006（2）.

84. 潘庆云. 跨世纪的中国法律语言 [M]. 上海：华东理工大学出版社，1997.

85. 潘庆云. 中国法律语言鉴衡 [M]. 上海：汉语大词典出版社，2004.

86. 潘小钰，杜金榜. 庭审问答过程控制中的信息流动 [J]. 外国语，2011（2）.

87. 粟峥. 裁判者的内心世界——事实认定的故事模型理论 [J]. 中国刑事法杂志，2010（3）.

88. 孙日华. 叙事与裁判——从"劫人质救母"案说起 [J]. 东北大学学报（社会科学版），2010（3）.

89. 王建. 结案陈词的叙事建构及其对裁决的影响——以辛普森案件为例 [J]. 外语教学理论与实践，2010（1）.

90. 王洁. 法律语言研究 [M]. 广州：广东教育出版社，1999.

91. 王洁.控辩式法庭审判互动语言探索[J].语言文字应用,2004(3).

92. 吴红军.新疆维吾尔语庭审话语目的关系分析[J].新疆大学学报（哲学 人文社会科学版）,2012(2).

93. 吴伟平.法律语言学：会议、机构与刊物[J].国外语言学,1994(2).

94. 吴伟平.语言与法律——司法领域的语言学研究[M].上海：上海外语教育出版社,2002.

95. 夏丹.民事起诉状叙事中的事实建构——基于Labov叙事理论的一则运用[J].华中科技大学学报（社会科学版）,2010(6).

96. 夏丹.目的原则视角中的民事法官庭审话语[J].湖北社会科学,2012(6).

97. 邢欣.国内法律语言学研究述评[J].语言文字应用,2004(4).

98. 许静.法庭话语中话语标记语的顺应性动态研究[J].外语研究,2009(6).

99. 杨建军.法律事实的概念[J].法律科学,2004(6).

100. 余素青.法庭言语的制度性特征分析[J].修辞学习,2008(5).

101. 余素青.法庭言语的功能及其特征分析[J].前沿,2009(5).

102. 余素青.庭审叙事特征分析[J].外国语文,2011a(2).

103. 余素青.庭审叙事的形式及其结构分析[M]//余素青.法律语言与翻译（第二辑）.上海：复旦大学出版社,2011b.

104. 余素青.法庭审判中事实构建的叙事理论研究[M].北京：北京大学出版社,2013a.

105. 余素青.认知图式下的庭审叙事连贯机制[J].华东政法大学学报（人文社会科学版）,2013b(4).

106. 余素青.判决书叙事修辞的可接受性分析[J].当代修辞学,2013c(3).

107. 张丽萍.从基于庭审图式话语的理解论法官言语的反应[J].外语学刊,2005a(5).

108. 张丽萍.庭审中叙事的对立与诉讼对抗：话语分析对法官的启示[J].山东外语教学,2005b(5).

109. 张丽萍.论法官在审判中立中的困境——来自庭审言语交际的证据

[J]. 语言文字应用，2006（4）.

110. 张鲁平. 论民事审判中的法官打断现象 [J]. 修辞学习，2006（4）.

111. 张清. 庭审话语中的目的关系分析 [J]. 山西大学学报（哲学社会科学版），2010（6）.

112. 张清. 法官庭审话语的实证研究 [M]. 北京：中国人民大学出版社，2013.

113. Atkinson, J. M. and Drew, P. 1979. *Order in courts: The organization of verbal interaction in judicial settings*. London: Macmillan.

114. Bennett, W. L. 1978. Storytelling in criminal trials: A model of social judgment. *Quarterly Journal of Speech*, 64(1).

115. Bennett, W. L., & Feldman, M. S. 1981. *Reconstructing reality in the courtroom: Justice and judgment in American culture*. New Brunswick: Rutgers University Press.

116. Berk-Seligson, S. 1990. *The Bilingual Courtroom: Court Interpreters in the Judicial Process*. Chicago: The University of Chicago Press.

117. Briggs, C. (ed.)1996. *Disorderly discourse: Narrative, conflict, and inequality*. London: Oxford University Press.

118. Brooks, P. 1996. "The Law as Narrative and Rhetoric", in Peter Brooks and Paul Gewirtz (eds.), *Law's Stories: Narrative and Rhetoric in the Law*. New Haven: Yale University Press.

119. Brooks, P. 2000. *Troubling Confessions: Speaking Guilt in Law and Literature*. Chicago: Chicago University Press.

120. Brooks, P. 2005. Narrative in and of the Law. In Phelan, J. and Rabinowitz, P. (eds.). *A Companion to Narrative Theory*. Oxford: Blackwell Publishing Ltd.

121. Carpenter, R. H. 1990. The statistical profile of language behavior with Machiavellian intent or while experimenting caution and avoiding self-incrimination. In Robert W. Rieber and William A. Stewart, eds., *Language Scientist as Expert in Legal Setting*. New York: New York Academy of Sciences.

122. Coates, A. V. 1964. *Myself a Mandarin: Memoirs of a Special Magistrate*. Hong Kong: Heinemann Educational Books (Asia) Ltd.

123. Conley, J. M., & O'Barr, W. M. 1990. *Rules versus relationships: The ethnography of legal discourse*. Chicago: The University of Chicago Press.

124. Conley, J. M., & O'Barr, 1998. W. M. *Just Words: Law, Language and Power*. Chicago: The University of Chicago Press.

125. Conley, J. M., William M. O'Barr, and E. Allen Lind. 1979. The power of language: Presentational style in the courtroom. *Duke Law Journal*.

126. Cotterill, J. 2003. *Language and Power in Court: A Linguistic Analysis of the OJ Simpson Trial*. Basingstoke/New York: Palgrave Macmillan.

127. Coulthard, M. 1997. A failed appeal. *Forensic Linguistics*, 4(2).

128. Coulthard, M. & Johnson, A. 2010. *The Routledge Handbook of Forensic Linguistics*. London: Routledge.

129. Danet, B. 1980a. Language in the legal process. *Law and Society Review*, 14.

130. Danet, B.1980b. "Baby" or "fetus"? Language and the construction of reality in a manslaughter trial. *Semiotica*, 32.

131. Drew, P. 1985. Analyzing the use of language in courtroom interaction. In: T. van Dijk (ed.), *Handbook of discourse analysis*, Vol. 3, Amsterdam: North-Holland.

132. Drew, P. 1990. Strategies in the contest between lawyer and witness in cross-examination. In Levi, J. N & Walker, A. G. (eds.) *Language in the Judicial Process*. New York: Plenum Press.

133. Eades, D. 1994. A case of communicative clash: aboriginal English and the legal system. In J. Gibbons ed., *Language and the Law*. London: Longman.

134. Eades, D. 2000. I don't think it's an answer to the question: Silencing Aboriginal witnesses in court. *Language in Society*, 29.

135. Eagleson, R. Forensic analysis of personal written texts. In J. Gibbons ed., *Language and the Law*. London: Longman.

136. Edwards, A. B. 1995. *Practice of Court Interpreting*. Philadelphia: John Benjamins Publishing Company.

137. Gibbons, J. (ed.) 1994. *Language and the Law*. London: Longman.

138. Gibbons, J. 2003. *Forensic Linguistics: An Introduction to Language in the Justice System*. Sydney: Blackwell.

139. Gonzalez, R. D. et al. 1991. *Fundamental of Court Interpretation: Theory, Policy and Practice*. Durham: Carolina Academic Press.

140. Goodrich. P. 1987. *Legal Discourse: Studies in Linguistics, Rhetoric and Legal Analysis*. London: Macmillan.

141. Grabher, G. M & Gamper (eds), 2009. *A. Legal Narratives: European Perspective on U. S. Law in Cultural Context*. Springer-Verlag/Wien.

142. Hale, S. & J. Gibbons. 1999. "Varying realities: Patterned changes in the interpreter's representation of courtroom and external realities". *Applied Linguistics*, 20(2).

143. Hale, S. & S. Beatriz. 2004. *Discourse of Court Interpreting: Discourse Practices of the Law, the Witness, and the Interpreter*. Philadelphia: John Benjamins Publishing Company.

144. Harris, S. 2001. Fragmented narratives and multiple tellers: witness and defendant accounts in trials. *Discourse Studies*, 3(1).

145. Harris, S. 2005. Telling stories and giving evidence: the hybridization of narrative and non-narrative modes of discourse in a sexual assault trial, in J. Thornborrow and J. Coates (eds.) *The Sociolinguistics of Narrative*. Amsterdam: Benjamins.

146. Hastie, R. 1993. Algebraic models of juror decision processes, in R. Hastie(ed.) *Inside the Juror*. Cambridge: Cambridge University Press.

147. Heffer, C. 2002. If you were standing in Marks and Spencers: narrativisation and comprehension in the English summing-up, in J. Cotterill (ed.) *Language in the Legal Process*. Basingstoke: Palgrave.

148. Heffer, C. 2005. *The Language of Jury Trial: A Corpus-Aided Analysis of Legal-Lay Discourse*. Basingstoke/New York: Palgrave Macmillan.

149. Heffer, C. 2010. Constructing crime stories in court, in Coulthard, M. & Johnson, A. (eds) *The Routledge Handbook of Forensic Linguistics*. London: Routledge.

150. Holt. E. & Johnson. A. 2010. Socio-pragmatic aspects of legal talk: police interviews and trial discourse, in Coulthard, M. & Johnson, A. (eds) *The Routledge Handbook of Forensic Linguistics*. London: Routledge.

151. Hobbs, P. 2008. It's not what you say, but how you say it: the role of personality and identity in trial success. *Critical Discourse Studies*, 5(3).

152. Hutton, C. 2009. *Language, Meaning and the Law*. Edinburgh: Edinburgh University Press.

153. Hutton, N. 1987. The sociological analysis of courtroom interaction: A review essay. *The Australian and New Zealand Journal of Criminology*, 20.

154. Jackson, B. S. 1991. Narrative models in legal proof. In D. R. Papke(ed.), *Narrative and the legal discourse: A reader in storytelling and the law*. Deborah Charles Publications.

155. Jacquemet, M. 1996. *Credibility in Court: Communicative Practices in the Camorra Trials*. Cambridge: Cambridge University Press.

156. Jones, A. 1994. The limitations of voice identification. In J. Gibbons ed., *Language and the Law*. London: Longman.

157. Komter, M. 1994. Accusations and Defences in Courtroom Interaction. *Discourse & Society*. 5(2).

158. Labov, W. and Harris, W. A. 1994. Addressing social issues through linguistic evidence. In J. Gibbons ed., *Language and the Law*. London: Longman.

159. Lakoff, R. 1975. *Language and Women's Place*. New York: Harper.

160. Lakoff, R. 1985. My Life in Court. *GURT'* 85.

161. Lakoff, R. 1990. *Talking power: The politics of language*. New York: Basic Books.

162. Laster, K. & V. Taylor. 1994. *Interpreters and the Legal System*. Federation Press.

163. Levi, J. N. 1990. The Study of Language in the Judicial Process. In Levi, J. N & Walker, A. G.(eds.)1990. *Language in the Judicial Process*. New York: Plenum Press.

164. Levi, J. N & Walker, A. G.(eds.)1990. *Language in the Judicial Process*.

New York: Plenum Press.

165. Loftus, Elizabeth, 1975. Leading questions and the eyewitness report. *Cognitive Psychology*, 7.

166. Luchjenbroers, J. 1997. "In your own words..." Questions and answers in a Supreme Court trial. *Journal of Pragmatics*, 27.

167. Maley, Y. 1994. The language of the law. In J. Gibbons (ed.), *Language and the Law*. London: Longman.

168. Maley, Y. & Fahey, R. 1991. Presenting the evidence: constructions of reality in court. *International Journal for the Semiotics of Law*, IV(10).

169. Mateoesian, Gregory M. 1993. *Reproducing Rape: Domination through Talk in the Courtroom*. Chicago: University of Chicago Press.

170. Maynard, D. W. 1990, Narrative and Narrative structure in plea bargaining. in Levi, J. N & Walker, A. G.(eds.). *Language in the Judicial Process*. New York: Plenum Press.

171. Mellinkoff, D. 1963. *The Language of the Law*. Boston, MA: Little, Brown.

172. Miller, B. 1994. Give them back their lives: Recognizing client narrative in case theory. *Michigan Law Review*, 93.

173. Nolan, F. 1994. Auditory and acoustic analysis in speaker recognition. In J. Gibbons ed., *Language and the Law*. London: Longman.

174. O'Barr, W. M. 1982. *Linguisitc Evidence: Language, Power and Strategy in the Courtroom*. San Diego: Academic Press.

175. O'Barr, W. M. & Conley, J. M. 1985. Litigant satisfaction versus legal adequacy in small claims court narratives. *Law and Society Review*, 19.

176. Pennington, N. and Hastie, R. 1981. Juror decision-making models: The generation gap. *Psychological Bulletin*, 89(2).

177. Pennington, N. and Hastie, R. 1991. A cognitive theory of juror decision making: the story model. *Cardozo Law Review*, 13.

178. Pennington, N. and Hastie, R. 1992. Explaining evidence: tests of the story model for juror decision making. *Journal of Personality and Social*

Psychology, 62.

179. Pennington, N. and Hastie, R. 1993. The story model for juror decision making. In R. Hastie(ed.) *Inside the Juror: The Psychology of Juror Decision-Making*. New York: Cambridge University Press.

180. Posner, R. A. 1997. Narrative and narratology in classroom and courtroom. *Philosophy and Literature*, 21(2).

181. Presser, L. 2009. The Narratives of Offenders. *Theoretical Criminology*, 13.

182. Rieber, Robert W. and William A. Stewart. 1990. *The Language Scientist as Expert in Legal Setting: Issues in Forensic Linguistics*. New York: The New York Academy of Sciences.

183. Schum, D. 1993. Argument structuring and evidence evaluation. In R. Hastie(ed.), *Inside the Juror: the Psychology of Juror Decision Making*. Cambridge, UK: Cambridge University Press.

184. Schwarz, C. 2009. Sentenced to "Storification" : A Trial on Legal Narratives. In Grabher, G. M. & Gamper, A. (eds.), *Legal Narratives: European Perspectives on U.S. Law in Cultural Context*. Springer Wien New York.

185. Shuy, Roger W. 1987. Conversational power in FBI covert recordings. In Lkedar, ed. *Power through Discourse*. Norwood, NJ: Ablex.

186. Shuy, Roger W. 1990. Evidence of cooperation: topic-type in a solicitation to murder case. In Robert W. Rieber and William A. Stewart eds., *The Language Scientist as Expert in Legal Setting: Issues in Forensic Linguistics*. New York: The New York Academy of Sciences.

187. Shuy, Roger W. 1998. *The Language of Confession, Interrogation and Deception*. Thousand Oaks CA: Sage.

188. Snedaker, K. H. 1991. Storytelling in opening statements. In D. R. Papke(ed.) *Narrative and the Legal Discourse: A Reader in Storytelling and the Law*. Deborah Charles Publications.

189. Solan, L. M. 1993. *The Language of Judges*. Chicago: The University of Chicago Press.

190. Solan, L. M. 1995. Judicial decisions and linguistic analysis: Is there a linguist in the court？ *Washington University Law Journal*, 73(3).

191. Sprindler. G. (ed.) 1982. *Doing the Ethnography of Schooling*. New York: Holt, Rinehart and Winston.

192. Stone, M. 1984. *Proof of Facts in Criminal Trials*. Edinburgh: W. Green and Son.

193. Stygall, G. 1994. *Trial Language: Differential Discourse Processing and Discursive Formation*. Amsterdam and Philadelphia: John Benjamin.

194. Tiersma, P. 1993. Linguistic issues in the law. *Language*, 69.

195. Tiersma, P. 1999. *Legal Language*. Chicago: Chicago University Press.

196. Walsh, M. 1994. Interactional styles in the courtroom. In J. Gibbons ed., *Language and the Law*. London: Longman.

197. Wigmore, J. H. 1913. *The Principles of Judicial Proof*. Boston, MA: Little, Brown and Compay.

198. Walter, B. 1988. *The Jury Summation as Speech Genre*. Amsterdam and Philadelphia, PA: John Benjamins Publishing Company.

199. Wodak, R.1980. Discourse analysis and courtroom interaction. *Discourse Processes 3*.0.

200. Woodbury, H. 1984. The strategic use of questions in court. *Semiotica*, 48.

201. Wu Weiping, 1998. "Cross-cultural Communication in the Legal Field", *The Hong Kong Linguist*, 18.

叙事：

202. 戴卫·赫尔曼. 新叙事学 [M]. 马海良，译. 北京：北京大学出版社，2002.

203. 葛忠明. 叙事分析是如何可能的 [J]. 山东大学学报，2007（1）.

204. 海登·怀特. 形式的内容：叙事话语与历史再现 [M]. 董立河，译. 北京：文津出版社，2005.

205. 李法宝. 试论虚构性叙事与非虚构性叙事的差异性 [J]. 华南师范大

学学报（社会科学版），2007（3）.

206. 西摩·查特曼. 故事与话语 [M]. 徐强，译. 北京：中国人民大学出版社，1978/2013.

207. 邹颉. 叙事嵌套结构研究 [M]. 合肥：中国科学技术大学出版社，2002.

208. Abbott, H. P. 2007. *The Cambridge Introduction to Narrative*. Beijing: Beijing University Press.

209. Barthes, R. & Duisit, L. 1975. An Introduction to the structural analysis of narratives. *New Literary History*. Vol. 6, No. 2.

210. Briggs, C. L. 1996. *Disorderly Discourse: Narrative, Conflict, and Inequality*. Oxford: Oxford University Press.

211. Bruner, J. 1991. The Narrative Construction of Reality. *Critical Inquiry*, 18(1).

212. Bruner, J. 1996. *The Culture of Education*. Cambridge, Mass.: Harvard University Press, 129.

213. Bruner, J. 2007. Life and Narrative. *Social Science*, 54.

214. Genette, G. 1980. *Narrative Discourse: An Essay in Method*. Trans. Jane E. Lewin. Ithaca, N. Y.

215. Herman, D. 2009. *Basic Elements of Narrative*. Oxford: Wiley-Blackwell.

216. Horton, J.(ed.). 1996. *Literature and the Political Imagination*. London: Routledge.

217. Jefferson, G. 1978. Sequential aspects of storytelling in conversation. In: Schenkein, J. N.(ed.), *Studies in the Organization of Conversational Interaction*. Academic Press, New York.

218. Labov, W. 1972. *Language in the Inner City: Studies in the Black English Vernacular*. Oxford: Blackwell.

219. Labov, W. 1997. Some Further Steps in Narrative Analysis. *Journal of Narrative and Life History*, (7).

220. Labov, W., & Waletzky, J. 1967. Narrative analysis: Oral versions of

personal experience. In J. Helm(Ed.), *Essays on the Verbal and Visual Arts*. Seattle: University of Washington Press.

221. Mandler, J. M. & Johnson, N. S. 1977. Remembrance of things parsed: Story structure and recall. *Cognitive Psychology*, 9.

222. Minke, L. O. 1987. *Historical Understanding*. Ithaca: Cornell University Press.

223. Phelan, J. & Rabinowitz (eds.).2005. *A Companion to Narrative Theory*. Oxford: Blackwell Publishing Ltd.

224. Prince, G. 2003. A Dictionary of Narratology (Revised Edition). University of Nebraska Press.

225. Propp, V. J. 1968. *Morphology of the Folktale* (2nd edition). (S. Pírková-Jakobsonová, Ed., L. Scott, Trans.). Bloomington: Indiana University.

226. Schegloff, E. A. 1997. "Narrative analysis" thirty years later. *Journal of Narrative and Life History*, 7(1-4).

227. Todorov, T. 1966. Les catégories du récit littéraire, *Communiations* 8.

228. Toolan, M. 1988. *Narrative: A Critical Linguistic Introduction*. London: Macmillan.

229. White, H. 1973. *Metahistory: The Historical Imagination in Nineteenth-Century Europe*. Baltimore: Johns Hopkins University Press.

哲学：

230. 陈嘉明. 现代性与后现代性十五讲 [M]. 北京：北京大学出版社，2006.

231. 哈贝马斯. 交往行为理论（第一卷 行为合理性与社会合理性）[M]. 曹卫东，译. 上海：上海人民出版社，2004.

232. 哈贝马斯. 现代性的哲学话语 [M]. 曹卫东，译. 北京：译林出版社，2004.

233. 刘中起. 理性主义的范式转换及其当代价值 [M]. 上海：上海人民出版社，2013.

234. 马蒂尼奇. 语言哲学 [M]. 牟博, 等译. 北京: 商务印书馆, 1998.

235. 马克斯·韦伯. 经济与社会（上卷）[M]. 林荣远, 译. 北京: 商务印书馆, 1997.

236. 任岳鹏. 哈贝马斯: 协商对话的法律 [M]. 哈尔滨: 黑龙江大学出版社, 2009.

237. 舒国滢. 战后德国法哲学的发展路向 [J]. 比较法研究, 1995 (4).

238. 王善英. 理性化与人来生存境况——韦伯理性化思想研究 [M]. 合肥: 安徽大学出版社, 2011.

239. 王晓东. 西方哲学主体间性批判 [M]. 北京: 中国社会科学出版社, 2004.

240. 王振东. 韦伯: 社会法学理论 [M]. 哈尔滨: 黑龙江大学出版社, 2010.

241. 威廉·冯·洪堡特. 洪堡特语言哲学文集 [M]. 姚小平, 选编译注. 北京: 商务印书馆, 2011.

242. 维特根斯坦. 哲学研究 [M]. 李步楼, 译. 北京: 商务印书馆, 2009.

243. 伍学军. 理性化的限制及其突破 [M]. 天津: 南开大学出版社, 2006.

244. 衣俊卿. 交往的合理性与现代性的重建 [M]. 北京: 人民出版社, 2005.

245. Austin, J. 1962. *How to Do Things with Words*[M]. Oxford: The Clarendon Press.

246. Frege, G. 1952. On sense and reference[A]. In P. T. Geach and M. Black (eds.) *Translations from the Philosophical Writings of Gottlob Frege*[C]. Oxford: Blackwell.

247. Habermas, J. (translated by Thomas McCarthy). 1984. *The Theory of Communicative Action(Volume 1 Reason and the Rationalization of Society)*[M]. Boston: Beacon Press.

248. Habermas, J.(translated by Thomas McCarthy). 1987. *The Theory of Communicative Action(Volume 2 Lifeworld and System: A Critique of Functionalist Reason)*[M]. Boston: Beacon Press.

249. Lakoff, G. & Johnson, M. 1980. *Metaphors We Live By*[M]. University

of Chicago Press.

250. Lycan, W. G. 2000. *Philosophy of Language*[M]. Rutledge.

251. Searle, J. R.1969. *Speech Acts: An Essay in the Philosophy of Language*[M]. Cambridge: Cambridge University Press.

252. Searle, J. R. 1983. *Intentionality*[M]. Cambridge: Cambridge University Press.

253. Searle, J. R. 2001. *Expression and Meaning: Studies in the Theory of Speech Acts*[M]. Cambridge: Cambridge University Press. 1979/ Beijing: Foreign Language Teaching and Research Press.

254. Wittgenstein, L. 2009. *Philosophical Investigations*. Anscombe, G. E. M., Hacker, P. M. & J. Schulte (trans.), Hacker P. M. & J. Schulte. (eds.) Oxford: Blackwell.

其他（语言、社会学、法律等）

255.（奥）阿尔弗雷德·舒茨. 社会世界的意义构成 [M]. 游淙祺，译. 北京：商务印书馆，2012.

256. 北京市律师协会. 北京刑辩律师典型案例选编 [C]. 北京：北京大学出版社，2010.

257. 陈兴良，张军，胡云腾. 人民法院刑事指导案例裁判要旨通纂（上、下卷）[M]. 北京：北京大学出版社，2013.

258. 陈卫东. 诉讼中的"真实"与证明标准 [J]. 法学研究，2004（6）.

259. 代志鹏. 司法判决是如何生产出来的——基层法官角色的理想图景与现实选择 [M]. 北京：人民出版社，2011.

260. 道格拉斯·G. 拜尔，等. 法律的博弈分析 [M]. 严旭阳，等译. 北京：法律出版社，1999.

261. 戈夫曼. 日常生活中的自我呈现 [M]. 黄爱华，冯钢，译. 杭州：浙江人民出版社，1989.

262. 格里·思朋斯，胜诉——法庭辩论技巧 [M]. 牟文富，刘强，译. 上海：上海人民出版社，2008.

263. 康怀宇. 刑事主观事实证明问题研究 [M]. 北京：法律出版社，2010.

264. 孔祥俊. 司法理念与裁判方法 [M]. 北京：法律出版社，2005.

265. 理查德·A. 波斯纳. 法官如何思考 [M]. 苏力，译. 北京：中国政法大学出版社，2009.

266. 理查德·杜·坎恩. 律师的辩护艺术 [M]. 陈泉生，陈先汀，编译. 北京：群众出版社，1989.

267. 李渔. 李渔全集 [M]. 杭州：浙江古籍出版社，2010.

268. 李占州. 罪与非罪界定论 [M]. 北京：中国人民公安大学出版社，2011.

269. 梁志平. 法律的文化解释 [M]. 北京：北京三联书店，1994.

270. 刘计划. 中国控辩式庭审方式研究 [M]. 北京：中国方正出版社，2005.

271. 刘少军. 刑事审判中的对抗与合意 [M]. 北京：中国人民公安大学出版社，2009.

272. 龙宗智，夏黎阳. 中国刑事证据规则研究——以刑事证据的"两个规定"为中心 [M]. 北京：中国检察出版社，2011.

273. 马贵翔，等. 刑事证据规则研究 [M]. 上海：复旦大学出版社，2009.

274. 米尔思，等. 律师的艺术——如何赢得你的案子 [M]. 刘同苏，侯君丽，译. 北京：中国政法大学出版社，1997.

275. 皮埃尔·布迪厄. 法律的力量——迈向司法场域的社会学 [A]. 强世功，译. 载北大法律评论 [C]. 第2卷第2辑. 北京：法律出版社，2002.

276. 钱卫清. 法官决策论——影响司法的力量 [M]. 北京：北京大学出版社，2008.

277. 乔纳森·H. 特纳. 社会学理论的结构 [M]. 邱泽奇，张茂元，等译. 北京：华夏出版社，2001.

278. 乔治·H. 米德. 心灵、自我与社会 [M]. 霍桂恒，译. 上海：上海译文出版社，2013.

279. 秦甫. 律师办案谋略 [M]. 北京：法律出版社，1997.

280. 秦甫. 律师论辩的策略与技巧 [M]. 北京：法律出版社，2001.

281. 史蒂文·鲁贝特. 现代诉辩策略与技巧 [M]. 王进喜，译. 北京：中国人民公安大学出版社，2004.

282. 孙青平. 法律文书基本问题研究 [M]. 北京：中国法制出版社，2012.

283. 塔尔科特·帕森斯. 社会行动的结构 [M]. 张明德，夏遇南，彭刚，译. 南京：译林出版社，2012.

284. 唐纳德·布莱克. 社会学视野中的司法 [M]. 郭星华，等译. 北京：法律出版社，2002.

285. 田文昌. 中国大律师辩护词代理词精选——田文昌专辑 [M]. 北京：法律出版社，2012.

286. 童星. 现代社会学理论新编 [M]. 南京：南京大学出版社，2003.

287. 王申. 法官的实践理性 [M]. 北京：中国政法大学出版社，2013.

288. 王又槐. 办案要略——华东政法学院语文教研室注释 [M]. 北京：群众出版社，1987.

289. 吴英姿. 法官角色与司法行为 [M]. 北京：中国大百科全书出版社，2008.

290. 夏勇. 法理讲义——关于法律的道理与学问（上、下）[M]. 北京：北京大学出版社，2010.

291. 谢晖. 沟通理性与法治 [M]. 厦门：厦门大学出版社，2011.

292. 杨建军. 法律事实的解释 [M]. 济南：山东人民出版社，2007.

293. 张军，姜伟，田文昌. 新控辩审三人谈 [M]. 北京：北京大学出版社，2014.

294. 张青波. 理性实践法律——当代德国的法之适用理论 [M]. 北京：法律出版社，2012.

295. 张雪纯. 刑事裁判形成机制研究 [M]. 北京：中国法制出版社，2013.

296. 赵承寿. 司法裁判中的事实问题 [D]. 北京：中国社会科学院，2002.

297. 中华人民共和国刑法 [Z]. 北京：中国法制出版社，2021.

298. 中华人民共和国刑事诉讼法 [Z]. 北京：中国法制出版社，2013/2018.

299. 周萍. 法律文书实务教程 [M]. 北京：中国人民大学出版社，2013.

300. 朱明勇. 律师手记：无罪辩护 [M]. 北京：清华大学出版社，2015.

301. Blumer, H. 1969. *Symbolic Interactionism: Perspective and Method*[M]. Englewood Cliffs, N. J.: Prentics-Hall.

302. Burke, K. 1969. *A Grammar of Motives*[M]. Berkeley: University of California Press.

303. Crystal, D. 1987. *The Cambridge Encyclopaedia of Language*[M]. Cambridge, UK: Cambridge University Press.

304. Spencer-Oatey, H. 2000. Rapport management: A framework for analysis. In Spencr-Oatey H.(ed.) *Culturally Speaking: Managing Rapport through Talk across Culture*. London: Continuum.

305. Turner, J. H. 2004. *The Structure of Sociological Theory (7th edition)*[M]. Beijing: Peking University Press；Thomson Learning.

306. Weber, M. 1968. *Economy and Society*[M]. New York: Bedminster Press.

附录1

崔英杰故意杀人案一审转写语料（节选）

来源：http：//www.yuganren.org/forum.php？ mod=viewthread&tid=92383
访问时间：2014年7月15日
开庭时间：2006年12月12日上午
审长：审判长
审1：审判员1
书：书记员
诉：公诉人
被：被告人崔英杰
辩1：辩护律师1
辩2：辩护律师2
证：证人

审长：现在开始法庭调查。首先请公诉人宣读起诉书。

诉：北京市人民检察院第一分院京检一分刑诉字〔2006〕第243号起诉书：被告人崔英杰，男，1983年7月15日生，汉族，河北省阜平县人，农民，户籍所在地：河北省保定市阜平县平阳镇各老村（暂住本市海淀区中关村51号楼地下室）。因涉嫌犯故意伤害罪，于2006年8月12日被北京市公安局海淀分局刑事拘留，经本院批准，同年9月19日被北京市公安局逮捕。

经依法审查查明：被告人崔英杰于2006年8月11日17时许，在本市海淀区中关村科贸大厦西北角路边，因无照经营被海淀区城管大队查处时，即持刀威胁，阻碍城管人员的正常执法活动，并持刀猛刺海淀城管队副分队长李志强（男，殁年36岁）颈部，伤及李右侧头臂静脉及右肺上叶，致李急性失血性休克死亡。

认定上述事实的证据如下：

被告人供述与辩解，证人证言，勘验、检查笔录及照片，尸体检验报告书、生物物证鉴定书等鉴定结论，物证、书证，视听资料，报案材料、抓获报告等。

本院认为，被告人崔英杰无视国法，以暴力手段妨害城管执法人员依法执行公务，并持刀行凶，致人死亡。犯罪性质极其恶劣，情节、后果特别严重，社会危害性极大。其行为触犯了《中华人民共和国刑法》第二百三十二条，犯罪事实清楚，证据确实充分，应当以故意杀人罪追究其刑事责任。根据《中华人民共和国刑事诉讼法》第一百四十一条之规定，本院提起公诉，请依法判处。起诉书宣读完毕。

审长：五被告人刚才公诉人宣读的起诉书内容你们是否听清楚了？

被：听清了。

审长：与你收到的起诉书副本一致吗？

被：一致。

审长：被告人崔英杰，你对起诉书指控你的犯罪事实有意见吗？

被：首先，我向被害人的家属造成的伤害和损失表示深深的忏悔，我知道我现在说什么都没有用了。

审长：你对公诉机关指控你的犯罪事实有什么意见？

被：有。我不是故意杀人，我当时因为追那辆车没追上，返回来的时候，我的刀一直握在手里，我急于脱身，在跑的同时已经忘记了手里还有那把小刀。扎了被害人后，扎成什么样子我都不知道，我根本就不知道会造成这么大的后果，我的行为不能构成故意杀人，绝对是个意外。

审长：下面由公诉人对被告人进行讯问。

诉：被告人崔英杰，今天是法庭正式开庭审理你的案子，希望你实事求是地回答问题。

被：是。

诉：你把事实经过向法庭陈述一下。

被：我家比较穷，来北京打工，我没有文化干了保安，干保安的同时不开工资，我没有多少钱减轻家庭负担，我又兼了一份外卖，同时我感觉还是改变不了我的生活，所以我就当上了小贩。就在 2006 年 8 月 11 日，我和我父亲带的小女孩一起来到科贸西北角的胡同口，在那里摆摊的时候，来了城管人。我跟他们说，把三轮车给我留下，这是我新买的，我只听见一句话：不行，车必须带走。我拿了划肠的小刀吓唬他们，我看人越来越多，我感觉不可能打过他们，这时候我准备离开，决定不要了。我直接走出了人群，走出去以后我发现小女孩没有跟过来，我又返回来去看，找那个女孩，结果没找到女孩，看见他们一大帮人把我的车往他们的车上装，我非常心痛，跑过去想把车要回来，当我跑到车跟前的时候，车已经启动了。我就一转身迎上一大帮人，我急于脱身，当时非常紧张，就直接向左侧跑去，是栏杆，直接挨着的人就是李志强，我感觉他在抓我，我就用手上的刀扎了被害人，扎完了我就跑了。

诉：今天刚刚开庭，你就表示忏悔。提醒你注意，你要尊重客观事实，你明白吗？

被：明白。

诉：你跟本案被害人认识吗？

被：不认识。

诉：你跟他以前有过矛盾吗？

被：没有。

诉：今年 8 月 11 日你因为什么问题，和什么人发生冲突了？

被：我不知道。

诉：你摆摊经营什么项目？

被：卖烤肠。

诉：有营业执照吗？

被：没有。

诉：过去无照经营的行为是否受过有关部门的查处？

被：是的。

诉：什么人查处的？

被：当时我不知道。

诉：8 月 11 日当天，你进行无照经营的时候，有什么人干扰你的经营活动？

被：不知道是什么人，就是过来一帮人。

诉：有什么人跟你说什么了？

被：过来一句话都没有说，直接拉我的车。

诉：你当时有什么反应？

被：我感觉可能是碰上社会上的人了，我问他们，他们没有说话，我就哀求他们，他们说不行，比较坚决，意思是必须把车带走。

诉：你当时手里拿着什么东西？

被：我正在切肠，拿着小刀。

诉：你有什么行为？

被：我吓唬他们。

诉：后来呢？

被：后来我就离开了。

诉：这些人对你人身有什么举动吗？

被：当时没有注意。

诉：后来你为什么要离开现场？

被：我一看人越来越多，我感觉要车是没有希望了，他们要就要了吧，我就离开了。

诉：后来为什么又返回现场？

被：我回去找那个女孩。

诉：当时手里拿着什么？

被：一直拿着切肠的小刀。

诉：返回现场之后遇到了什么人？

被：我看见他们正在把我的三轮车往他们的车上装。

诉：当时被害人李志强的衣着和体貌特征看清楚了吗？

被：没有。

诉：为什么要用刀扎他？

被：我没有特定的目标，他距离我最近，对我最有威胁。

诉：他怎么威胁你了？

被：我们擦肩而过的时候没有太看清楚。

诉：你手里怎么拿的刀？

被：右手拿刀，刀刃向下。

诉：怎么扎被害人的？

被：我当时没有看，就是一划，我怕他抓我，顺手一扒拉就扎了他。

诉：怎么扒拉的？

被：记不清楚了。

诉：你作为一个成年人，是否知道用刀扎被害人的要害部位会造成什么后果？

被：当时不知道扎了什么部位。

诉：扎完人手里的刀什么样子？

被：扎完人以后就直接松手了。

诉：为什么逃跑？

被：毕竟我伤人了。

诉：你不是说随手一推吗？

被：我知道我伤人了，而且我感觉他们要抓我。

诉：你逃离现场之后去了什么地方？

被：我的租住处，后来又直接去了公司。

诉：当时穿什么衣服？

被：牛仔裤、红皮鞋、蓝上衣。

诉：扎人的时候，使用什么样子的刀子？

被：一元钱买的小刀，塑料把，红色，带刀鞘。

诉：你到了公司干什么了？

被：因为我是卖肠的衣服，很多油，我换了一件白色衬衣，后来就打车去找张雷，我让张雷给我找点钱，因为我把别人伤害了，所以我想离开。

诉：后来张雷、牛许明、段玉利、张健华对你什么帮助？

被：我跟张雷说了以后，他没有找到钱，我给牛许明打电话，让他来闵庄，牛许明过来以后我管他要了500元钱，让他给我买卡，回来之后我跟张雷叨唠，如果人没事的话我就去自首，张雷给我找了一辆车让我去天津，刚刚走了一半，段玉利过来了，他问我去什么地方，我说去天津，他又给了我500元钱，后来我就走了。

诉：你是否跟张雷说被你扎伤的是什么人？

被：没有。

诉：你说想去自首，为什么去天津自首？

被：当时我想如果事大了就去自首。

诉：你觉得这次事大还是事小？

被：我现在知道事非常大，当时我想看看他伤是否严重，再回家看看。

诉：你的家在保定，为什么去天津？

被：我想去天津坐车回家。

诉：你在什么情况下被公安机关抓获的？

被：8月12日。

诉：被公安机关抓获以后是否如实交代了全部犯罪事实？

被：第一份口供是，后来都是随便就签字了。

诉：你什么时候说的是实话？

被：在检察院跟你说的是实话。

诉：你过去说的和今天说的，有很大的出入，以哪一次为准？

被：这一次为准。

诉：现在对你的问题怎么认识？

被：我给被害人造成巨大的损失和伤害，我现在说什么也没有用了，我想告诉他，我根本不想伤害他，我愿意承担责任，我认罪，我知道我触犯了法律。

诉：提醒你，你有忏悔之意，首先必须在尊重事实的基础上，才能争取宽大处理。

被：明白。

诉：审判长，讯问完毕。

审长：辩护人对被告人崔英杰有无补充性发问？

辩1：当时在城管队员在现场处罚你的时候，他们有没有出示证件？

被：没有。

辩1：他们在处罚的时候是否出具了行政处罚决定书？

被：没有。

辩1：是否出示了扣押物品通知书？

被：没有。

辩1：你跟城管说了什么？

被：我求了他们，希望他们把东西拿走，把车留下。

辩1：你的身高？

被：1.78米。

辩1：伤人用的刀是从何而来？干什么用的？

被：在西苑市场买的，用来切肠用。

辩1：原来受过什么专业训练？

被：我在济南军区，学的专业是通信，曾经荣获优秀士兵。

辩1：你在天津发信息询问朋友被害人的伤势，这是什么意思？

被：我想问问牛许明，被我伤的那个人怎么样，如果不重或者怎么样，我想去自首。

辩1：城管队员执法的时候，他们是否问过你有无执照？

被：没有。

辩1：你当时手上拿的刀，是否就跟这把刀一样？（出示）

被：是的。

辩1：刀刃也是一样的？

被：是。

辩1：从你看见三轮车被装的时间，到你扎被害人逃跑的时间一共有多长？

被：记不清楚了，最多几秒钟，不到一分钟。

辩1：你做了什么？看到其他人做了什么？

被：没有看到其他人做什么，我直接就跑了。

辩1：你有没有听到李志强当时说什么？

被：没有。

辩1：你见到张雷以后，你说对被害人的伤情不知情？

被：是。

辩1：你也没有告诉张雷你伤的是什么人？

被：是。

辩1：张雷给你提供到什么地方去？

被：到天津，他弟弟的同学。

辩1：叫什么？是贾某某吗？

被：是。

辩1：他的居住情况？

被：集体宿舍。

辩1：你从伤人到一直被抓捕，经历了多长时间？

被：12小时左右。

辩1：你将城管队员扎伤，以后怎么跟牛许明借的钱？

被：他一过来，我问他有钱吗，他说发工资了，我让他给我500元钱，再让他给我买张卡，我就找辆车，就跟张雷叨唠这件事，我不知道他有没有听见，但是我没有直接说我扎人的事情。

辩1：你没有跟牛许明讲你把城管队员扎伤的事实？

被：没有。

辩1：审判长，发问完毕。

审长：合议庭成员有无发问？

审1：你作案的时候穿的衣服上有血迹吗？

被：没有。

审1：发问完毕。

审长：现在由控辩双方举证、质证。首先由公诉人就起诉书指控的犯罪事实向法庭提供证据。

诉：审判长，首先宣读被告人崔英杰的供述与辩解。证明内容为被告人崔英杰作案的全部过程。（宣读）

审长：被告人对此项证据有什么意见？

被：有。他们一开始就来了四五个，后来又来了四五个，人越来越多，在我哀求的时候，他们只说了一句话：不行，必须带走。我准备离开的时候，有一个穿制服的，我也不知道是城管还是保安。我当时不知道扎了被害人什么部位，对那份口供我根本就没有仔细看过，我当时脑子一片空白。

审长：辩护人有意见吗？

辩1：被告人崔英杰当庭的陈述是事实，被告人崔英杰的当庭供述与预审的供述没有什么差异，绝大多数差异就是崔英杰的行为是否为故意杀人，最终的结果就是导致李志强死亡，他当时脑子一片空白，在这种情况下做笔录存在一定的随意性是可信的；请合议庭注意一个重要的事实，李志强外表能看到的伤是颈部，并不是胸部，但是在公诉人所宣读的证词里面所强调的部位都是胸部。

审长：请公诉人继续举证。

诉：审判长，宣读被告人张雷的供述与辩解。证明内容，窝藏崔英杰的经过。

审长：被告人对此项证据有什么意见？

被：有。我没有告诉他明知是城管队员，我跟他说扎伤的可能是社会人员，也可能是城管，我怀疑是了，但是没有确认。

审长：辩护人呢？

辩1：没有意见。

审长：请公诉人继续举证。

诉：审判长，宣读证人崔某某的证言。证明内容，崔英杰作案的经过。

审长：被告人对此项证据有什么意见？

被：之前他们说什么我都不知道，我一转身距离被害人很近，我要走的时候，他做出一个举动，要抓我的意思，我一随手就扎了被害人，我绝对不是有意扎的被害人。

辩1：崔某某是什么身份？

诉：其是海淀城管大队的工作人员，有国家公务员的身份，其是否能够成为证人不取决于其是否为公务员，而是其能够证明案件事实经过。

辩1：我想让公诉人出示崔某某的身份证。

诉：我现在出示不了。

辩1：公诉人确定不了崔某某的身份。从这份证言里面我们清楚地看到一个基本事实，崔英杰第二次又出来的事实已经很清楚，他就是为了追车，想在三轮车被拉走之前，做最后的努力，想要回来。他出来是追车而不是追人，更不是追杀，所以我认为崔某某的证言能够证明这一点。崔英杰也说了，他当时跟李志强发生了冲突，最主要的原因是他发现有很多人向他追过来，他担心自己不但车被拉走，可能还会被他们带走，我认为结合崔英杰的说法，崔某某的说法与崔英杰是一致的。

诉：针对辩护人提供的意见，当时李志强确实有追赶崔英杰的行为，但是这种行为并不是要对崔英杰采取什么人身限制，因为城管执法是对物，对人没有强制措施，李志强追崔英杰是因为他看到崔英杰手持尖刀冲向城管车，有明显的人身危害性，为了防止其他同志遭受意外，提醒同志们注意，所以李志强追上前去，高声喊叫：注意这个人，手里有刀！关于这个内容，公诉人将会出示视听资料。

审长：请公诉人继续举证。

诉：审判长，宣读证人狄某某的证言及辨认笔录。证明内容，崔英杰作案经过。狄某某证明，李志强带着执法人员把三轮车按住，接着其他几名执法队员也上前执法，崔英杰上前抗拒执法，不让没收他的三轮车，后来几个队员把三轮车推了过来，抬上城管执法车。崔英杰扎了李志强的颈部，扎完以后崔英杰把刀刃向下折断，之后就跑了。

审长：被告人对此项证据有什么意见？

被：有。当时我没有看见一个穿制服的，当我离开的时候有两名穿制服的过去，我也不知道是城管还是保安；我不是迎面上去猛刺，我当时没有看，扎的什么位置我也不知道，因为刀是一元钱买的，是一个软铁片，我回手的时候扎上就松手了。

审长：辩护人呢？

辩1：请公诉人出示他的身份证号码，明确他的身份。

诉：我认为没有必要。

审长：关于证人的身份问题，公安机关在找他们作证言的时候会核实的，请辩护人就质证问题发表意见。

辩1：我认为这个证人的证言是不客观的。关键的事实，他说，我将车向前开了两米左右，刚停车就听李志强说小狄快走，刚说完他转身，男性商贩右手持匕首，给了李志强一刀。按照他说的，李志强应该是和他在一起的，崔某某的证言已经明确地说清楚，这辆车已经开走了，崔英杰是追那辆车，李志强和崔某某在崔英杰的后面追赶崔英杰，根本不是他所说的。

诉：公诉人持不同意见，我认为狄某某的证言是真实可信的，可以和视听资料相互印证。辩护人在无法判断的情况下，称狄某某的证言是伪证，公诉人认为是不严肃的。

审长：请公诉人继续举证。

诉：审判长，证人芦某某的证言。证明内容，他在执法时，遇崔英杰暴力妨害，后李志强被刺伤的情况。

审长：被告人对此项证据有什么意见？

被：有。当我要离开的时候看见两个穿制服的人过来，他们也没有跟我说什么，当我过去的时候他也没有跟我说话，当我扎他的时候他跟我也没有语言交流。

审长：辩护人呢？

辩1：这份证言不符合客观事实。我希望请公诉人把视听资料播放一下。

诉：我同意辩护人的看法。希望法庭改变质证顺序，播放有关的视听资料。

审长：下面请书记员出示视频资料。

书：（播放）

诉：审判长，视听资料证明内容了，在2006年8月11日，海淀城管大队查处崔英杰无照经营活动时，崔英杰先是持刀阻挠城管人员查处，又在城管执法车装载其使用的三轮车离开现场时，崔英杰持刀冲向执法车的情况。从三方面证明崔英杰在法庭上说的是假话：他说有一群身份不明的人，从视听资料可以看出，城管队员身着制服，发生问题的原因就是查抄他的三轮车，并不是崔英杰所说以为是社会闲散人员进行勒索，崔英杰原来也供述，就是因为城管队员查抄他的三轮车。二、崔英杰所说城管队员上来什么都没说就查抄他的三轮车，视听资料证明李志强反复耐心地劝阻，让其不要妨碍执法人员执行公务。三、崔英杰说他要离开的时候有人阻拦，视听资料证明崔英杰逃跑后又回来，手持尖刀，越过护栏，向执法人员猛扎，扎完人后逃跑。

审长：被告人有意见吗？

被：有。开始一群穿便衣的人过来，他们没有录，我没有看见穿制服的人过来，到我走的时候，我只感觉有人拍我肩膀。

审长：辩护人呢？

辩1：请问公诉人，视听资料的来源。

诉：首都城管执法工作越来越严谨，在对执法活动有相应的录像资料，一方面是对城管人员执法活动有利的监督手段；另一方面，在发生纠纷的情况下，为了更好地说明现场情况所记录的资料。

辩1：所谓的穿制服，在视听资料上看见两个穿制服的是保安制服，而不是城管制服，他们是附近无业保安，其他的协管员没有穿制服。崔英杰说他们在争夺三轮车的时候什么都没有说就来抢夺车，指的是上来以后就争抢车，而不是说争执过程中保安、协管人员没有说话。视听资料明确地表现出当时的现场一片混乱。录像的全部过程我没有看到，我请公诉人或法院提供全部录像。

诉：辩护人提出的意见，我不能持同样看法，什么行为是野蛮执法？什么行为是文明执法行为？我们认为不能以个人的好恶任意解释。应该以是否超越了法律授权的权限，对行政行为的相对当事人的合法权益造成的损害理解。通过视听资料，城管队员严格执法办事，并不存在野蛮执法，当时的执法活动体现于查获崔英杰使用的三轮车，崔英杰的行为非常不冷静，手持尖刀向执法人员挥舞，大喊大叫，使执法人员无法接近他的三轮车，后来他又自己弄翻三轮车，在这种情况下如果城管队员情绪不够冷静，往往会因为反馈加剧的作用造成矛盾的升级，但是我们看到城管执法人员以冷静的态度，耐心地劝说崔英杰，这种情况下任何一个人都会得出一个结论，就是海淀城管队员是文明执法，而不是野蛮执法行为。

审长：对控辩双方的意见本法庭已听明白，待合议庭评议、研究后再行确认。请公诉人继续举证。

诉：审判长，宣读证人张某某的证言及辨认笔录。

审长：被告人对刚才公诉人宣读的证据有什么意见？

被：没有。

审长：辩护人呢？

辩1：城管队员在没收无照商贩工具的同时，确实会对商贩的人身进行控制。城管队员的执法行为应当依法进行。

审长：请公诉人继续举证。

诉：审判长，宣读证人赵某某的证言。证明崔英杰无照经营的情况。

审长：被告人对此项证据有什么意见？

被：开始是一个穿便衣的人过来查抄我的车，并且他们也没有说要查抄，直接抄我的车，我扎人的时候当时比较晕，没注意到是谁。

审长：辩护人呢？

301

辩1：请求审判长允许赵某某出庭作证。

审长：被告人崔英杰，你认识赵某某吗？

被：她是我父亲带过来的，和我一起做生意，我们是通过我父亲认识的。

审长：证人叫什么？

被：当时我忘了，觉得她比我小，就是我妹妹，案发以后他们告诉我她叫什么。

审长：目前为止知道她叫什么吗？

被：知道。

审长：证人叫什么？

证：赵某某。

审长：年龄？

证：1984年5月30日出生。

审长：民族？

证：汉族。

审长：职业？

证：农民。

审长：住址？

证：河北省保定市某村。

审长：与本案被告人的关系？

证：邻村。

审长：作为证人，你应当如实提供证言，有意作伪证或隐匿罪证要负法律责任。你听清了吗？

证：听清了。

审长：证人在保证书上签字。（法警执行）

审长：辩护人对证人进行发问。

辩1：赵某某，你当天和崔英杰什么时候出摊？

证：下午三四点左右。

辩1：后来你被一大帮人围起来，争夺三轮车的时间？

证：4：30左右。

辩1：城管队员做了什么？

证：我们护着车，他们拉着，我哀求他们把车给我们留下，双方都在争那辆车，当我转身的时候发现那辆车已经被他们装上，我在那边大概待了三四分钟，当我转过身的时候不知道发生了什么。

辩1：他们要查抄车的时候有没有出示证件？

证：没有。

辩1：是否填写了行政处罚决定书？

证：没有。

辩1：是否出示扣押物品通知书？

证：没有。

辩1：崔英杰跟城管说了什么？

证：他说把车给我们留下，我们的生意不做了。

辩1：你有没有看见在混乱之中，崔英杰用刀扎向他们队员中的其中一人？

证：没有。

辩1：我看过你的笔录。你怎么知道找到你们这些人是城管工作人员？

证：我听崔英杰说的。

辩1：什么时候听到的？

证：在城管来的时候。

辩1：没收三轮车和香肠是谁跟你说的？

证：我不太清楚。

辩1：你有没有看到城管工作人员有几个人追他？

证：七八个。

辩1：是在什么时间？是在三轮车被拉上执法车之前还是之后？

证：之后。

辩1：审判长，辩护人询问到此。

审长：公诉人对证人有无发问？

诉：没有。

审长：被告人崔英杰，你对赵某某的当庭证言有意见吗？

被：有。我没有告诉她来的人是城管队员。

审长：请证人赵某某退庭。请公诉人继续举证。

诉：审判长，宣读鉴定结论：《尸体检验鉴定书》《生物物证鉴定书》。

审长：被告人对此项证据有什么意见？

被：我记得我的上衣上面没有血迹，因为我换衣服只是嫌它脏，并不是因为有血迹。

审长：辩护人呢？

辩1：鉴定所说的死者伤的部位？

诉：右侧颈部。

辩1：创口有多大？

诉：创口面积不大。

辩1：刀是在被害人的体内？

诉：到了医院才把刀刃取出来，是在被害人右侧颈部。

辩1：是在外面就能看到刀，还是全部刺进去了？

诉：这个问题我无法回答。

辩1：当时是宋队长把被害人抱住送往医院，我想问一下当时宋队长抱住被害人的时候，是否对被害人实施了救助？

诉：当时是城管队员开车以最快的速度把李志强送往医院，而并不是宋队长抱着被害人去的医院。

辩1：我们有一个合理的怀疑，尸检报告上反映受害人左侧静脉，法医常识告诉我们静脉不会出现大量的出血死亡，当时刀折断在被害人的脖子里面，这里面是否有救助不当的问题。

审长：关于这个问题，辩护人可以在庭后咨询专家，公诉人不是法医学专家。

辩1：可以。

审长：请公诉人继续举证。

诉：审判长，公诉人宣读《现场勘验检查笔录》。

审长：被告人对此项证据有什么意见？

被：没有。

审长：辩护人呢？

辩1：没有。

审长：请公诉人继续举证。

诉：审判长，出示本案的物证照片（出示）。

审长：请法警把本案的物证照片出示给被告人、辩护人看。（法警执行）被告人对此项证据有什么意见？

被：没有意见，照片上出示的物品是我的。

审长：请公诉人继续举证。

诉：审判长，就涉嫌被告人崔英杰故意杀人一案的有关证据出示完毕。

审长：各辩护人是否有证据向法庭提供？

辩1：有。请求法院收集证据，证明执法城管大队是否是一个行政机关。因为公诉人指控的杀人行为里面，有指控被告人妨害公务。

审长：这个和公诉机关指控的故意杀人罪有什么关系？

辩1：我们在起诉书里面看到，公诉人指控的崔英杰以暴力手段妨害城管执法人员依法执行公务，我要证明城管是否是一个行政机关。

审长：是否准许你们提出的申请，合议庭待评议、研究后再作出决定。

辩1：好的。

审长：你们是否还有证据向法庭提供？

辩1：有，主要证明崔英杰是一个没有违法违纪前科的公民。

审长：这些证据是关于崔英杰的表现，这些证据与本案的事实无关，辩护人可以在庭后提交法庭，在当庭就没必要出示了。

辩1：可以。崔英杰同事的证言，证明崔英杰的良好品质。我们认为本案涉及起诉我的当事人是否具有杀人的故意，我要求在庭上宣读。

审长：请问辩护人，人的性格能决定犯罪吗？

辩1：我们只是一个请求。

审长：对于辩护人的请求，审判长不予以支持，辩护人可以庭后提交法庭。

辩1：下面提供证据，证明崔英杰曾是优秀士兵。

审长：公诉人有意见吗？

诉：这只能说明崔英杰的过去，并不能说明现在，我承认他曾经是一名优秀的士兵，但是今天他走到审判台上。他以前的情况并不能决定现在的情况。

审长：被告人，你们是否申请通知新的证人到庭，调取新的物证，申请重新鉴定或者勘验？

被：不申请。

审长：辩护人是否有上述申请？

辩1：我们请法庭组织一次专家论证会，如果尸检鉴定不明确，我们提出申请重新鉴定。

审长：对辩护人的疑问可以庭下进行调查。法庭调查结束，现在开始法庭辩论。首先请公诉人发表公诉意见。

诉：通过今天的法庭调查，被告人在庭上的陈述及辩解，能够证明本案的事实就是崔英杰在进行无照经营的情况下，城管队员对其进行查处，其妨害城管队员的执法执行公务，持尖刀扎了城管队员。我认为崔英杰在对被害人身份的辨别方面并不存在错误。其认为李志强等人对其构成威胁与事实不符，城管人员的执法活动并不包括对执法相对人人身的控制，尽管崔英杰情绪暴躁，但城管人员对他进行说服教育，并没有对他人身采取任何强制措施。

崔英杰说他并不想对执法人员进行伤害与事实不符，从视听资料中可以看到，崔英杰是主动地冲出扎向城管队员，我认为崔英杰的有关辩解是违背事实的，尽管崔英杰在法庭上表示出忏悔，但是其忏悔在叙述犯罪事实的过程中避重就轻，我认为这种忏悔也是虚伪的，也是不可能得到有关当事人的谅解。

通过法庭调查说明，本案基本事实清楚，公安机关依法取得的证据充分、有效，本案诉讼活动合法。被告人崔英杰以暴力手段阻碍城管人员的执法活动，非法剥夺城管人员的生命，其行为严重危害了社会治安秩序，依法应当受到法律的严惩。通过法庭调查，证明了本院起诉书指控的犯罪事实清楚。

公诉人认为，崔英杰实施了故意杀人行为，有以下两点情节，应该成为对其从严惩处的理由：第一，故意杀人的行为具有暴力妨害公务的性质，今天在法庭上崔英杰极力回避的就是这一点，但是从大量的证据来看，其行为都是妨害公务过程中，崔英杰与李志强没有个人恩怨，只是因为他的个人无照经营被查处就产生了报复念头，其报复念头并不是单单指向李志强一个人，而是指向在场的城管队员，其行为反映出无视国法的主观恶性。第二，被告人崔英杰的犯罪手段特别凶残，其犯罪行为在光天化日之下实施的，不仅造成被害人的死亡，而且严重违反了社会治安秩序。

今天我们必须对被告人崔英杰所实施的犯罪行为进行惩处。被告人崔英杰无视国法，以暴力手段妨害城管人员依法执行公务，并持刀实施杀人，致人死亡，社会危害性极大，其行为已经构成我国刑法第二百三十二条的规定，构成故意杀人罪。希望合议庭根据被告人犯罪的性质、社会危害程度，对他们的行为作出公正判决。

审长：被告人崔英杰为自己的行为有什么要辩解的吗？

被：首先，向被害人和被害人的家属表示深深的忏悔，我知道说什么也没有用了，我承认我有责任。至于公诉人说我是故意杀人，我是一个没有文化的人，独自来到北京，想靠自己的双手改变家里的生活条件，我选择了保安这一行，由于公司不景气，一直没有发工资。我回到家，想找到出路，没想到家里发生了很大的变化，家里很困难。我承诺给我父亲，一定不做违法的事，靠自己的劳动给家里修三间房子。今天跟大家说，我不是一个十恶不赦的人。

我向被我连累的其他被告人说对不起，是我的错误连累了你们。我想对我的父母说，你的儿子绝对不是那样的暴徒，绝对是一个合法的公民，既然事情走到这一步，我也不想做过多的解释。

审长：下面请崔英杰的辩护人发表辩护意见。

辩1：尊敬的审判长及合议庭诸位法官：我们受本案被告崔英杰的委托，承担法律援助义务，担任崔英杰的辩护人。在发表辩词之前，请允许我们对受害人李志强的不幸遇难表示哀悼。无论现行的城市管理制度是多么的不近情理，李志强都不应该为此付出生命的代价。如果李志强的家属今天在场，也请你们能够接受我们作为辩方律师的诚恳致意。

针对起诉书和公诉人方才发表的公诉词，结合今天的法庭调查，我们发表以下意见，为崔英杰辩护。

一、关于起诉书指控的妨害公务

妨害公务是指以暴力、威胁的方法，阻碍国家机关工作人员依法执行职务或履行职责的行为。行为人必须明知自己阻碍的是国家机关工作人员，必须明知阻碍之人是在依法履行职务或职责；客观上该人员也必须是国家机关工作人员或事业编制人员，该机关必须是依法设立的、拥有合法授权的适格的国家机关。我们认为，本案中崔英杰实施了妨害的行为，但其妨害的并非公务。理由如下：

（一）现行国家法律、行政法规没有规定城管类组织具有行政处罚权。

崔英杰经营的烤肠摊违法之处在于无照经营。按《无照经营查处取缔办法》，有权查处之行政机关为工商行政管理部门。行政处罚涉及公民的财产甚至自由，国家对于行政处罚权的授予是相当严格的，具有行政处罚权的机构必须是依法设立的行政机关，机关须具有熟悉有关法律、法规、规章和业务的公务人员。国家之所以把查处无照经营的权力交给工商行政管理部门，还因为其是营业执照的颁发机关，具有营业执照的原始登记凭证，而城市管理综合行政执法局是无从得知经营者是否具有营业执照的。尤其是这种街头巷尾的现场执法，城管何能当场查证经营者是否具有营业执照而做出行政处罚。

其次，根据《中华人民共和国行政处罚法》第十条之规定，法律对违法行为已经作出行政处罚规定，行政法规需要作出具体规定的，必须在法律规定的给予行政处罚的行为、种类和幅度的范围内规定。根据《中华人民共和国行政处罚法》第八条对行政处罚种类的规定，行政处罚种类只有：警告；罚款；没收违法所得、没收非法财物；责令停产停业；暂扣或者吊销许可证、暂扣或者吊销执照；行政拘留。并没有所谓查封、扣押和暂扣工具的行政处罚种类。北京市城市管理综合行政管理局超越《中华人民共和国行政处罚法》规定的行政处罚的种类执法是违反法律规定的。

（二）控方未能证明北京市城市管理综合行政执法局的设立已经法定程序报请国务院批准并在北京市人民代表大会常务委员会备案，未能证明北京市城市管理综合行政执法局是适格的行政机关。

根据《中华人民共和国地方各级人民代表大会和地方各级人民政府组织法》第六十四条第二款之规定，省、自治区、直辖市的人民政府的厅、局、委员会等工作部门的设立、增加、减少或者合并，由本级人民政府报请国务院批准，并报本级人民代表大会常务委员会备案。辩护人已经向北京市第一中级人民法院发出两份提请收集、调取证据申请书，申请调取北京市城市管理综合行政执法局是否在北京市人大常委会备案之证据和申请调取北京市城市管理综合行政执法局之设立是否由北京市人民政府报请国务院批准之证据，以确认其是否是合法设立的行政机关。在此之前，经辩护人的调查，并没有证据显示该机关具备法律规定的合法成立所要求的程序性要件。作为控方，要指控被告崔英杰妨害公务，必须举证证明北京市城市管理综合行政执法局是合法成立的行政机关。

（三）控方未能证明参与当天现场执法的人员具有国家机关工作人员或者事业编制人员的身份。

妨害公务的构成要件要求行为人明知对方是国家机关工作人员或者事业编制人员身份。执法人员并没有在执法时向被告崔英杰出示工作证件，而且执法人员成分复杂，既有城管，又有协管，还有保安；更何况当日出现在执法现场的执法人员大多数是便装出现，怎么能要求一个普通的公民具备这种认知能力。辩护人已经向北京市第一中级人民法院发出提请收集、调取证据申请书，申请调取受害人李志强及案发现场参与行政执法的崔公海、狄玉美、芦富才、吕平安、赵双顺、张建国、尼玛、何兴民及卢海龙是否具有国家机关工作人员或事业编制人员身份。作为控方，要指控被告崔英杰妨害公务，必须举证证明参与执法的人员具有国家机关工作人员身份或者事业编制人员身份。

（四）北京市城市管理综合行政执法局执法人员缺乏执法依据并且严重违反执法程序。

首先，城管执法于法无据。城管执法人员对被告进行行政处罚的原因是被告无照经营，可是城管事先并没有确认被告的身份，也就无法在行政处罚前得到被告是否存在工商登记的相关证据。在执法现场，执法人员也并没有询问被告是否进行过工商登记，是否有营业执照。也就是说，城管并没有对被告进行行政处罚的依据。

其次，城管执法程序存在严重的瑕疵。根据《中华人民共和国行政处罚法》第三十三条、三十四条及第四十一条之规定，"违法事实确凿并有法定依据，对公民处以五十元以下、对法人或者其他组织处以一千元以下罚款或者警告的行政处罚的，可以当场作出行政处罚决定""执法人员当场作出行政处罚决定的，应当向当事人出示执法身份证件，填写预定格式、编有号码的行政处罚决定书""行政机关及其执法人员在作出行政处罚决定之前，不依照本法第三十一条、第三十二条的规定向当事人告知给予行政处罚的事实、理由和依据，或者拒绝听取当事人的陈述、申辩，行政处罚决定不能成立；当事人放弃陈述或者申辩权利的除外"。也就是说，按照法律规定，执法人员应该首先向被告出示证件，告知给予行政处罚的事实、理由和依据，听取当事人的陈述、申辩，填写预定格式、编有号码的行政处罚决定书，甚至包括送达所谓的扣押物品清单。执法人员没有遵守相关法律程序，当日的行政处罚决定不成立。

故而，起诉书所指控的妨害公务并不成立。

或谓，北京市城市管理综合行政执法局具有相对集中行使行政处罚权的法律依据，即根据《中华人民共和国行政处罚法》第十六条之规定："国务院或者国务院授权的省、自治区、直辖市人民政府可以决定一个行政机关行使有关行政机关的行政处罚权。"此规定所称"一个行政机关"显然指的是合法成立的行政机关。辩护人认为，相对集中行政处罚权具有法律根据，但是没有证据证明北京市城市管理综合行政执法局乃依法设立的行政机关，其所行使的相对集中行政处罚权没有法律依据。

二、关于起诉书指控的故意杀人

刑法学上所说的犯罪的故意，就是指行为人实施犯罪行为时，明知其行为会发生危害社会的结果，并且希望或者放任这结果发生的主观心理状态。根据我国刑法第十四条的规定，犯罪的故意有两个特点：其一是，行为人明知自己的行为会发生危害社会的结果；其二是，行为人对危害结果的发生持希望或者放任的态度。这两个特点必须同时具备才能构成故意犯罪。

如何判断行为人故意的内容，是一个复杂的问题。必须坚持主客观相一致的原则，既要考虑行为人的认识水平、行为能力，也要考虑案发时的客观环境，案发的全过程。在本案中，由于案件的突发性、不可重复性，要查清被告崔英杰主观故意的具体内容，必须对与案件有关的各种事实与情节进行具体、全面、客观的分析，以对被告崔英杰予以正确的定罪量刑。

（一）事件的起因

从本案来看，被告崔英杰与被害人李志强素不相识、无冤无仇，只是因为现场混乱，城管在追赶被告，被告担心不只是三轮车被没收，自己的人身也可能受到强制，急于脱身的情况下随便挥了一刀。而且从公诉人提供的视听资料来看，被告第二次进入现场时曾经经过李志强的身边，并没有对李志强实施任何行为。在这种情况下，指控被告具有杀害李志强的故意，于理不通，于情不合。

（二）被告所使用的刀

必须注意到，刺中李志强的刀是用来切香肠的、一把从西苑早市上花一元钱买的刀，质量如何可想而知，这把刀并非管制刀具。而且混乱之下、情急之中刺到了什么位置，被告并不清楚。被告崔英杰身高一米七八，李志强身高一米七五，以崔李二人的身高、相对位置和被告的反手握刀姿势分析，由上而下斜划一刀就是当时被告最顺手的姿势，并非刻意为之。被害人受伤的部位并不是被告追求的结果。

（三）被告崔英杰对受害人李志强死亡结果的态度

当被告离开案发现场到达天津之后，曾经发短信询问被害人的伤势状况，因此可以证明其确实没有预见到被害人死亡的后果，对被害人的死亡结果无主观上的希望或放任态度。

（四）典型的激情犯罪

从犯罪心理学来说，本案是典型的激情犯罪。被告崔英杰是在混乱之中，情急之下，奔逃途中，顺手一刀。其实施犯罪，完全是在一种强烈的感情支配下导致的犯罪。

故而，起诉书指控的故意杀人不能成立。

三、被告人崔英杰其情可悯

辩方向法院提交以下证据：

1.河北省阜平县各老村村民委员会、阜平县平阳镇人民政府及阜平县公安局平阳派出所出具的证明，证明内容：崔英杰是个守法的好公民，没有干过违法乱纪的事情；

2.崔英杰曾经就读的河北省阜平县中心小学出具的证明，证明内容：崔英杰是名优秀的学生；

3.崔英杰曾经就读的河北省阜平县平阳中学出具的证明，证明内容：崔英杰思想品质良好，成绩优良；

4.崔英杰曾经服役的71799部队给崔英杰家长的来信，证明内容：崔英杰服役期间表现良好，荣获"优秀士兵"称号；平时训练刻苦，成绩突出，多次在军人大会上作为典型被点名表扬；

5.崔英杰所服役部队颁发的优秀士兵证书、中国人民解放军士兵登记表，证明内容：崔英杰服役期间曾荣获"优秀士兵"称号，获嘉奖一次；其所服役的部队是电子干扰部队，其所受专业训练为报务专业；

6. 崔英杰在名柜娱乐城同事黄金杨调查笔录，证明内容：崔英杰在城市谋生的艰辛，吃苦耐劳，乐于助人的良好品质以及温和的性情；

7. 崔英杰在部队的战友给法官的求情信；

8. 阜平县平阳镇各老村村民委员会和村民出具的求情信。

以上证明证实崔英杰一贯表现良好，无打架斗殴，也无前科，确系良民。在部队还是优秀士兵。在城市生活艰辛，为生存挣扎。另外调查还证明，崔英杰没有暴力倾向，不是天生犯罪者。

四、结辩

综上所述，起诉书指控的罪名证据不足，指控的犯罪不能成立。

尊敬的法官、尊敬的检察官：贩夫走卒、引车卖浆，是古已有之的正当职业。我的当事人来到城市，被生活所迫，从事这样一份卑微贫贱的工作，生活窘困，收入微薄。但他始终善良纯朴，无论这个社会怎样伤害他，他没有偷盗没有抢劫，没有以伤害他人的方式生存。我在法庭上庄严地向各位发问，当一个人赖以谋生的饭碗被打碎，被逼上走投无路的绝境，将心比心，你们会不会比我的当事人更加冷静和忍耐？

我的当事人崔英杰，一直是孝顺的孩子，守法的良民，在部队是优秀的军人。他和他的战友们一直在为我们的国家默默付出；当他脱下军装走出军营，未被安置工作时也没有抱怨过这个社会对他的不公。这个国家像崔英杰一样在默默讨生活的复员军人何止千万，他们同样在关注崔英杰的命运，关注着本案的结果。

法谚有云：立良法于天下者，则天下治。尊敬的法官，尊敬的检察官：我们的法律、我们的城市管理制度究竟是要使我们的公民更幸福还是要使他们更困苦？我们作为法律人的使命是要使这个社会更和谐还是要使它更惨烈？我们已经失去了李志强，是否还要失去崔英杰？

审长：被告人崔英杰的第二辩护人，你有什么辩护意见？

辩2：我的辩护意见与第一辩护人有重复的地方。我认为，公诉人指控被告人犯故意杀人罪认定事实不当，适用法律错误。被告人只有故意伤害受害人的犯罪故意，并没有故意杀死被害人的犯罪故意。且崔英杰所用的刀不是匕首，而是一把小的水果刀，是平时用来切香肠用的。崔英杰第二次跑出来是为了找跟他在一起干活的小女孩，而并不是为了实施报复，我认为公诉人的这种认识合乎判断不符合客观事实。他第二次返回，根本不是为了杀死李志强，就是为了讨回自己的谋生工具，他发现自己的车被查抄，他为了使自己不被带走、不被罚款，临时起意把劣质水果刀推向了李志强，这些事实能够证明他根本不是为了蓄意谋杀李志强。从被告人崔英杰第二次跑出来，向货车的方向冲过去，到他去事发现场仅仅9秒钟，那么，从受害人以及其他城管工作人员向第二次跑出来的崔英杰围上去，到崔英杰把水果刀推向受害人的时间仅仅3秒钟，这3秒钟能说崔英杰是要报复而实施杀人吗？我认为崔英杰平时表现良好，在保卫国家期间被评为优秀士兵，被告人的犯罪动机不是十分恶劣，其因偶然的原因犯下了特别严重的罪行，提请公诉人和合议庭注意，在侦查机关工作人员提供的证据可以证明，崔英杰到案后始终予以配合，没有阻碍、拒绝、逃跑行为。我认为崔英杰的犯罪行为就算是故意杀人，无论是从情理、法理、天理来说，崔英杰不属于是必须立即执行死刑的犯罪分子。只有坚持宽严相济才能产生正面的社会效果，也只有在严格公正执法的基础上，才能实现打击犯罪，保护职权，执法效果与实现公正的有机统一，我认为在强调坚持严打方针的同时，要实施宽严相济的刑事执法政策，最大限度地化消极因素为积极因素。我相信这样做才是真正地有利于挽救失足者，有利于实现法律效果和社会效果的有机统一。我的辩护意见说完了。

审长：对于控辩双方的观点合议庭已经听清楚，合议庭在评议时会充分考虑，今天的庭审辩论到此结束。下面由被告人做最后陈述。被告人崔英杰，你还有什么向法庭说的吗？

被：对我的行为感到后悔，对被我牵连的朋友以及我的家人，我真的要说声对不起，对我的行为我愿意承担责任，我希望法庭给我一个机会，我愿意去补偿他们。

审长：北京市人民检察院第一分院提起公诉的被告人崔英杰涉嫌犯故意杀人罪今天审理到此。休庭后，合议庭将对案件进行评议。宣判日期另行公告。法庭笔录休庭后交给被告人及有关诉讼参与人阅签。各方当庭出示的证据材料，休庭后交给法庭。

现在休庭。把被告人崔英杰带出法庭。（法警执行）

附录2

"崔英杰故意杀人案"一审判决书

来源：http：//blog.sina.com.cn/s/blog_475e45e3010008qr.html

访问时间：2014年7月15日

北京市第一中级人民法院刑事判决书（2006）一中刑初字第3500号

公诉机关北京市人民检察院第一分院。

被告人崔英杰，男，23岁（1983年7月15日出生），汉族，出生地河北省保定市，初中文化，名柜餐饮娱乐（北京）有限公司员工，暂住北京市海淀区中关村51号楼南侧出租房（户籍所在地：河北省保定市阜平县各老村160号）。因涉嫌犯故意杀人罪于2006年8月12日被羁押，同年9月19日因涉嫌犯故意伤害罪被逮捕。现羁押在北京市看守所。

辩护人夏霖，北京市义派律师事务所律师。

辩护人李劲松，北京市忆通律师事务所律师。

被告人张雷，男，21岁（1986年1月6日出生），汉族，出生地吉林省公主岭市，初中文化，金渤瀚国际商务会馆员工，暂住北京市海淀区闵庄路3号（户籍所在地：吉林省公主岭市杨大城子镇杨大城子村1组）。因涉嫌犯包庇罪于2006年8月12日被羁押，同年9月19日因涉嫌犯窝藏罪被逮捕。现羁押在北京市看守所。

辩护人赵文阁，北京市君泰博华律师事务所律师。

被告人牛许明，男，20岁（1986年12月7日出生），汉族，出生地河北省定州市，初中文化，北京市海淀区中关村恒昌技术有限公司职员，住河北省定州市开元镇绳油村348号。因涉嫌犯包庇罪于2006年8月31日被羁押，同年10月1日因涉嫌犯窝藏罪被逮捕。现羁押在北京市看守所。

辩护人王洪普，北京市国韬律师事务所律师。

被告人段玉利，男，24岁（1982年4月14日出生），汉族，出生地河北省阜平县，高中文化，北京雨辰视美科技有限公司职员，住河北省保定市阜平县平阳镇王快村。因涉嫌犯包庇罪于2006年9月1日被羁押，同年9月30日被取保候审。

被告人张健华，男，20岁（1986年4月12日出生），汉族，出生地吉林省公主岭市，初中文化，金渤瀚国际商务会馆员工，暂住北京市海淀区闵庄路3号（户籍所在地：吉林省公主岭市杨大城子镇杨大城子村1屯）。因涉嫌犯包庇罪于2006年8月12日被羁押，同年9月18日被取保候审。

北京市人民检察院第二分院以京检一分刑诉字〔2006〕第243号起诉书指控被告人崔英杰犯故意杀人罪、被告人张雷、牛许明、张健华、段玉利犯窝藏罪一案，于2006年12月1日向本院提起公诉。本院依法组成合议庭，公开开庭审理了此案。北京市人民检察院第一分院指派检察员徐焕出庭支持公诉，被告人崔英杰及其辩护人夏霖、李劲松，被告人张雷及其辩护人赵文阁，被告人牛许明及其辩护人王洪普，被告人张健华、段玉利到庭参加诉讼。现已审理终结。

北京市人民检察院第一分院指控，被告人崔英杰于2006年8月11日17时许，在本市海淀区中关村科贸大厦西北角路边，因无照经营被海淀区城管大队查处时，即持刀威胁，阻碍城管人员的正常执法活动，并持刀猛刺海淀城管队副分队长李志强颈部，伤及李右侧头臂静脉及右肺上叶，致李急性失血性休克死亡。

被告人张雷、牛许明、张健华、段玉利明知崔英杰扎伤城管人员的犯罪事实，张雷、张健华仍为崔英杰联系在天津的贾××帮助崔安排住处，牛许明、段玉利分别向崔英杰提供人民币500元帮助崔英杰逃匿。被告人崔英杰、张雷、牛许明、张健华、段玉利作案后分别被查获归案。

北京市人民检察院第一分院向本院移送了指控被告人崔英杰、张雷、牛许明、张健华、段玉利犯罪的证人证言、现场勘查笔录、刑事科学技术鉴定结论、抓获经过及被告人供述等证据，认为被告人崔英杰的行为触犯了《中华人民共和国刑法》第二百三十二条的规定，已构成故意杀人罪，被告人张雷、牛许明、张健华、段玉利的行为触犯了《中华人民共和国刑法》第三百一十条的规定，均已构成窝藏罪，提请本院依法惩处。

被告人崔英杰在法庭审理中辩称，他不知对方是城管工作人员，也没有杀死李志强的主观故意，其行为不构成故意杀人罪。被告人张雷、牛许明、张健华、段玉利对公诉机关的指控均未提出异议。

崔英杰的辩护人提出的辩护意见是：崔英杰不具有杀人的主观故意，不应以故意杀人罪追究其刑事责任。辩护人还申请对尸体进行重新检验鉴定。

张雷的辩护人提出的辩护意见是：张雷不知崔英杰实施的犯罪行为的严重程度，且犯罪情节轻微，请求对张雷免除刑事处罚。

牛许明的辩护人提出的辩护意见是：牛许明认罪态度好，又系初犯，请求对其从轻处罚。

经审理查明：

被告人崔英杰于2006年8月11日17时许，在北京市海淀区中关村一号桥东南侧路边无照摆摊经营烤肠食品时，被北京市海淀区城市管理监察大队的执法人员查处，崔英杰对此不满，以持刀威胁的手段抗拒执法，当执法人员将崔英杰经营烤肠用的三轮车扣押并装上执法车时，崔英杰进行阻拦，后持刀猛刺该城市管理监察大队海淀分队的现场指挥人员李志强（男，殁年36岁）颈部一刀，致刀柄折断，后逃离现场。李志强因被伤及右侧头臂静脉及右肺上叶，致急性失血性休克死亡。

被告人张雷、牛许明、张健华、段玉利明知崔英杰实施了犯罪行为，张雷、张健华仍为崔英杰联系藏匿地点，牛许明、段玉利分别向崔英杰提供人民币500元帮助崔英杰逃匿。

2006年8月12日3时许，公安机关向被告人张雷了解崔英杰的情况时，张雷交代了其窝藏崔英杰的犯罪事实，并揭发了其他同案人。后被告人段玉利于2006年9月1日向公安机关投案；被告人崔英杰、牛许明、张健华分别被查获归案。

上述事实，有下列经庭审举证、质证的证据在案证实，本院予以确认：

1. 证人崔公海（北京市海淀区城市管理监察大队队员）的证言证明：2006年8月11日下午，他们在中关村地区清理无照商贩，当行至中关村科贸大厦西北角时，见李志强追赶一名男子，这名男子在追逐一辆城管执法车，他也跟着追这人，后该男子停下转身快步向他俩走来，当走到他俩身后时，李志强对别的同事说了句话，刚转过身，追车的男子扑过来，右手反握匕首，由上向下扎了李志强脖子一刀，就跑了。

公安机关出具的《辨认笔录》证明：经证人崔公海对12张不同男性照片辨认后，指出2号照片上的人（崔英杰）是手持匕首杀害李志强的人。

2. 证人狄玉美（北京市海淀区城市管理监察大队工作人员）的证言证明：2006年8月11日下午，城管大队在中关村地区清理无照经营商贩，当车行至科贸电子城西北角，见有一男一女在路边经营烤肠，副队长李志强带领城管执法员将摊贩的三轮车按住，那名男商贩右手始终握着一把匕首，抗拒执法，与队员推搡，不让队员没收摊位，后几名队员将商贩的三轮车抬上她所驾车的车斗内，那名女商贩又哭又闹抓住三轮车的前轮不松手，几名执法队员把女商贩拽离执法车，李志强站在她所驾车的右侧让她快开走，李刚转回身，那名男商贩跳过护栏手持匕首迎面刺扎李志强左侧颈部一刀，还把手一横，刀刃折断，男商贩将匕首把扔在地上转身跑进胡同。

公安机关出具的《辨认笔录》证明：经证人狄玉美对12张不同男性照片辨认后，指出10号照片上的人（崔英杰）是手持匕首杀害李志强的人。

3. 证人芦富才（北京市海淀区城市管理监察大队协管员）的证言证明：2006年8月11日下午，他们治理中关村地区的无照游商，大约17时许，李队长带领他们5个协管员巡逻至科贸电子商城北侧的胡同时，见一名男子手持水果刀护着三轮车，李队长让这名男子将刀放下，这男子不让扣车，李队长拽住三轮车，那男子没抢下车，就往一个大院里跑了，李队长让他们将三轮车装上汽车，没一会儿，那名持刀男子又回来了，见三轮车已被拉走，就向李队长走去，持刀刺扎李的脖子后逃跑。

4. 证人张建国的证言证明：2006年8月11日16时许，他们与城管队执法时，当车行至中关村大街科贸电子商城北侧，发现有两个卖哈密瓜的新疆无照商贩，胡同口还有一个卖烤肠的男商贩，他们将一个新疆人的车没收，后没走多远，听后面特乱，回头见李志强队长站在路边，全身是血，脖子前面还在不停地喷血。

公安机关出具的《辨认笔录》证明：经证人张建国对12张不同男性照片辨认后，指出1号照片上的人（崔英杰）是案发前在案发地卖烤肠的商贩。

5.证人赵乔然的证言证明：她父亲的朋友说崔英杰在北京市海淀区中关村科贸大厦做保安员，平时摆摊卖烤肠，想找人帮忙，她也想来京打工，便于2006年8月10日下午到京。次日下午，她和崔英杰在崔的住处制作香肠，16时许，二人来到中关村科贸大厦附近摆摊卖烤香肠，后城管工作人员要没收他们的三轮车和香肠，崔英杰拿出刀威胁城管人员，不让扣车，城管人员将三轮车装上一辆货车，她在旁边哀求，拉着车不让运走，后她见崔英杰跑了，她站了会儿，也离开了现场。

6.证人贾奉祥的证言证明：2006年8月11日20时许，一个叫张雷的朋友给他打电话，称有个姓崔的朋友来找他，问他在天津的住址，还让他去接姓崔的。当日22时许，姓崔的给他打电话，约好见面地点后，他将崔带回单位的宿舍休息。次日一早，警察到宿舍将姓崔的抓走了。

7.证人范保山的证言证明：2006年8月11日17时许，他在科贸中心上班时听朋友说崔英杰将城管扎伤了。后他在一层遇见段玉利，就对段说：小崔出事了，好像是把城管队员扎伤了。

8.证人方文起的证言证明：大约在2006年8月11日左右17时许，段玉利向他借手机，直到第二天早上，段才将手机还他，他的手机是西门子S65型。

9.北京市公安局海淀分局刑事侦查支队出具的《现场勘验检查笔录》及现场照片证明：现场位于北京市海淀区中关村一号桥东南侧主路右侧车道。中心现场位于中关村一号桥东南侧由南向北主路路口停车标识线向南30米处右侧车道内。中心现场地面有长1.7米血迹（已提取），血迹附近地面上有一把红色塑料刀柄（已提取）。在海龙大厦地下一层海淀城管大队海淀分队办公室内停放一辆三轮车（系被告人所用），车斗内装有火炉、铁锅等物，物品下发现红色塑料刀鞘一个（已提取）。在海淀医院急诊室，从海淀城管大队海淀分队尹肇江处提取刀刃一把，刀刃长10.5厘米、宽2.3厘米（据介绍刀刃是抢救李志强时从其颈部取出）。

在北京市海淀区中关村科贸电子城8层名柜娱乐城保卫部监控室过道第79号更衣柜内提取到上衣一件（已送检）。

10.北京市公安局法医检验鉴定中心出具的京公法病理字（2006）第676号《尸体检验鉴定书》鉴定结论证明：李志强颈前喉结左侧可见斜行条状创口

1处，创道方向沿皮下浅肌层斜向右下，造成右侧头臂静脉破裂，进入右胸腔，止于右肺上叶，创道长为10厘米，李志强系被他人用锐器（片刀类）刺伤颈部，伤及右侧头臂静脉及右肺上叶，致急性失血性休克死亡。

11.北京市公安局法医检验鉴定中心出具的京公法物证字（2006）第2747号《生物物证鉴定书》鉴定结论证明：极强力支持送检现场血迹2处、刀刃上血迹、上衣（名柜娱乐城保卫部监控室过道第79号更衣柜构）上的血迹为李志强所留。

12.执法工作现场录像证明：在查处崔英杰无照经营活动时，崔英杰先是持刀阻挠城管人员查处，又在执法车离开现场时，冲向执法车的情况。

13.当庭出示的公安机关出具的三轮车、刀刃、刀柄、刀鞘照片，经被告人崔英杰辨认后确认是其使用的物品及凶器。

14.北京市公安局海淀分局刑事侦查支队出具的《接受刑事案件登记表》证明：2006年8月11日17时10分，报案人崔公海报称其与同事李志强等人在海淀区中关村科贸大厦西北角路边执行公务时，一名男子持刀将李志强颈部扎伤，李因抢救无效死亡。

15.北京市公安局海淀分局刑事侦查支队出具的《到案经过》《工作说明》证明：经调查确定崔英杰有重大犯罪嫌疑，后于2006年8月12日3时许在北京市海淀区金渤瀚国际商务会馆将崔的朋友张雷传唤，张雷交代崔英杰找其称自己将城管砍伤，要借钱躲藏，后崔英杰携带牛许明和段玉利提供的钱财，去了张雷、张健华为其安排的藏匿地。当日4时许，公安人员在北京市海淀区金渤瀚国际商务会馆将被告人张健华抓获；5时30分许，在天津市塘沽开发区万连别墅72栋5楼将被告人崔英杰抓获。2006年8月31日16时许，公安人员在北京市海淀区中关村恒昌科技有限公司内将被告人牛许明抓获。同年9月1日9时许，段玉利主动与公安机关联系投案，公安人员即到北京市海淀区科贸大厦内将被告人段玉利带回审查。

16.公安机关出具的《户籍证明》证明：被告人崔英杰、张雷、牛许明、张健华、段玉利及被害人李志强的姓名、出生日期、住址等情况。

17.被告人崔英杰在侦查期间供述：2006年8月11日16时许，他刚将摊位支好，城管人员来执法，要没收他的三轮车，他不让扣车，并拿刀威胁，后城管人员将他的三轮车装上执法车，他想将三轮车抢回，但执法车已开走，他未追上，很气愤，想教训教训城管队员，便持刀将最前面的城管队员扎伤。

18. 被告人崔英杰、张雷、牛许明、张健华、段玉利供述窝藏的犯罪事实与上述证据相符，并可相互印证。

对于崔英杰的辩护人提出对公安机关出具的《尸体检验鉴定书》进行重新鉴定的申请，经查：辩护人申请重新鉴定的理由不足，故对辩护人提出的申请本院不予支持。

对于被告人崔英杰所提他不知对方是城管工作人员的辩解，经查：视听资料及证人狄玉美的证言均证实，现场有穿制服的城管人员在执法；案发时与崔英杰一起无照经营烤肠的证人赵乔然亦证实："城管人员要没收他们的三轮车"，且同案人张雷、牛许明在侦查期间的供述均证实，崔英杰曾对其讲："将城管扎了"，故崔英杰的当庭辩解与在案证据不符。崔英杰所提其没有杀死李志强的主观故意，不构成故意杀人罪的辩解及崔英杰的辩护人提出的崔英杰不具有杀人的主观故意，不应以故意杀人罪追究其刑事责任的辩护意见，经查：崔英杰明知持刀刺扎他人要害部位会导致他人死亡的后果，仍不计后果持刀猛刺被害人颈部，并逃离现场，故崔英杰对其持刀刺扎他人颈部可能造成被害人死亡的后果采取放任的态度，其行为符合故意杀人罪的犯罪构成，崔英杰的辩解及辩护人提出的辩护意见均不能成立，本院不予采纳。

对于张雷的辩护人提出的张雷不知崔英杰实施的犯罪行为的严重程度，请求对张雷免除刑事处罚的辩护意见，经查属实，本院酌予采纳。对于牛许明的辩护人提出的牛许明认罪态度好，又系初犯，请求对其从轻处罚的辩护意见，本院酌予采纳。

本院认为，被告人崔英杰以暴力方法阻碍城市管理监察人员依法执行职务，并持刀故意非法剥夺他人生命，致人死亡，其行为已构成故意杀人罪，犯罪性质恶劣，后果特别严重，应依法惩处。考虑崔英杰犯罪的具体情节及对于社会的危害程度，对崔英杰判处死刑，可不立即执行。被告人张雷、牛许明、张健华、段玉利明知崔英杰是犯罪的人，还分别为其提供隐藏处所、钱财，帮助崔英杰逃匿，其行为均已构成窝藏罪，依法均应惩处。鉴于张雷、段玉利有投案的情节，并能如实供述犯罪事实，系自首；且张雷到案后，能揭发同案犯的共同犯罪事实，故依法对张雷免除处罚，对段玉利予以从轻处罚；鉴于张健华所犯罪行情节轻微，依法予以免除处罚。北京市人民检察院第一分院指控被告人崔英杰犯故意杀人罪、被告人张雷、牛许明、张健华、段玉利犯窝藏罪的事实清楚，证据确凿，指控罪名成立。根据被告人崔英杰、张雷、牛许明、段玉利、张健华犯罪的事实、犯罪的性质、情节和对于社会的危害程度，依照《中华人民共和国刑法》第二百三十二条、第三百一十条第一款、第四十八条第一款、第五十一条、第五十七条第一款、第二十五条第一款、第六十七条第一款、第七十二条第一款、第七十三条第二款、第三款、第三十七条、第六十一条、第六十四条及最高人民法院《关于处理自首和立功具体应用法律若干问题的解释》第一条、第三条、第六条的规定，判决如下：

一、被告人崔英杰犯故意杀人罪，判处死刑，缓期二年执行，剥夺政治权利终身。

（死刑缓期执行的期间，从高级人民法院核准之日起计算。）

二、被告人牛许明犯窝藏罪，判处有期徒刑一年，缓刑二年。

（缓刑考验期限，从判决确定之日起计算。）

三、被告人段玉利犯窝藏罪，判处有期徒刑一年，缓刑一年。

（缓刑考验期限，从判决确定之日起计算。）

四、被告人张雷犯窝藏罪，免予刑事处罚。

五、被告人张健华犯窝藏罪，免予刑事处罚。

六、随案移送的鞋一双、裤子一条、上衣一件、刀把一个、刀鞘一个、刀头一个、小勺一个、三轮车一辆、小火炉一个予以没收。

如不服本判决，可在接到判决书的第二日起十日内，通过本院或者直接向北京市高级人民法院提出上诉。书面上诉的，应当提交上诉状正本一份，副本六份。

审判长　　　刘俊燕
代理审判员　郑文伟
代理审判员　黄肖娟
二〇〇七年四月十日
北京市第一中级人民法院（章）
书记员　　　顾昕
书记员　　　张洋

后　记

本人根据博士论文修改的专著已经完成定稿，即将付梓，如释重负，终于可以了却一桩心愿。

2016年博士毕业后回湖北师范大学工作，先后整理发表了两篇论文，一篇是《中国刑事庭审叙事话语特征研究》，发表在《湖北师范大学学报》2017年第1期上；另一篇是《中国刑事庭审叙事话语结构特征研究》，发表在《湖北民族学院学报》2018年第4期上。

本来想先多整理几篇小论文发表的，但是由于2020年查出恶疾，我担心时间不允许，在妻子的鼓励和催促下，最终决定以专著形式出版。

本专著得以出版，要感谢很多人和单位。首先要感谢湖北师范大学2016年引进人才科研启动基金项目，感谢湖北省人文社会科学重点研究基地——湖北师范大学语言学研究中心的资助，特别要感谢恩师廖美珍教授欣然作序，感谢光明日报出版社编辑梁永春老师和王娟老师，感谢他们为本书编辑出版做了大量工作。

感谢我的研究生李天宇同学和徐傲龙同学通读了我的书稿并提出了不少修改意见。

最后要感谢我的家人，我的妻子和儿子，感谢他们对我的关心、照顾和支持。

虽然花了不少时间，但书中肯定还有不少纰漏，恳请各位专家学者不吝批评指正。

向波阳
2023年仲秋